Gabriela Urban

Der letzte Tanz in Südamerika

MEINE REISE ZU DEN WUNDERSAMEN GESCHICHTEN IN ECUADOR, PERU, BOLIVIEN & PARAGUAY

ISBN: 978-3-00-069403-5

Lektorat: Andrea Rosengarten
Grafik und Satz: Pamela Müller
unter Verwendung von Motiven von ©shutterstock
Druck und Verarbeitung: Amazon

Blog: www.mami-bloggt.de
Fotos zum Buch: www.mami-bloggt.de/fotos-suedamerika

Weitere Bücher von Gabriela Urban:
«Wie Buddha im Gegenwind – eine Kündigung, 22 Länder und ein besonderer Reisebegleiter», Conbook Verlag
«Wenn ich groß bin, werd' ich auch ein Machu Picchu – ein Mut machender Ratgeber fürs Reisen mit Kindern», Conbook Verlag

Dieser Moment.
Wenn du ganz ehrfürchtig stillstehst.
Weil du so ergriffen bist von der Schönheit, die die Welt uns bietet.

Dieses Buch ist folgenden Personen gewidmet:

Gabriel in Quito,
der liebreizenden Marisol,
Orlando aus dem Amazonas,
dem geschäftstüchtigen Taxifahrer Peli, der schon mal dem Teufel begegnet ist,
der tanzenden Falicia, die mit den Engeln spricht,
dem älteren Mann in Chiclayo – danke für die Einladung,
Luís, ich wünsche dir von ganzem Herzen, dass du bald zurück in deine Heimat Venezuela kannst,
dem Fischer an der Nordküste Perus – deine weisen Worte werde ich niemals vergessen,
der Familie aus der Wüste, die uns in letzter Sekunde zum Busbahnhof gefahren hat,
Raúl von den Regenbogenbergen,
Carlos in der Wolkenstadt der Inka,
dem Bootsführer aus dem wahren Copacabana,
dem aufmüpfigen Jungen auf der Sonneninsel,
der Hexe mit einem ganz besonderen Parfüm,
Eliana, die mir vom schrecklichen Blutbad erzählte,
dem Unbekannten aus La Paz, der den Dieb verfolgte,
den beiden Busfahrern aus La Paz – danke euch für die überteuerten Fußboden-Plätze,
dem Tod, der mich zum Tanzen aufforderte,
Santos, der uns an die schönsten Orte dieser Welt gebracht hat,
Kiki, die den Mut hatte, ihren Traum zu leben,
Gloria, meiner Lebensretterin,
dem französischen Pärchen, die hoffentlich noch den Sprung über den Atlantik geschafft haben.

Danke, dass ich euch begegnen durfte! Ohne euch wäre meine Reise nur halb so spannend und erzählenswert gewesen. Ich wünsche euch von ganzem Herzen, dass ihr sehr bald wieder auf der Sonnenseite des Lebens steht!

Quito
Kratersee
Quilotoa
Zumbahua
Cotundo
Puerto Mishualí
Canoa
Galapagos
Montañita
Guayaquil
Baños
ECUADOR
Cuenca
Vilcabamba
Chachapoyas
Tarapoto
Chiclayo
Cajamarca
Huanchaco
Peru
Machu Picchu
Ollantaytambo
Cusco
Huacachina Ica
Arequipa

Bolivien
Isla del Sol
Copacabana
Coroico
La Paz
Santa Cruz
Sucre
Salar de Uyuni
Tupiza
Paraguay
nach Hause
São Paulo
Brasilien
Asunción
Areguá
Caacupé
Encarnación

INHALTSVERZEICHNIS

ECUADOR

PERU

Quito
Canoa
Kratersee
Quilotoa
Cotundo
Puerto
Mishualí
Zumbahua
Baños
Galapagos
Montañita
Guayaquil
ECUADOR
Cuenca
Vilcabamba

ECUADOR

Egal, wie sehr sich die Welt um dich herum verändert,
niemand kann dir die Momente nehmen, in denen du glücklich warst.

QUITO

1. KAPITEL

Rückkehr

Mein Herz pocht. Immer heftiger. Immer schneller. Tief ein- und ausatmen. Ich versuche, meine Nervosität in den Griff zu bekommen, mir meine Unruhe nicht anmerken zu lassen. Ich fühle mich, als ob ich gleich einer verflossenen Liebe gegenüberstehen würde, die ich seit 20 Jahren nicht mehr gesehen habe. Während ich beide Reisepässe fest umklammere, muss ich plötzlich an ein Zitat des Dalai-Lamas denken: ‹Gehe einmal im Jahr irgendwohin, wo du noch nie warst›.

Tick, tack. Tick … Ich blicke zur Uhr, die omnipräsent über den Schaltern der Immigration in Quito wacht. Gerade nähert sich der Sekundenzeiger der Zwölf, *tack,* es ist 16.57 Uhr, der 28. November 2019. Erst vor ein paar Minuten bin ich gemeinsam mit meinem vierjährigen Kind in Südamerika gelandet, um alte verblasste Erinnerungen mit neuem Leben aufzufüllen. Ich möchte meinem Sohn einen Kontinent zeigen, der vor zwei Jahrzehnten mit seinem pulsierenden Facettenreichtum mein Herz im Sturm erobert hat – und den wir beide aus heiterem Himmel in exakt 111 Tagen, 23 Stunden und 52 Minuten fluchtartig verlassen werden müssen, um es im allerletzten Moment noch über den Atlantik zu schaffen. Doch davon ahne ich gerade nichts …

Wir stehen in der Schlange, warten geduldig. Gleich sind wir dran. Erneut muss ich an die Lebensweisheit des buddhistischen Mönches denken, die ich mir bereits in jungen Jahren in Großbuchstaben auf die Fahne geschrieben habe. Fremde Länder entdecken, Abenteuer erleben, Menschen begegnen, die mir ihre Geschichten erzählen, immer wieder die Welt aus den unterschiedlichsten Perspektiven sehen, die Intensität des Reisens mit allen Sinnen erfahren, die Zeit einen Moment lang anhalten, obwohl sich die Erde weiterdreht. Das sind meine Motivationen gewesen, die mich in meinem Leben fortlaufend an die entlegensten Ecken und exotischsten Orte rund um den Globus geführt haben: nach Südamerika, Mittelamerika, Asien, Afrika … Doch heute ist endlich der Tag da, an dem ich zu alten Ufern zurückkehre. Es fehlen nur noch ein paar Schritte, bis ich da hinten durch die Absperrung gehe, das Flughafengebäude hinter mir lasse und einem mir einst so vertrauten Land auf ein Neues begegne, *mi querido Ecuador.*

Wir sind an der Reihe. Mit einer ruhigen Handbewegung und einem rasenden Pulsschlag reiche ich der Grenzbeamtin unsere Reisepässe. Ihre kastanienbraunen Augen mustern mich. Sie scheinen mich zu durchleuchten. Gleichen akribisch meine Person mit dem Passfoto in ihren Händen ab. Die Mimik der jungen Frau wirkt wie versteinert. Wie es für Grenzbeamte so üblich ist, schaut sie mich ernst an und kneift dabei ihren Mund zu einem schmalen Spalt zusammen. Gewissenhaft nimmt sie meine Fingerabdrücke: erst den rechten Zeigefinger, dann ist der linke dran. Mit einem barschen Kommando fordert sie mich auf, in die Kamera zu sehen, anschließend fragt sie mich, ob ich das erste Mal nach Ecuador reise.

«Nein, nein … ich war schon mal für ein paar Monate hier. Aber das ist lange, lange her …», stottere ich etwas unbedarft in meinem eingerosteten Spanisch wie ein aufgeregter Erstklässler, der zum ersten Mal an die Tafel muss. Dabei beobachte ich aufmerksam die Gesichtszüge der Grenzbeamtin. Ich bemerke ihre vollen Lippen, die nicht mehr ganz so verbissen aussehen.

‹Kann es sein, dass sie sogar ein wenig lächelt?›, frage ich mich. Sie senkt den Kopf und knallt mit voller Wucht den langersehnten Stempel in meinen Reisepass. *Rumms!* Sie blickt mich an, und jetzt kann ich es ganz klar erkennen: ihr leicht angedeutetes Lächeln.

«*Entonces, bienvenido de nuevo en la República del Ecuador.*

Willkommen zurück in Ecuador›, sagt sie und weist mir den Weg durch die Absperrung.

Ich spüre, wie mein Herz das Blut mit einer schwindelerregenden Geschwindigkeit durch meine Adern pumpt. Allmählich realisiere ich, dass gerade mein ganz großer Traum in Erfüllung geht. Das Abenteuer Südamerika hat für meinen Sohn und mich tatsächlich in diesem Augenblick begonnen. Die ersten Meter auf südamerikanischem Boden sind bereits zurückgelegt, doch was werden wir alles auf den verbleibenden 10.000 Kilometern von Quito kreuz und quer über den Kontinent bis zum Abflughafen Asunción in Paraguay erleben? Werden die Schutzengel unseren Weg durch mehrere Länder, die zurzeit politisch sehr instabil und unruhig sind, begleiten? In meinen Gedanken male ich mir kurz aus, was das Schlimmste wäre, das uns auf unserem Trip widerfahren könnte: *ausgeraubt zu werden, plötzlich ohne Geld dazustehen, in politische Ausschreitungen zu geraten oder ernsthaft krank zu werden …*, doch ich schiebe die Schwarzmalerei schnell beiseite (– ohne zu wissen, dass sich einige Befürchtungen bewahrheiten werden und ich zudem in eine weitaus brenzligere Situation geraten werde) und fokussiere mich wieder auf die schöneren Fragen, die mir unter den Nägeln brennen und deren Antwort ich kaum erwarten kann. Werde ich es erneut schaffen, der Seele Südamerikas näher zu kommen? Werde ich den besonderen Rhythmus und Herzschlag dieses Erdteils spüren? Oder werde ich nach all den Jahren und Veränderungen nur ein Tourist bleiben, der von einem Ort zum nächsten zieht?

Hand in Hand mit meinem Sohn verlasse ich das Flughafengebäude und spüre, wie ein elektrisierendes Gefühl meinen ganzen Körper durchströmt bei dem Gedanken, dass vor mir vier aufregende Monate liegen – höchstwahrscheinlich sogar mehr, da ich als selbstständige Journalistin und Autorin beruflich flexibel bin und problemlos unseren Rückflug umbuchen kann.

‹Ja, es ist richtig, dass man jedes Jahr irgendwohin gehen sollte, wo man noch nie zuvor war›, denke ich. ‹Jedoch sollte man auch nicht vergessen, alle Jahre mal dahin zu gehen, wo man vor geraumer Zeit sein Herz gelassen hat, um zu prüfen, ob man es an derselben Stelle wiederfindet.›

Mich überkommt ein unbändiger Drang, die ganze Welt zu umarmen – so glücklich bin ich. Wildfremde Menschen, einfach so. Mein Körper intensiviert diesen Hormonausstoß um ein Vielfaches, indem er eine beachtliche Ladung an Serotonin, Dopamin, Noradrenalin, Endorphinen und sicherlich auch Phenethylamin hinterherschießt.

Am liebsten würde ich vor Freude laut losschreien, doch ich unterdrücke diesen Drang, damit nicht ausgerechnet die ersten Menschen, denen ich auf meinem Trip begegne, mich für übergeschnappt halten.

***

Ich schaue aus dem Busfenster und beobachte, wie sich das Stadtbild vor der zerkratzten, milchigen Scheibe zunehmend verändert. Der Verkehr wird dichter, die Straßen verwinkelter, das menschliche Getümmel immer undurchsichtiger. Mittlerweile ist es dunkel geworden.

‹Wie lange sind wir schon auf den Beinen?›, frage ich mich. Keine Ahnung. Sicherlich sind mindestens 24 Stunden vergangen, seitdem ich in einem beschaulichen Hamburger Elbvorort meine Haustür hinter mir zugezogen habe. Ich spüre, dass mein linker Arm taub geworden ist. Mein schlafender Sohn drückt sich mit seinem gesamten Körpergewicht gegen mich und schnarcht dabei friedlich vor sich hin. Der Bus biegt ab, fährt auf einen düsteren Bahnhof und hält an. Endstation. Alle Passagiere nehmen ihr Gepäck und steigen aus. Ich versuche, mein Kind zu wecken: «Hey, mein Schatz, wach auf.» Keine Reaktion. Ich probiere es erneut. Keine Chance. Mein knapp ein Meter zwanzig großer Begleiter ist in einen komatösen Schlaf gefallen, aus dem ihn jetzt noch nicht mal ein startender Düsenjet rausreißen könnte. Etwas unbeholfen hebe ich meinen Sohn hoch und positioniere seinen Kopf behutsam auf meiner linken Schulter. Mit meiner rechten Hand bemühe ich mich, all unser Handgepäck auf einmal zu fassen: meinen Rucksack, den Kinderrucksack, Stoffbeutel mit Essen und Trinken … keine leichte Aufgabe.

Der Busfahrer kommt mir zur Hilfe, nimmt mir etwas ab und sagt mit einem freundlichen Lächeln, dass er sich auch um mein restliches Gepäck im Kofferraum kümmern wird. Ich bin erleichtert, die erste Hürde in Südamerika ist geschafft! Ich steige die tiefen Busstufen hinunter und werde gleich von einem Taxifahrer begrüßt, der fürs Busunterunternehmen arbeitet und mich jetzt direkt ins Hostel in die Altstadt bringt.

«*Hola, soy Gabriel*»

«*Hola, soy Gabriela*»

«Gabriela, was für ein schöner Name!», entgegnet mir mein Namensvetter mit einem fetten Grinsen.

Ich nicke. Und obwohl ich von dem langen Flug völlig geschafft bin und mir das Gewicht meines schnarchenden Kindes wie ein Zentner Blei vorkommt, fühle ich gerade eine belebende Leichtigkeit in meinem Körper aufsteigen.

Auf der Rückbank des Taxis frage ich Gabriel sofort aus. Ich möchte alles wissen, insbesondere wie sich Ecuador in den vergangenen 20 Jahren verändert hat und ob es aktuell noch gewaltsame Ausschreitungen aufgrund der jüngsten politischen Unruhen im Lande, die erst sechs Wochen her sind, gäbe.

«Es ist alles friedlich», beruhigt mich der Taxifahrer.

Ich bin erleichtert. Die letzten Tage vor meiner Abreise hatte ich zuhause die Nachrichten voller Spannung verfolgt. Doch schon lange berichteten die deutschen Medien nicht mehr über die politische Krise in Ecuador, die im Oktober etwa zwei Wochen lang das öffentliche Leben völlig lahmgelegt hatte.

Der entscheidende Auslöser für die massiven Proteste war, dass der Präsident Lenín Moreno die staatlichen Subventionen für Kraftstoff gestrichen hatte. Demzufolge hatten sich mit einem Schlag die Benzin- und Dieselpreise mehr als verdoppelt. Diese Maßnahme war Teil eines ökonomischen Reformpaketes, mit dem die amtierende Regierung gegen die Wirtschaftskrise angehen wollte. Ein Großteil der Bevölkerung konnte sich jedoch aufgrund des Preisanstieges den

Treibstoff, den sie für ihre Arbeit auf dem Feld oder den Transport dringend benötigten, nicht mehr leisten.

So folgte eine Welle von gewaltsamen Auseinandersetzungen im gesamten Land: Schulen, Behörden und Geschäfte wurden geschlossen. Vor dem Parlament in Quito lieferten sich Regierungsgegner und die Polizei mehrere Tage lang gewaltsame Auseinandersetzungen. Auch in anderen Städten warfen vermummte Demonstranten Steine auf Polizisten, die wiederum versuchten, mit Tränengas und Gewalt den wütenden Mob auseinanderzutreiben. Autoreifen wurden angezündet und in die Menge der Sicherheitsbeamten geworfen, welche sich mit Schlagstöckern blindlings zur Wehr setzten. Geschäfte wurden geplündert und zerstört. Das Militär erhielt den Befehl, wieder Recht und Ordnung herzustellen – augenscheinlich ohne Rücksicht auf Verluste. Angehörige der indigenen Völker besetzten strategisch wichtige Erdölpipelines im Amazonas, sodass die Produktion zum Stillstand kam. Präsident Moreno verhängte den Ausnahmezustand und verlegte kurzerhand den Regierungssitz von der Hauptstadt in die 450 Kilometer entfernte Küstenstadt Guayaquil. Die Straßen wurden von Chaos, Gewalt und Verwüstung beherrscht. Bilder, die Erinnerungen an einen schrecklichen Bürgerkrieg weckten, gingen um die Welt.

«Nach 14 Tagen war der ganze Spuk vorbei», erzählt Gabriel, während er sich durchs nächtliche Verkehrschaos der Randbezirke Quitos kämpft. «Die Regierung und das Volk haben sich geeinigt, der Preis für Benzin wurde wieder gesenkt und jetzt herrscht Frieden, den unser Land auch bitter nötig hat. Denn die ganzen Proteste und Demonstrationen haben wir Leute aus der Arbeiterschicht mit einem sehr hohen Preis bezahlt. Viele von uns konnten mehrere Wochen kein Geld verdienen, und auch der Tourismus ist von unserer politischen Krise stark betroffen. Die meisten Reisenden haben ihren Urlaub in Ecuador storniert. Dabei sind doch verdammt viele Menschen in unserem Land vom Tourismus abhängig …»

Während es draußen anfängt zu regnen, hallt Gabriels tiefer, langgezogener Seufzer noch lange in meinen Ohren. Ich lausche seiner weiteren hoffnungsfrohen Rede, dass die Ereignisse in seinem krisengeschüttelten Land endgültig der Vergangenheit angehören mögen, damit sein Volk und seine Familie endlich nach vorne blicken können. In seinem Rückspiegel sehe ich, wie er sich dabei bekreuzigt.

Schweigend fahren wir durch die stockfinstere Nacht, die nur punktuell durch spärlich leuchtende Laternen erhellt wird. An der nächsten roten Ampel unterbricht Gabriel die betrübte Stille.

«Weißt du, wie der Slogan unseres Landes heißt?»

Kopfschütteln.

«*Ecuador, ama la vida*. Ecuador liebt das Leben. Und wir Ecuadorianer lieben unser Land».

Seine Liebeserklärung ist für mich der Startschuss für eine nicht enden wollende Eloge auf sowohl sein Heimatland als auch den südamerikanischen Kontinent. Voller Euphorie erzähle ich ihm, wie sehr mich die Vielseitigkeit Südamerikas, dessen Biodiversität mit zur größten der Welt zählt, fasziniert, und wie einzigartig es ist, dass man auf verhältnismäßig kurzen Fahrstrecken alle vorkommenden Klimazonen erleben kann. Anders als in Asien oder Afrika ist es gerade die kulturelle und sprachliche Nähe, durch die ich mich mit den hiesigen Menschen, über 10.000 Kilometer von zuhause entfernt, verbunden fühle. Es ist diese unerschütterliche Lebensfreude, die allen Krisen, Rückschlägen und Stürmen zu trotzen scheint, die mir so sehr imponiert. Das verwobene Ineinandergreifen von sichtbarer Realität, alltäglicher Magie und wundersamen Geschichten und Legenden, das die Denkweise der alten und auch jungen Menschen prägt. Es ist diese Warmherzigkeit, die sich wie eine sanfte Umarmung in der heimischen Fremde anfühlt. Es ist dieser unverkennbare Rhythmus, der meinen eigenen Pulsschlag zum Rasen bringt.

Die Worte sprudeln nur so aus mir heraus – und ich führe weiter aus, dass ich direkt nach meinem Abitur eine lange Reise durch Mittel- und Südamerika unternommen habe, die mich von Guatemala bis nach Ecuador führte, und dass ich anschließend während meines Magisterstudiums der Romanistik und Lateinamerikawissenschaften noch mehrmals auf diesem Kontinent gewesen bin – und so bis jetzt insgesamt knapp drei Jahre in Lateinamerika verbracht habe.

«Du warst vor 20 Jahren schon mal in Ecuador? Damals hatten wir doch auch eine schlimme Krise. Erinnerst du dich? Hattest du das mitbekommen?», hakt Gabriel nach.

Oh, ja! Noch heute kann ich mich sehr gut an das irritierende Gefühl von damals erinnern: als ich als junge Heranwachsende am Plaza Grande, dem Hauptplatz Quitos, plötzlich vor zahlreichen Panzern und Soldaten mit Maschinengewehren stand. Für mich als Europäerin war das eine ganz neue und auch beängstigende Begegnung. Zu jenen Zeiten hatte sich Ecuador in einer prekären wirtschaftlichen und politischen Krise befunden. Die damalige Landeswährung Sucre wurde wegen der starken Inflation und der Staatsschulden binnen ein paar Monate um brachiale 400 Prozent abgewertet – und schlussendlich durch den US-Dollar ersetzt. Für stolze 25.000 Sucre erhielten die Bewohner einen lächerlichen US-Dollar. All die mühselig abgezwackten Ersparnisse, die die Ecuadorianer über viele Jahre für schlechte Zeiten zurückgelegt hatten, waren plötzlich kaum mehr etwas wert. Es drohte ein völliger Zusammenbruch des Banksystems: Über die Hälfte der Privatbanken standen vorm Bankrott, und ein Großteil der Mittelschicht rutschte mit unaufhaltsamer Geschwindigkeit in die Armut. Es war eine angsterfüllte Zeit, aber auch der Beginn einer neuen Epoche. Nach und nach erholte sich die Wirtschaft. Die Regierung investierte verstärkt in Schulen, Universitäten, Krankenhäuser, kulturelle Einrichtungen und andere Sozialleistungen. Die Rechte der indigenen Bevölkerung wurden zunehmend gestärkt, der Umweltschutz bekam einen priorisierenden Verfassungsrang und auch der Tourismus nahm zu.

«Was willst du dir diesmal in Ecuador anschauen?«, erkundigt sich Gabriel neugierig. Im Rückspiegel sehe ich, wie seine Augen dermaßen leuchten, als ob er gerade von seiner Geliebten sprechen würde. «Fährst du in den Amazonas? Besteigst du den Vulkan Cotopaxi? Besichtigst du den Quilotoa Kratersee? Gehst du surfen an der Pazifikküste? Besuchst du das Tal der Hundertjährigen in den Anden? Und was ist mit den Galapagosinseln?».

Ich schildere Gabriel meine Reisepläne, zähle ein paar Orte auf, die ich unbedingt besuchen möchte, und führe weiter aus, dass mein Kind und ich uns in 15 Tagen mit meinem Mann in Quito treffen wollen, um gemeinsam einen Monat lang das Land zu bereisen. Ja, auf die Galapagos fliegen wir auch. Dieses einmalige Erlebnis dürfen wir uns auf keinen Fall entgehen lassen – auch wenn die Galapagosinseln mein Reisebudget mächtig strapazieren werden. Und danach reisen mein Sohn und ich weiter: nach Peru, Bolivien, Paraguay, vielleicht auch in den Norden Argentiniens und wenn wir noch Zeit haben nach Brasilien ... Ich rede ohne Punkt und Komma. Ohne eine Verschnaufpause, um richtig Luft zu holen. Ich fühle mich völlig benommen, als ob ich in einer Achterbahn unendlich viele Loopings hintereinander fahren würde. Immer wieder. Auf zur nächsten Runde. Mein Kopf dreht sich. Mein Puls rast. Und da ist es wieder: das Bedürfnis, übergeschnappt vor Glück schreien zu wollen.

«Wir sind in der Altstadt angekommen. Da rechts die Gasse hoch ist der Plaza Grande mit seinem Regierungssitz».

Aufgeregt drehe ich meinen Kopf zur Seite und versuche, vertraute Bilder zu erhaschen, die mich an meine letzte Ecuadorreise erinnern. Das gelbliche Licht der Straßenlaternen spiegelt sich auf der nassen Oberfläche der kopfsteingepflasterten Gassen. Die bunten Kolonialhäuser verleihen dem Stadtbild eine zauberhafte Stimmung. Überall tummeln sich Menschen: lauthals schreiende Verkäufer, umherstreifende Fußgänger, partyhungrige Jugendliche, Taxis hupen ungeniert, inbrünstig bläst ein Polizist in seine Trillerpfeife und dirigiert mit hektischen, bestimmenden Handbewegungen das Verkehrschaos in der schmalen Einbahnstraße. Ein Bus brettert mit einer beachtlichen Geschwindigkeit an uns vorbei. Und plötzlich entdecke ich etwas Vertrautes, hoch oben auf dem Hügel. Sie wird von einem bläulichen Licht angeleuchtet, welches die Statue nahezu in ein magisches Kleid hüllt.

‹Da ist sie›, denke ich ganz ehrfürchtig. Die Virgen de Quito, die Jungfrau von Quito. Sie trägt eine Sternenkrone, hat Engelsflügel und steht auf einem angeketteten Drachen. Sie ist das Wahrzeichen der höchstgelegenen Hauptstadt der Welt. Die Einwohner pflegen zu sagen, dass die Virgen – oder auch *El Panecillo,* kleiner Brotlaib, genannt – Quito beschützt. Mit ihrer beachtlichen Größe von 41 Metern schaut sie gutmütig auf ihre Stadt und Bewohner herunter.

«Wusstest du, dass die Virgen de Quito ganze elf Meter größer ist als die berühmte Jesusstatue von Rio de Janeiro?», fragt mich Gabriel sichtlich stolz. Ich staune nicht schlecht und schaue erneut zur Jungfrau, deren Anblick sich für mich gerade so vertraut anfühlt. Fast schon, als ob sie mich mit ihrer erhobenen rechten Hand herzlich willkommen heißen würde: *Bienvenido.*

Kurz bevor wir unser Hostel am Plaza Santo Domingo erreichen, gibt mir Gabriel noch einen geballten Südamerika-Crash-Kurs in puncto notwendige und dringend zu befolgende Sicherheitsmaßnahmen, damit mein Kind und ich nicht gleich an der nächsten Straßenecke ausgeraubt werden. Nicht in Quito, nicht in Ecuador und auch nicht im restlichen Südamerika.

Rucksack immer vorne tragen.

Am besten die Enden des Reißverschlusses mit einem Schloss oder Karabinerhaken fixieren.

Alles klar.

Große Vorsicht mit Handy und Kamera. Nicht zur Schau stellen.

Natürlich nicht.

Lass alle wichtigen Wertsachen in deiner Unterkunft, wenn möglich in einem verschließbaren Tresor.

Notwendiges Bargeld in der Hosentasche aufbewahren, am besten beim Bezahlen nie das Portemonnaie rausholen.

Wird gemacht.

Abends in großen Städten nicht auf der Straße spazieren.

Geld nur an einem Geldautomaten in einer Bank abheben. Auf keinen Fall auf der Straße.

Immer ein *echtes* Taxi rufen lassen, damit du nicht in ein *unechtes* Taxi steigst und ausgeraubt wirst.

Okay …

Im Bus auf keinen Fall den Rucksack auf dem Fußboden oder oben in der Gepäckablage deponieren. Immer auf dem Schoß lassen und mit beiden Armen fest umklammern.

Vorsicht, Kriminelle wenden unterschiedliche Tricks an: Ablenkungsmanöver, um die Handtasche zu klauen, Bußgelderpressung unter Verwendung falscher Uniformen, sie schütten nichtsahnenden Frauen bewusstseinsmindernde Drogen ins Getränk oder Essen, um sie zu vergewaltigen …

Puh! Das ist die andere Seite der Medaille, denn die Kriminalität in Quito und generell in Südamerika scheint sich in meiner Abwesenheit nicht großartig verändert zu haben. Erneut schießt mir meine Angst durch den Kopf, irgendwo ausgeraubt zu werden – und schlimmstenfalls ohne Bargeld und Reisepässe dazustehen. Doch ich versuche, mich schnellstmöglich von diesem bedrückenden Gefühl zu befreien und erinnere mich an meine eigene Maxime: *Angst ist ein ganz schlechter Reisebegleiter.*

Aufmerksam höre ich mir die detaillierten südamerikanischen Sicherheitsvorkehrungen meines sympathischen Namensvetters an und nehme mir felsenfest vor, diese auf meiner Südamerikareise auch stets zu befolgen – was mir leider Gottes nicht ganz gelingen wird!

2. Kapitel

Sprung über den Äquator

Der erste Morgen auf einer Reise ist immer etwas Besonderes. Wenn du völlig übermüdet langsam die Augen öffnest, etwas orientierungslos die fremde Umgebung inspizierst und versuchst, deine Gedanken zu sammeln, dich zu entsinnen, wo du gerade bist … und dann fällt es dir wieder ein: Du befindest dich am Anfang deiner langersehnten Reise – und alle Erlebnisse, Begegnungen und Abenteuer liegen noch vor dir.

Ich liebe dieses Gefühl! Obwohl ich gerade hundemüde bin. Da es noch dunkel ist, habe ich kurz die Hoffnung, dass ich gleich wieder einschlafen werde, mich von der anstrengenden Anreise über den Atlantik erholen kann und neue Kräfte für anstehende Erkundungstouren schöpfen darf … *Denkste! Nichts zu machen!* Mein Kind sitzt kerzengerade neben mir im Bett und ist hellwach.

«Mama, können wir aufstehen?»

Ich rühre mich nicht; täusche vor, dass ich noch tief und fest schlafen würde. Doch mein Sohn lässt sich nicht beirren.

«Mama, …!»

Ich reagiere nicht.

«Mamaaaa, …!!!»

Ich gebe auf und schaue auf die Uhr. *Himmel, Arsch und Zwirn.* Es ist 4.13 Uhr! Bis zum Frühstück müssen wir noch geschlagene 3 Stunden und 47 Minuten rumkriegen. Willkommen, lieber Jetlag!

Unten an der Rezeption empfängt mich die Besitzerin Marisol. Gutgelaunt fragt sie mich, wie wir geschlafen haben.

«*Muy bien*», flunkere ich sie an. Zwar könnte ich jetzt sicherlich im Stehen einschlafen, dennoch bin ich voller Tatendrang. *Schließlich wohnt jedem Anfang ein Zauber inne,* das hat zumindest der weitgereiste

Schriftsteller Hermann Hesse einst geschrieben, der auf meiner ersten Südamerikareise mein absoluter Lieblingsautor war.

Wir sind die ersten Gäste im Frühstücksraum. Sogleich kommt eine freundliche Frau mit wilden Locken, knallroten Lippen und ausladenden Hüften zu uns an den Tisch.

«*Buenos días. ¿Que quieren desayunar?* Guten Morgen. Was wollt ihr frühstücken?», fragt sie mit einem breiten Lächeln, das durchaus ansteckend ist. Ich gebe unsere Bestellung mit zahlreichen Extrawünschen für meinen krüschen Feinschmecker auf und schaue sie dabei ein wenig beschämt an, doch die Kellnerin lacht nur.

«*Niños son así.* Kinder sind halt so», sagt sie und wuschelt ihm dabei durch seine weißblonden Haare, was meinem Sohn zu gefallen scheint.

Der Frühstücksraum füllt sich allmählich. An unseren Nachbartisch setzt sich ein junger Mann. ‹Sicherlich ein Deutscher›, denke ich – und ich habe recht. Sofort kommen wir ins Gespräch.

«Du warst heute Morgen aber schon sehr früh wach», sagt Klaus mit einem schelmischen Grinsen zu meinem Sohn.

«Ups, waren wir zu laut?», erkundige ich mich mit schlechtem Gewissen. Dabei hatte ich doch versucht, möglichst leise zu sein. Augenscheinlich ohne Erfolg.

«Kein Problem», schmunzelt der Backpacker. «Dieses Hostel ist halt sehr hellhörig. Ich habe praktisch jedes Wort von euch gehört, aber das ist nicht schlimm, der frühe Vogel fängt halt den Wurm. Und schließlich hat Quito eine Menge Highlights zu bieten, da lohnt sich das frühe Aufstehen».

Ich fange an, Klaus mit Fragen zu löchern, da ich immer extrem neugierig bin, wenn ich andere Reisende irgendwo auf der Welt treffe. Ich möchte dann unbedingt ihre Geschichte erfahren, wissen, welche Umstände sie an diesen Ort gebracht haben. Wie ihr Trip bis jetzt verlaufen ist und wohin sie ihre Reise noch führen wird.

«Eines Morgens bin ich aufgewacht und ich spürte plötzlich das dringende Bedürfnis, mein Leben zu verändern. Noch am selben Tag ging ich zu meinem Chef, erzählte ihm, dass ich in die weite Welt hinausfahren wollte und legte ihm im selben Atemzug meine

Kündigung auf den Tisch. Ein paar Monate später hatte ich mein heißgeliebtes Motorrad und all mein Hab und Gut verkauft, meine Wohnung in Berlin aufgegeben und saß mit einem One-Way-Ticket im Flieger nach Singapur».

Klaus redet und redet, und ich könnte stundenlang seinen abenteuerlichen Reisegeschichten aus über einem Jahr lauschen. Ich spüre ein wonniges Kribbeln in meiner Bauchgegend, als er von den unterschiedlichsten Ländern erzählt: von verschrobenen Begegnungen in Südkorea, über die ich sofort herzlich lachen muss. Wie er in Nepal auf dem Weg zum Basislager des sagenumwobenen Mount Everest beinahe vom Blitz getroffen wurde. Und wie er sich in Costa Rica unsterblich verliebte und um eine Haaresbreite geheiratet hätte. Doch Klaus' Neugierde auf den Rest der Welt trieb ihn weiter an, seine Reise fortzusetzen. Panama, Kolumbien …

«Ich werde noch so lange reisen, bis mein Geld alle ist. Bis nach Patagonien in Chile müsste ich es schaffen. Mal schauen, ob ich irgendwo die Möglichkeit haben werde, Geld zu verdienen. Vielleicht gelingt es mir sogar, noch ein weiteres Jahr zu reisen. Oder länger, wenn der Reisegott es gut mit mir meint …», sinniert der Berliner mit funkelnden Augen.

Höchste Zeit, meine eigene Reise mit Erlebnissen, Begegnungen und Abenteuern zu füllen. Als ich den Frühstücksraum verlasse, wartet bereits an der Rezeption Marisol mit einem Stück Papier in der Hand. Auf den Zettel hat sie in verschnörkelten Buchstaben aufgeschrieben, was ich mir die nächsten fünf Tage in Quito unbedingt anschauen muss: das Regierungsgebäude am Plaza Grande, die malerischen Gassen des historischen Viertels La Ronda, den atemberaubenden Ausblick von der Basílica del Voto Nacional, Iglesia de Compañia de Jesús – die schönste Kirche Ecuadors, mit der Seilbahn auf 4.000 Höhenmeter fahren, das imposante Monument in der Mitte der Welt besuchen …

***

Ich öffne die schwere Holztür aus dem 18. Jahrhundert und befinde mich unmittelbar im wuseligen Geschehen Quitos. In wenigen Schritten stehe ich auf dem quirligen Plaza Santo Domingo. Kinder füttern Tauben. Frauen preisen lauthals ihre Waren an, eine von ihnen zeigt auf die Meerschweinchen, die aufgespießt auf ihrem Grill brutzeln. «*Muy rico.* Sehr lecker», versucht sie, mir das gehäutete Nagetier schmackhaft zu machen. Dankend lehne ich die landestypische Spezialität ab, nach der sich die Ecuadorianer die Finger lecken. Auf der anderen Straßenseite stehen rosafarbene, zweistöckige Kolonialhäuser mit kleinen verzierten Balkonen. Dahinter erheben sich die prächtigen Anden, deren Gipfel von einer dichten Wolkendecke verhangen sind. Etwas mühselig kämpft sich die Sonne durch die Wolken, und ich hoffe, dass sie zumindest für die nächsten Stunden den Kampf gegen den drohenden Regen gewinnt, der spätestens am Nachmittag mit großer Sicherheit kommen wird, da wir uns schließlich in der Regenzeit befinden.

Rechts neben mir sehe ich am Eingang der blütenweißen Kirche einen älteren Mann sitzen. Er raucht, schaut dabei zu mir herüber und grüßt mich von Weitem mit seinem Hut. ‹Zweifelsohne, mein Kind und ich fallen hier ganz schön auf›, bemerke ich. Nicht nur, weil wir die einzigen blonden Menschen weit und breit sind, sondern vor allem, weil mein vierjähriges Kind, welches im Vergleich zu den hiesigen Kindern im gleichen Alter viel größer und älter wirkt, in einem Buggy sitzt. Kinder, die in einem Kinderwagen kutschiert werden, sind in Ecuador definitiv eine Rarität – insbesondere wenn sie keine Babys mehr sind. Doch ich nehme auf meiner Reise diese Blicke gerne in Kauf, da ich durch den Buggy die Möglichkeit habe, mit meinem gehfaulen Kind lange Erkundungstouren zu unternehmen. Ich winke dem älteren Mann zurück und schiebe meinen Sohn, der sich bereits in seinem Fahrgestell gemütlich eingerichtet hat, die Straße Guayaquil hinauf Richtung der historischen Altstadt. Ich sehe, wie seine Augenlider immer schwerer und schwerer werden und sich schlussendlich schließen. ‹War wohl doch ganz schön früh heute, mein Großer›, denke ich etwas missmutig.

Beim Gehen spüre ich eine deutliche Kurzatmigkeit. Kein Wunder, denn schließlich ist Quito die höchstgelegene Hauptstadt der Welt. Da sollte man auf der stattlichen Höhe von 2.850 Metern über dem Meeresspiegel alles schön langsam angehen. Das tue ich auch, denn ich habe keine Lust, dass Symptome der Höhenkrankheit meiner Entdeckerlust Grenzen aufweisen. Dementsprechend schlendere ich in äußerst gemächlichem Tempo durch die schmalen, kopfsteingepflasterten Gassen und versuche mich daran zu erinnern, was ich über die Geschichte Quitos zuvor gelesen habe.

Quito liegt in einem rauen, fruchtbaren Andenbecken und wurde einer Legende zufolge vor über 3.500 Jahren vom Häuptling Quitumbe gegründet. Zuerst siedelten sich ein paar Volksstämme der *Quitus* an, die von der Landwirtschaft lebten. Doch im Laufe der darauffolgenden Jahrhunderte entwickelte sich Quito neben den Städten Cusco und Cajamarca im heutigen Peru zu einem der wichtigsten kulturellen und administrativen Zentren des Inkareiches. Als sich die Spanier Anfang des 16. Jahrhunderts während ihrer Eroberungszüge den Weg aus dem Süden in Richtung Quito bahnten, beschloss der Inka-Herrscher Rumiñahui, seine Stadt lieber dem Erdboden gleichzumachen, statt sie in die Hände der machtgierigen, bärtigen Eindringlinge fallen zu lassen. Demzufolge fanden die spanischen Eroberer bei ihrer Ankunft in der bedeutungsvollen Inkastadt nur noch brennende Ruinen vor. Dies war das Ende der prächtigen Blütezeit der Inka und der Neubeginn des Imperiums der spanischen Konquistadoren.

Das heutige Quito wurde am 6. Dezember 1534 von Sebastián de Benalcázar, einem Gesandten der spanischen Krone, auf den Trümmern der einst florierenden Inkastadt gegründet. Nach und nach ließen sich die ersten europäischen Siedler nieder, und es folgten zahlreiche Gottesmänner unterschiedlicher Orden, die das untergegangene Reich des Häuptlings Quitumbe in ein bedeutendes Zentrum einer aus Spanien mitgebrachten Religion verwandelten.

Insbesondere Franziskaner, Dominikaner und Augustiner errichteten unzählige Kirchen, Klöster und öffentliche Anlagen. Für die pompösen Bauwerke unterjochten sie die übriggebliebene indigene Bevölkerung, konvertierten einen Großteil von ihnen mit erbarmungslosen Mitteln zum Katholizismus und ließen sie unter schweren Bedingungen prächtige, monumentale Gotteshäuser errichten, die bis in die heutige Zeit einen wesentlichen Mittelpunkt des ecuadorianischen Lebens bilden. Heute findet man in Quito insgesamt 55 Kirchen – und die *Quiteños*, wie die Einwohner Quitos genannt werden, zählen sich selber zu den pflichtbewusstesten Gottesdienern der katholischen Kirche in ganz Ecuador.

Mein Sohn schnarcht in seinem Buggy seelenruhig. Die Sonne hat den Kampf gegen die dunklen Regenwolken vorerst gewonnen. Mit aller Kraft strahlt sie mir ins Gesicht. Schlagartig spüre ich, wie stark die Höhensonne in der unmittelbaren Nähe des Äquators ist, und bin heilfroh, dass ich trotz Regenwolken meinen Sohn und mich gewissenhaft eingecremt habe.

An der Plaza Chica biege ich links in die Calle Espejo ab. Ich befinde mich nur noch einen Block vom pittoresken Plaza Grande entfernt, dem Herzstück der kolonialen Altstadt, die in meinem Geburtsjahr 1978 zum UNESCO-Weltkulturerbe erklärt wurde. Während ich die kopfsteingepflasterte Gasse mit ihren üppigen Marktständen hochschlendere, spüre ich eine aufsteigende Nervosität. Erneut fühle ich mich, als ob ich gleich einer alten Liebe begegnen würde. Um meinen rasenden Pulsschlag ein wenig zu beruhigen, bleibe ich kurz stehen und blicke mich um: Zu meiner Rechten sehe ich einen schamanischen Wunderheiler, dessen Kräuter ein glückliches Leben mit viel *amor* und *dinero* versprechen. Weiter oben begegne ich einem Hutmacher; auf seinem Schild steht, dass er sein Handwerk bereits in der fünften Generation ausübt. Ich passiere einige Souvenirstände mit handgewebten Teppichen, farbenprächtigen Ponchos und flauschigen Pullis aus Alpakawolle, biege ab und stehe umgehend vor ihm - dem malerischen, von Palmen und wunderschönen Kolonialbauten gesäumten Platz. ‹Lange nicht gesehen›, sage ich stumm und kann mir dabei ein breites Grinsen nicht verkneifen. Wie oft hatte ich mir in den vergangenen zwei Jahrzehnten völlig detailverliebt genau DIESEN Moment ausgemalt: in dem ich an den Ort zurückkehre, wo meine Liebe sowohl zu Ecuador als auch zum restlichen Kontinent ihre Wurzeln hat. Zur pulsierenden Mitte der Welt, wie die Quiteños diesen ganz besonderen Fleck auf dem Erdball nennen, und wo einst meine erste Reise durch Südamerika begonnen hatte. Ich bilde mir ein, meinen Herzschlag zu hören. Poch. Poch. Poch, poch, poch …, der sich harmonisch in die urbanen Klänge der alltäglichen Geschäftigkeit einfügt.

Ich lasse die umliegende Szenerie auf mich wirken. Alte Männer sitzen schweigend auf Bänken. In der Mitte thront feierlich das Denkmal der Helden der Unabhängigkeit aus dem 19. Jahrhundert. Am Himmel wechseln sich strahlender Sonnenschein und düstere Gewitterwolken im Minutentakt ab. Vor dem Regierungsgebäude, wo bei meinem ersten Besuch angsteinflößende Panzer und jungenhafte Soldaten mit viel zu großen Maschinengewehren standen, bewachen jetzt bewaffnete Security-Männer den Präsidentensitz, auf dessen Dach stolz die gelb-blau-rote Flagge Ecuadors im Wind weht. Polizisten patrouillieren auf Segways. Die Regierung scheint immer noch Angst vor Aufständen und Protesten zu haben. Ein paar Meter von mir entfernt bemerke ich einen älteren Ausländer in beiger Trekkingkleidung und Safarihut. Er ist der erste Tourist, den ich seit dem Verlassen des Hostels sehe. Mit seiner überdimensionalen Spiegelreflexkamera stolpert er etwas unbeholfen durchs Geschehen und wirkt dabei ein wenig verloren. Nervös blickt er sich immer wieder um, als ob er Angst hätte, jeden Moment ausgeraubt zu werden.

Vor dem Eingang der Catedral Metropolitana hat sich eine große Menschentraube gebildet. Auf einer Empore stehen ein paar musizierende Männer. Vertraute Panflöten-Töne durchdringen das städtische Ambiente. Auf der anderen Seite des Plaza Grandes steht eine Gruppe Schulkinder. Jedes Kind hält einen roten Luftballon in der Hand, an dessen Ende eine Schnur mit einem Brief baumelt. Die Kleinen lassen los, heben ihre Köpfe empor und brechen in einen frenetischen Jubelschrei aus. Ihre Luftballons steigen gen Himmel auf, an dem die Andensonne gerade von einer bedrohlichen Wolkenformation in die

Enge getrieben wird. Ich frage mich, was wohl in den Briefen steht? Vielleicht haben die Schulkinder ihre großen Wünsche an die Zukunft aufgeschrieben? Ich folge dem Flug der roten Luftballons, die immer kleiner und kleiner werden – und schicke dabei meinen eigenen Wunsch gen Himmel.

Ich setze meine Sightseeing-Tour durch die historischen Straßen Quitos fort. Etwas planlos schlendere ich weiter durch die geschichtsträchtigen Gassen, bleibe ehrfürchtig vor der Iglesia de Compañia de Jesús stehen und bewundere die formvollendete Symmetrie der Jesuitenkirche, die im Inneren mit prunkvollem Gold das Auge fast schon blendet. Wenn man den Quiteños Glauben schenken mag, soll diese Kirche, deren Bau 160 Jahre gedauert hat, die schönste im ganzen Land sein.

Immer noch ziemlich kurzatmig schnaube ich eine steile Straße hinauf, freue mich am Plaza San Francisco, dass ich trotz wolkenverhangenen Himmels die majestätische Silhouette des Vulkans Pichincha erkennen kann, verliere mich weiter in den kleinen Gassen mit ihren farbenprächtigen Kolonialhäusern und esse mit meinem Sohn in einem kleinen, schmuddelig wirkenden Straßenrestaurant ein typisches ecuadorianisches, oberleckeres *almuerzo* bestehend aus drei Gängen zu Mittag für sage und schreibe 1,75 Dollar. Anschließend bewältige ich luftringend die beachtliche Steigung der Calle Venezuela, habe kurzzeitig Angst, dass der Buggy gleich wieder runterrollt, wenn ich nicht mit vollem Körpereinsatz dagegenwirke, und erreiche schlussendlich mein lang-, langersehntes Ziel: die Basílica del Voto Nacional, deren Gemäuer mit sonderbaren Schildkröten und Leguanen verziert sind und von deren Türmen aus man einen unvergesslichen Blick auf die ecuadorianische Hauptstadt hat.

‹Diesen Ausblick muss man einfach selber erleben›, denke ich ganz andächtig, während sich tief unter mir das unbeschreibliche Panorama der kolonialen Altstadt, die im Schachbrettmuster angelegt ist, mit ihren zahlreichen blütenweißen Kirchenspitzen erstreckt. Auf dem gegenüberliegenden grünen Hügel sehe ich wieder die Virgen de Quito, die hoch oben über ihre Stadt wacht. Vis-à-vis stehen wir einige

Kilometer Luftlinie entfernt zu einander – und erneut habe ich das Gefühl, dass sie mich mit der rechten erhobenen Hand in ihrer Stadt willkommen heißt. Ich kann meinen Blick kaum von ihr abwenden, da ich diesen besonderen Moment ganz tief in mir einsaugen möchte, um mich auch in den kommenden Jahrzehnten an jedes einzelne Detail erinnern zu können.

***

Die nächsten Tage tauchen mein Sohn und ich immer mehr in die bezaubernde Atmosphäre der Hauptstadt ein und lassen uns von ihren beeindruckenden Sehenswürdigkeiten betören. So langsam überwinde ich den Jetlag, gewöhne mich sowohl an die Höhe als auch extremen Wetterumschwünge und folge brav den Sicherheitshinweisen der freundlichen Quiteños, dass ich auf meine Wertsachen aufpassen soll.

Wir unternehmen einen Tagesauflug in die wohlhabende Stadt Otavalo, in der es den größten Markt Südamerikas gibt, und am darauffolgenden Tag statten wir dem etwas kitschig anmutenden Monument *Mitad del Mundo*, Mitte der Welt, etwa 20 Kilometer nördlich von Quito, einen Besuch ab. Mit vielen anderen Menschen springen mein Sohn und ich voller Inbrunst über einen gelben Strich, der den Verlauf der Äquatorlinie symbolisiert und vor knapp 300 Jahren nach ausgiebigen Vermessungen von einem europäischen Astronomen bestimmt wurde.

«Nordhalbkugel. Südhalbkugel. Und wieder Nordhalbkugel», rufe ich meinem Sohn zu und feuere ihn bei seinen energischen Sprüngen über den Äquator an. Wenngleich ich weiß, dass die gelbe Linie nicht der *richtige* Äquator ist, denn neueren Messungen zufolge liegt dieser zirka 240 Meter entfernt. Dennoch zolle ich Charles Marie de La Condamine für seine mathematische Meisterleistung, mit der er *fast* den Äquatorverlauf bestimmte, meinen Respekt. Doch noch weitaus mehr fasziniert mich die Tatsache, dass die Inka lange vor der Ankunft der Spanier gemäß hochmoderner GPS-Systeme *exakt* auf 0,00 Grad eine heilige Stätte zu Ehren der Mitte der Welt errichtet haben. Und zwar vor über 1.000 Jahren!

AMAZONAS

3. Kapitel

Die andere Seite der Wirklichkeit

Fünf Tage in Quito kamen mir am Anfang vor wie eine halbe Ewigkeit, doch jetzt würde ich am liebsten bereits am ersten Stopp einen Monat länger bleiben. Dennoch geht heute unsere Reise weiter auf die andere Seite der Anden in den Amazonas – und somit steht der erste Abschied an. Klaus kommt extra nach unten an die Rezeption, um sich zu verabschieden. Ich drücke den Berliner ganz fest und wünsche ihm viele weitere spannende Erlebnisse und Begegnungen. «Vielleicht laufen wir uns nochmal zufällig über den Weg», sage ich. «In Ecuador, Peru, Deutschland oder irgendwo anders auf der Welt». Klaus lacht und antwortet mit einem überzeugten: «Auf jeden!»

Anschließend sage ich *adiós* zur liebreizenden Besitzerin, die mir die letzten Tage über so sehr ans Herz gewachsen ist. Ein wenig traurig bin ich schon, denn Abschiede auf Reisen fallen mir oft ziemlich schwer. Doch ich weiß, dass ich Marisol und ihren Sohn bereits in zehn Tagen wiedersehen werde. Denn dann werden wir beide zurückkommen, um meinen Mann in der Hauptstadt zu treffen.

Ich setze meinen Rucksack auf, ziehe die schwere Holztür aus dem 18. Jahrhundert hinter mir zu und sehe, dass unser Fahrer bereits auf uns wartet. Während sich Alejandro seinen Weg raus aus der Stadt bahnt, erzählt er uns, was uns in den kommenden Tagen für Aktivitäten erwarten werden: mehrere Wanderungen durch den Sekundär- und Primärregenwald, Baden im Wasserfall, ein Workshop, in dem wir Kakaobohnen zu Schokolade verarbeiten werden, Besuch eines indigenen Kichwa-Dorfes, eine stockfinstere Höhle mit Fledermäusen …

«Fledermäuse? Mama, ich habe noch nie Fledermäuse gesehen», sagt mein Sohn in einem ehrfürchtigen Ton, und seine leuchtenden Kinderaugen verraten sofort, wie sehr er sich auf unsere Regenwald-Expedition freut.

Wir lassen die Peripherie der Andenstadt hinter uns. Auf der rechten Fahrtseite erstrecken sich die umliegenden Vulkane, die ein atemberaubendes Panorama bieten, und das urbane Wimmelbild wird allmählich von einer faszinierenden baumlosen Savannen-Landschaft mit Gräsern abgelöst, die mit jedem Höhenmeter zunehmend bizarrer wirkt. Es geht immer weiter hinauf. Nach jeder Kurve erwartet uns eine weitere Steigung und die nächste, bis wir den höchsten Punkt unserer Fahrt erreicht haben. Ich bitte Alejandro, kurz anzuhalten, denn schließlich ist es für mich als Hamburgerin nicht alltäglich, die Luft auf 4.000 Höhenmetern zu schnuppern. Gleich beim Aussteigen weht mir ein kräftiger Wind um die Nase. Mein Herz pocht wesentlich schneller, um den Sauerstoffmangel auszugleichen. Das Atmen fällt mir schwer – und dennoch riecht jeder Atemzug angenehm frisch und vielversprechend, nach Gräsern und Freiheit. Ich ziehe den Reißverschluss meiner Jacke ganz nach oben und spüre, wie die beißende Kälte schlagartig meine Gesichtszüge lähmt. Ich schließe die Augen, um dem Tosen des Windes zu lauschen, öffne sie nach einer Weile wieder und gebe Alejandro ein Zeichen, dass die Fahrt auf die andere Seite weitergehen kann.

In zahlreichen Kurven steigen wir hinab in eine völlig andere Welt: In einen dichten tropischen Regenwald, der sich auf einer Fläche von sieben Millionen Quadratkilometern über fünf Länder erstreckt und als die *grüne Lunge der Welt* bezeichnet wird, da er mehr als 20 Prozent des weltweiten Sauerstoffs produziert. Die Bäume des Amazonas absorbieren somit mehr Kohlendioxid aus der Erdatmosphäre und wandeln es in Sauerstoff um als alle restlichen Regenwälder zusammengerechnet. Der Amazonas sorgt außerdem für saubere Luft, weil er die giftigen Stoffe herausfiltert, und pumpt zudem jeden Tag bis zu 20 Milliarden Tonnen Wasser in die Atmosphäre. Doch wie wir alle wissen, kränkelt das wichtigste Organ unseres Erdreichs seit einigen Jahrzehnten.

Und das Paradoxe daran ist, dass der Mensch mit seinem Handeln sich selber die Luft abschnürt.

Niemand weiß genau, wie viel Regenwald im Amazonas bis jetzt tatsächlich abgeholzt wurde. Experten vermuten anhand der Auswertung von Satellitenbildern, dass in den vergangenen 30 Jahren der Wald auf einer Fläche von 700.000 Quadratkilometern zerstört wurde. Das entspricht etwa zweimal der Größe von Deutschland!! Die Gründe für diese martialische Zerstörung sind unterschiedlich: Abholzung für Tropenholzmöbel und Papiergewinnung, Brandrodung, um Äcker für Landwirtschaft und Rinderweiden zu schaffen, Bau von Großstaudämmen zur Energiegewinnung, Ausbeutung von Bodenschätzen wie Eisenerz, Gold, Öl und Gas oder Umwandlung von Wäldern in Bananen-, Kaffee-, Palmöl- oder Sojaplantagen. Gerade am Anstieg des Bedarfs an Palmöl und Soja ist auch ein Großteil der deutschen Konsumenten beteiligt – oft unwissentlich. Denn das billige Palmöl steckt in jedem zweiten Produkt in unseren Supermärkten, und Soja wird unter anderem auch an deutsche Fleischbetriebe als Tiernahrung exportiert.

Doch insbesondere in Ecuador leidet der Amazonas, auch *Oriente* genannt, an einem weiteren folgenschweren Problem. Eine große Gefahr für die kostbare Lebensvielfalt geht nämlich von einem Schatz tief unter der Erde aus, denn dort lagern Hunderte Millionen Barrel Erdöl, welches mit enormem Reichtum blendet. Für ein armes Land wie Ecuador – an dessen Spitze korrupte Staatsdiener und Beamte stehen und das voller mittelloser Männer ist, die mit Bestechungsgeldern geködert werden, – ist die Verlockung, durch Erdöl in kurzer Zeit reich zu werden, nahezu unwiderstehlich. Bereits seit zwei Jahrzehnten fördern Firmen im Oriente das Schwarze Gold nicht nur mit verheerenden Folgen für die Umwelt, sondern auch für zahlreiche indigene Stämme, die ungefragt und ohne vom Ölboom zu profitieren ihres Lebensraums beraubt werden. Hinzu kommt, dass China einst der ecuadorianischen Regierung Milliardenkredite für den Bau von Staudämmen und Straßen gewährt hat und jetzt als Gegenleistung unter anderem 80 Prozent der Ölproduktion Ecuadors fordert.

***

Der Nebel taucht den Regenwald in ein verwunschenes Licht. Von den Blättern tropft Wasser auf uns herab. Gemeinsam mit Orlando, der im Oriente aufgewachsen ist, machen wir uns auf den Weg in den tiefen Dschungel. Es ist kurz nach Tagesanbruch, und dennoch ist der Wald bereits laut und lebendig. Aus allen Winkeln ertönt Gekreisch und Geschnatter: Ein singendes Heulen fängt in der Ferne an, ebbt ab und hebt wieder an. Wir hören das kehlige Geschrei eines Brüllaffen, das *Tock-tock-tock* eines Spechts.

«¡Escucha! Hörst du das Krakeelen?», fragt Orlando flüsternd. «Das sind zwei Tukane, die sich miteinander unterhalten». Ich konzentriere mich auf die Laute und kann tatsächlich zwei unterschiedliche Vogelstimmen heraushören. Orlando imitiert das schrille Krächzen der Tukane und erzählt mir, dass dieser Vogel das lauteste Tier des Dschungels ist.

Wir wandern weiter. Mächtige Kapok- und Feigenbäume mit ausladenden Brettwurzeln ragen wie römische Säulen in das Kronendach hinauf. Ihre Äste sind von farbenprächtigen Orchideen und leuchtenden Bromelien bewachsen, die den Lebensraum von abertausenden Insekten, Amphibien, Vögeln und anderen Säugetieren bilden. Überall kreucht und fleucht es. Sogar in einer Pfütze, die sich im Hufabdruck eines Tieres gebildet hat, tummeln sich eine Unmenge an winzigen Killifischen, eine Art Zahnkarpfen.

Wir steigen einen Abhang hinunter und dringen immer weiter in einen dunklen Wald vor, in dem die sonderlichen *Socratea* Bäume wachsen. Orlando erklärt mir, dass man sie auch Wanderpalmen nennt, da sie auf stelzenartigen Wurzeln stehen und bei ihrer Suche nach Licht und Nährstoffen öfters ihren Standort wechseln.

«Sie können laufen?», frage ich Orlando ungläubig und zweifle, ob ich ihn gerade richtig verstanden habe.

«Ja! Zwar sehr langsam, aber sie können ihren Platz ändern».

Staunend wandert mein Blick vom Boden über das regelmäßige Wurzelgeflecht, das aussieht, als ob man dünne Holzstämme wie ein Tipi-Zelt perfekt gegeneinander gelehnt hätte. Weit über meinem

Kopf treffen die Wurzeln aufeinander und verwachsen zu einem einzelnen Stamm. Ich lege meinen Kopf so weit nach hinten, dass ich für ein paar Sekunden das Gleichgewicht verliere und mich mit einem Schritt nach hinten ausbalancieren muss. Ganz weit oben kann ich ihre Palmwedel sehen. Gerade als ich Orlando fragen möchte, wie hoch die Palme wohl ist, kommt er mir zuvor.

«Dieser Baum kann locker 20 Meter groß werden». *Irre, laufende Palmen-Giganten!*

«Mama, Mama, da sind riesige Ameisen», ruft mein Sohn stolz, weil er sie vor Orlando entdeckt hat. Er geht in die Hocke und beobachtet die Kolonie, die in einem beachtlichen Tempo Blätter über einen langen Stamm in ihren Bau transportiert. Ich bücke mich ebenfalls und schaue dem geschäftigen Treiben zu, das auf den ersten Blick wuselig und völlig chaotisch wirkt, doch je länger ich die feuerroten Riesenameisen betrachte, desto mehr erkenne ich, wie perfekt sie organisiert sind.

«Diese Ameisen können das Hundertfache ihres eigenen Gewichts tragen», erklärt unser Guide – und ich übersetze für meinen Sohn, der mit großen Augen Orlando anschaut und dann wieder dem Strom der Kolonie folgt.

«Mehrere Millionen von ihnen leben zusammen mit ihrer Königin in einem Staat, in dem jede Ameise ihre Aufgabe hat – zum Beispiel Nahrungsbeschaffung, Nestbau, Aufräumen oder Befruchtung. Ameisen kommunizieren über Duftspuren miteinander. Mal angenommen, eine von ihnen entdeckt einen Kadaver oder eine Frucht, dann kehrt sie zurück, hinterlässt unterwegs Duftspuren und verteilt im Bau Kostproben. Dann wissen alle Ameisen, was zu tun ist und wo sie lang müssen. Sie folgen der Spur und verstärken sie, indem sie ebenfalls Duftstoffe ausscheiden. Der Pfad riecht also immer intensiver und lockt weitere Tausende Ameisen an, die sofort mitanpacken. Der Ameisenstaat funktioniert wie eine perfekt organisierte Armee, in der jedes Mitglied seine Aufgaben, die zum kollektiven Überleben dienen, kennt und gewissenhaft ausführt. Doch sterben tun sie für sich alleine. Denn kranke Ameisen verlassen kurz vor ihrem Tod den Bau, um alleine ins Jenseits überzugehen.

Das tun sie zum Wohle des Staates, damit sie die anderen Nestbewohner nicht anstecken».

Orlando führt uns tiefer in den Dschungel hinein und überall gibt es etwas Neues zu entdecken: Blätter, die um einiges größer sind als mein Kind, Libellen mit glitzernden Flügeln, Termitenhügel auf Bäumen, krächzende Papageien, scheue Reiher, springende Kakerlaken, haarige Spinnen … Orlando beugt sich zu meinem Sohn und zeigt nach oben. «Siehst du das kleine Tier, das uns aus der Höhle im Stamm anschaut? Das ist eine Baumratte».

«Mama, schau mal, wie süß die Ratte ist». Normalerweise überkommt mich beim Wort *Ratte* ein gewisser Ekel, doch bei diesem Nagetier, das uns neugierig mit seinen Knopfaugen von oben beäugt, kann ich die Begeisterung meines Kindes gut nachvollziehen.

Als nächstes flicht Orlando mit flinken Fingern aus Palmenblättern eine Krone und setzt sie meinem Sohn auf. Dabei erklärt er, dass die indigenen Bewohner aus Palmenblättern und Gräsern Schmuck, Taschen, Hüte und sogar die Dächer ihrer Häuser herstellen, die mindestens 15 Jahre lang Sonne und Regen standhalten. Anschließend reibt Orlando die Oberfläche eines Steines, taucht diesen immer wieder in den Fluss, reibt weiter, bis eine cremige rotbraune Textur entsteht, und bemalt mit einem Grashalm Stirn und Wangen meines Sohnes, wie es die Männer tun, bevor sie zur Jagd gehen.

Ich bin völlig fasziniert davon, dass die Menschen im Dschungel alles finden, was sie zum Leben benötigen: Essen, Materialien für den Bau ihrer Hütten, Schalen von Früchten nutzen sie als Geschirr, aus Pflanzenfasern nähen sie ihre Kleidung … Und besonders beeindruckend finde ich, dass viele indigene Stämme tatsächlich immer noch komplett plastikfrei leben.

Anschließend zeigt mir Orlando unterschiedliche Pflanzen, aus denen die Heilmänner Medizin, zum Beispiel gegen Menstruationsbeschwerden, Hautausschläge, giftige Schlangenbisse, Rückenleiden oder Migräne herstellen.

«Im Amazonas wachsen sogar Pflanzen, die Krebstumore heilen können, allerdings wollen internationale Pharmakonzerne nicht, dass sich dieses Wissen verbreitet, da sich mit den Wunderpflanzen, die im Amazonas sehr üppig wachsen, bei der Heilung von Krebs kaum Geld verdienen lässt».

An einer Lagune machen wir Rast. Durch das dichte Blätterdach kann ich erkennen, dass die Sonne mittlerweile senkrecht über unseren Köpfen steht. Während mein Sohn immerfort Steine ins Wasser wirft, erzähle ich Orlando, dass ich auf meiner ersten Reise durch Ecuador eine Woche beim Stamm der *Huaorani* in der Nähe der peruanischen Grenze gewohnt habe, und dass ich mich immer wieder an dieses beeindruckende Erlebnis zurückerinnere.

«Da bist du aber sehr weit in den Amazonas vorgedrungen. Hast du da auch die Rosa Delfine gesehen?»

Oh ja! Ich bekomme am ganzen Körper Gänsehaut und denke an meine Begegnung mit den rosafarbenen Flussbewohnern zurück, die mir damals wie Fabelwesen vorkamen.

«Kannst du dich eigentlich daran erinnern, was du letzte Nacht geträumt hast?», fragt mich Orlando plötzlich. Ich fühle mich von der Fragestellung etwas überrumpelt, denke fieberhaft nach, aber meine Träume wollen mir partout nicht einfallen.

«Für mein Volk spielen Träume eine sehr wichtige Rolle, denn sie sagen uns, was wir tun sollen, warnen vor Gefahren und geben Hinweise für unser Leben. Wir glauben daran, dass jemand, der nicht richtig träumen kann, Probleme mit der Wirklichkeit bekommt. Deswegen erzählen wir uns im Morgengrauen immer, was wir geträumt haben, und ein Schamane deutet dann unsere Träume. Wenn ein Mann einen schlechten Traum gehabt hat, dann geht er nicht auf Jagd, da ihm seine nächtlichen Visionen sagen wollen, dass er sich verletzen oder gar sterben könnte. Für uns sind die Träume die andere Seite der Wirklichkeit, die uns wie kleine Kinder an die Hand nehmen und sicher durchs Leben führen, wenn wir ihnen richtig zuhören».

Abends kurz vorm Schlafengehen praktizieren mein Sohn und ich unser altbewährtes Ritual, das wir auf Reisen jeden Abend machen.

«Was haben wir heute alles erlebt?», frage ich.

«Ich habe im Wasserfall gebadet, eine grüne Heuschrecke auf meiner Hand gehabt, war angemalt wie ein echter Indianer, der zur Jagd geht, habe die Königskrone getragen, riesige Ameisen gesehen, ein Indianer-Dorf besucht ...», sprudelt es aus meinem kleinen Abenteurer nur so heraus.

«Und was war das Spannendste, was du heute erlebt hast?»

«Die Höhle mit den Fledermäusen, die ganz anders aussehen als Batman! Mama, werden wir auch bei richtigen Indianern wohnen? Bei den gleichen Indianern, bei denen du schon mal warst?»

«Nein, mein Schatz. Denn diese Indianer leben tief im Dschungel, wohin wir mehrere Tage mit einem Kanu fahren müssten».

Mein kleiner Junge schaut mich enttäuscht an, aber als ich ihm erzähle, dass wir in ein paar Tagen weiter nach Misahuallí im Amazonas fahren werden, um uns dort mit Janina und ihrer kleinen Tochter zu treffen, die wir zuvor in Quito kennengelernt haben, hellt sich sein Gesichtsausdruck wieder auf. Ich gebe ihm einen Gutenachtkuss, decke ihn zu, setze mich im Dunkeln auf die Terrasse und lasse mich vom nächtlichen Urwaldkonzert betören: ein gigantisches Knarren, Zirpen, Pfeifen, Piepen, Surren, Knistern, Brüllen, Zischen, Rauschen ... ‹Wahnsinn, wie ohrenbetäubend schön der Regenwald ist›, denke ich ganz ehrfürchtig. ‹Ein Naturparadies auf Erden, das der Mensch aktiv schützen muss, wenn er sich selber nicht die Luft zum Atmen rauben möchte.›

KRATERSEE QUILOTOA

4. Kapitel

Der verliebte Kondor

Unser nächstes Reiseziel wartet mit einer ganz besonderen Legende auf:

Einst vor langer, langer Zeit lebte ein kleines Mädchen am Fuße des Kratersees Quilotoa in den Anden auf knapp 4.000 Metern Höhe. Die Landschaft war rau und karg, es wehte ein eisiger Wind und nachmittags verschlang ein dichter Nebel das Dorf.

Jeden Tag zog das Bauernmädchen bei den ersten Sonnenstrahlen mit der Schafherde und dem treuen Hirtenhund hinaus in die Berge. Während die Schafe in der monotonen Landschaft des *Páramos* weideten, sang das Mädchen mit ihrer glasklaren Stimme traurige Lieder von einem Prinzen, der sie aus dieser Einöde befreien möge. Erst mit der frostigen Dunkelheit kehrte das Mädchen mit ihrer Herde in die einfache Hütte zurück, wo sie ihre Mutter mit einer dünnen Suppe und einer Scheibe trockenes Brot erwartete.

Die Jahre vergingen. Doch eines Tages begegnete das Bauernmädchen auf einer saftigen Wiese einem fremden Jungen bekleidet mit einem roten Poncho, weißem Schal und einem Muster auf seiner Hose, welches sie zuvor noch nie gesehen hatte. Der Unbekannte stand in dem windgepeitschten Landstrich da, blickte ihr tief in die Augen und schaute sie mit dem wunderschönsten Lächeln an, das sie je gesehen hatte. Behutsam nahm er ihre Hand und fragte das Mädchen, ob sie mit ihm hinunter zum Kratersee Quilotoa spazieren gehen wolle.

Ab da an war die junge Frau nicht mehr traurig. Denn sie und die Schafherde wurden jeden Tag von ihrem Geliebten begleitet. Doch eines Tages verwandelte sich der Liebste in einen Kondor. Verwundert schaute das Mädchen den schwarzen, erhabenen Greifvogel an.

«Meine Zeit ist abgelaufen», sagte der Kondor mit einer ruhigen, festen Stimme. «Ich muss in meine Heimat zurückkehren», dabei deutete er mit seinem majestätischen Schnabel zu den verschneiten Berggipfeln hinter der Lagune.

«Möchtest du mitkommen? Ich mache dich in meinem Reich zur Prinzessin und sorge dafür, dass du jeden Tag glücklich bist».

Die Frau mit den langen schwarzen geflochtenen Zöpfen zögerte. Voller Wehmut dachte sie an ihre geliebte Mutter und Familie, die sie hier im Dorf zurücklassen musste. Doch sie konnte sich ein Leben ohne ihren liebgewonnenen Kondor nicht mehr vorstellen. Innig umarmte sie ihren Hund, der ihr in ihrem tristen Leben stets ein treuer Begleiter war. Dann nickte sie stumm und schon packte der schwarze Vogel sie am Kragen, spannte seine kräftigen Flügel auf und gemeinsam flogen sie ins ferne Reich am höchsten Berggipfel der Gegend, von wo aus sie gemeinsam jeden Tag hinab auf die Schäfer am Kratersee Quilotoa blickten.

***

«*Baja aquí.* Steig hier aus», ruft der Busfahrer zu mir nach hinten. Zuerst schaue ich ein wenig skeptisch auf die Hauptstraße. Doch sogleich gebe ich Janina Bescheid, dass wir schnell aussteigen müssen, und greife in aller Hast das Gepäck und die Hand meines Sohnes. Beim Aussteigen vergewissere ich mich noch mal beim Busfahrer, ob wir hier wirklich richtig seien. «¿Latacunga?», frage ich immer noch ein wenig irritiert. «*Sí, sí*», versichert der Busfahrer mit einem wilden Kopfnicken und erklärt mir, dass der Busbahnhof etwa vier Kilometer von hier entfernt sei. Als wir aussteigen, befinden wir uns in der Mitte einer viel befahrenen Kreuzung. Unsere Rucksäcke liegen bereits auf der Straße. Eilig setzen wir sie auf, lassen dabei die Hände unserer Kinder nicht los und müssen schon den ersten hupenden Autos ausweichen. Wir retten uns an den Straßenrand, wo ein junger Taxifahrer auf uns zu warten scheint. Geschwind einigen wir uns auf drei Dollar für die Fahrt zum Busbahnhof, von wo aus wir mit dem öffentlichen Bus direkt bis ins Andendorf Quilota am Fuße des gleichnamigen Kratersees fahren möchten. Jedoch kommt im Taxi alles anders.

Der gewiefte Taxifahrer redet in einer schwindelerregenden Geschwindigkeit auf mich ein. Hanebüchen zählt er diverse Orte auf, an denen wir den Bus wechseln müssten: in Tigua, anschließend in Zumbahua, dort müssten wir mindestens vier Stunden auf den Anschlussbus warten ... Zudem rechnet er mir mithilfe seiner Finger vor, wie viel Geld die jeweiligen Fahrkarten kosten sollen. Gerade sind wir bei 20 Dollar angekommen. Nur für uns zwei Erwachsene, für die Kinder müssten wir zusätzlich noch die Hälfte bezahlen. Und der Taxifahrer möchte nur spottgünstige 30 Dollar von uns haben. Was für ein Geschäft!

Im Inneren des Taxis kann ich den sprichwörtlichen Braten riechen. Ich wittere förmlich den ausgebufften Geschäftssinn des Taxifahrers, der mich äußerst sympathisch anlächelt. Ich spüre, wie ich gerade dabei bin, seinem abenteuerlichen Fahrplan und den überzogenen Fahrpreisen auf den Leim zu gehen. Ich schließe mich mit Janina kurz. Die Aussicht, komfortabel in diesem klapperigen Auto sitzen zu bleiben, welches bei uns in Deutschland sicherlich seit mindestens zehn Jahren keinen TÜV mehr bekommen hätte, ist doch ziemlich verlockend.

Ich fange an zu verhandeln: «15 Dollar».

«*No es posible*», sagt er mit einem völlig empörten Gesichtsausdruck, dabei verraten allerdings seine Mundwinkel, dass er gar nicht so empört ist, sondern sich insgeheim darüber freut, einer *Gringa*, wie hier die Ausländer genannt werden, womöglich eine überflüssige Taxifahrt aufzuschwatzen.

«25 Dollar. Letztes Angebot», fordert er.

«18 Dollar. Mein letztes Angebot».

«23 Dollar. Mein allerletztes Angebot».

«20 Dollar», kontere ich mit regungsloser Mine.

«*No puedo.* Kann ich nicht machen», wendet er mit einem beleidigten Gesichtsausdruck ein. Daraufhin hebe ich minimal meinen rechten Arm und deute an, dass ich die Autotür aufmachen möchte, um auszusteigen.

«*Vale.* 20 Dollar», nickt er euphorisch. Das empörte Beleidigtsein ist spurlos verschwunden. «*Soy Peli. Mucho gusto.* Ich bin Peli. Schön, dich kennenzulernen». Sein verschmitztes breites Grinsen verrät mir sofort, dass wir gerade keinen besonders guten Deal gemacht haben. Dafür behalte ich für mich, dass wir durchaus auch bereit gewesen wären, 25 Dollar zu bezahlen.

Die Fahrt hoch hinauf zum legendenumwobenen Kratersee Quilotoa ist spektakulär. Ich klebe nahezu an der völlig verdreckten Fensterscheibe und komme aus dem Staunen nicht heraus. Mit jedem Höhenmeter, den das altersschwache Fahrgestell ächzend zurücklegt, wird die Hochlandsteppe – auch Páramo genannt – zunehmend kahler. Die wenigen Bäume und Büsche werden immer niedriger. Das Gras auf den Wiesen immer kürzer und struppiger. Die Straße schlängelt sich an Feldern in den unterschiedlichsten Grüntönen vorbei. Oben auf dem Hang sehe ich Frauen bei der Arbeit. Sie sind in ihrer typischen Tracht gekleidet: schmaler dunkler Hut mit einer breiten Krempe, knielange bunte Röcke, Wollstrumpfhosen und an den Füßen halboffene Schuhe, die mich an Ballerinas erinnern. Um die Schultern tragen sie eine Art Decke, die sie bis zur Nase hochgezogen haben.

«Die Menschen hier bauen Kartoffeln an», erklärt mir Peli, der mir trotz seiner geschäftstüchtigen, abgefeimten Überredungskunst immer sympathischer wird. Vor allem seitdem ich erfahren habe, dass er zuhause drei Kinder hat und sein Jüngster genauso alt wie mein eigener Sohn ist.

«Ich wusste gar nicht, dass auf dieser Höhe noch Kartoffeln wachsen», bekunde ich meine Unwissenheit. Mittlerweile sind wir auf 3.800 Metern angekommen.

«Oh, doch», sagt Peli sichtlich stolz. «Hier werden über 30 verschiedene Kartoffelsorten in den unterschiedlichsten Farben angebaut. Hellbraun, dunkelbraun, lila, hellrot, dunkelrot, rosa, lila-rosa, schwarz ...»

Ich bin total beeindruckt, wie viele üppige Gemüsesorten in dieser rauen Landschaft wachsen und gedeihen.
Auf der Fahrt passieren wir einzelne Häuser und Gehöfte. Melancholisch wirkende Hirten ziehen mit ihren Schafherden in die Berge hinaus. Am Wegesrand stehen angebundene Pferde und Esel, die mit ihren Blicken neugierig der Fahrtrichtung unseres Taxis folgen.

«Mama, da, da ...», aufgeregt zeigt mein Sohn in die entgegengesetzte Richtung. Wir drehen die Köpfe auf die andere Seite. «Was ist denn da?», hake ich nach, weil ich zuerst nichts erkennen kann. Doch dann sehe ich sie. Die wolligen entzückenden Tiere, die mir sofort ein breites Lächeln ins Gesicht zaubern. «Unsere ersten Lamas in Südamerika!», rufe ich ganz laut vor Entzücken. Denn ich liebe diese Wollknäuel auf vier Beinen mit dem langgezogenen Hals, bei denen man denken könnte, dass sie immer am Lachen sind.

Auf der kurvenreichen schmalen Straße bieten sich uns Ausblicke und Abgründe, die wie gemalt aussehen. Einfach bezaubernd; wie in einem verwunschenen Bilderbuch.

Immer wieder macht Peli uns auf unterschiedliche Bergformationen aufmerksam. «Schaut mal da rüber. Woran erinnert euch der Berg?», fragt er spitzbübisch. Ich kneife ein wenig meine Augen zusammen und kann die Form auf einmal eindeutig erkennen. Unfassbar! Der Berg sieht tatsächlich wie ein Gorilla aus. «Und wie sieht der Berg da hinten aus?», fragt Peli ein paar Minuten später.

«Vielleicht wie ein Kondor?»

«Richtig!»

Nach mindestens 15 weiteren Kurven drehe ich den Spieß um. «Peli, an was erinnert dich der dreizackige Berg auf der anderen Seite?» Dabei bin ich mir sicher, dass der junge Taxifahrer nicht dasselbe in der Formation sehen wird, wie ich es tue. «Machu Picchu», antwortet er mit einem schelmischen Lächeln. Völlig erstaunt deute ich ein Kopfnicken an.

Eine dichte Nebelbank steigt auf und taucht die karge Landschaft, um die sich viele Legenden und Sagen ranken, in eine mystische

Atmosphäre. Als ob Peli meine Gedanken lesen könnte, fragt er mich: «Glaubst du an Geister?» Ich zögere mit meiner Antwort, da ich weiß, dass ein Großteil der indigenen Bevölkerung aus den Anden an Geister, Götter, Hexen, Teufel, Naturwesen und andere überirdische Lebewesen glaubt. Deswegen möchte ich ihm nicht direkt auf die Nase binden, dass diese Weltanschauung für mich nur sehr schwer greifbar ist.

«Ich weiß, dass Geister existieren, denn ich habe sie selber schon oft gesehen», fährt er völlig überzeugt fort.

«Echt?», entgegne ich ihm etwas wortkarg, da mir nichts Eloquenteres einfällt. Peli berichtet mir von unterschiedlichen Geistern, die ihm in der Natur begegnet sind. Viele von ihnen sind gute Geister, aber einige sind böse, denn sie bringen Unheil über die Menschen, wenn man sie missmutig stimmt. Deswegen versuchen die Bauern, sie bei Stimmung zu halten und nicht zu verärgern. Sie machen ihnen Geschenke, stellen ihnen zum Beispiel Bier oder an Feiertagen gar Schnaps hin und bringen ihnen Opfergaben. So erfahre ich, dass Berggeister am allerliebsten Schokoladenriegel und Whiskey mögen.

Peli erzählt mir von seiner Tante, die vom Teufel besessen war, und wie er als kleiner Junge zugesehen hat, wie in einer Zeremonie auf einem Berg der Teufel aus ihr ausgetrieben wurde. «Diesen furchtbaren Gesichtsausdruck werde ich niemals vergessen», sagt er, und ich erkenne, wie er schlagartig zu frösteln beginnt.

«Den Ausdruck deiner Tante?»

«Nein, den Ausdruck des Teufels. Als er aus dem Körper meiner Tante entstiegen ist, blickte er mich für mehrere Minuten an. Ich hatte damals unsagbare Angst, dass er mich jetzt als nächstes Opfer gewählt hatte. Ich stand einfach nur wie gelähmt da, konnte mich nicht bewegen, nichts sagen, mich nicht wehren. Mir war so fürchterlich kalt. Doch dann drehte sich der Teufel um und verschwand in den Bergen».

Schweigend lausche ich Pelis Worten und ab und zu schüttle ich den Kopf. Denn seine fantastischen Geschichten beeindrucken mich, auch wenn es mir schwerfällt ihnen zu glauben – dennoch spüre ich, dass es auch mich am ganzen Körper fröstelt.

Als wir in einer Unterkunft ankommen, die wir uns zuvor im Internet rausgesucht hatten, ziehe ich meinen dicken Schal bis zur Nasenspitze hoch und setze meine Kapuze auf. Ein eisiger Wind pfeift, und der Nebelschleier ist mittlerweile so dicht, dass wir höchstens zwei, drei Meter weit sehen können. Eine rundliche indigene Frau kommt heraus. Ihre schwarzen langen Haare sind zu dicken Zöpfen geflochten und mit bunten Bändern verziert. Wir sagen, dass wir insgesamt drei Nächte bleiben wollen und einigen uns sehr schnell auf eine Summe, die deutlich unter dem Preis im Internet liegt. Ich beobachte, wie sie Peli heimlich Geld in die Hand drückt. ‹Sicherlich bekommt der geschäftstüchtige Taxifahrer eine Provision, weil er uns hierhergebracht hat›, denke ich. Peli schaut mich an und ich erkenne, dass er sich ein wenig von mir ertappt fühlt. Aber ganz ehrlich: Ich gönne ihm sein lukratives Tagesgeschäft mit den zwei Gringas von ganzem Herzen – und danke ihm, dass er mir so viel über seine Welt in den Bergen erzählt hat.

Plötzlich haben Janina und ich es sehr eilig, zum Kratersee zu gehen. Würde uns die dünne Höhenluft nicht so zu schaffen machen, dann würden wir am liebsten dahin sprinten. Doch der Nebel ist so dicht, dass wir nicht unbedingt daran glauben, heute einen Blick auf die Laguna Quilotoa werfen zu können – wir versuchen dennoch unser Glück.

Als wir am *Mirador*, dem Aussichtspunkt, ankommen, sehen wir bis auf eine dichte graue Wolkendecke rein gar nichts. Unsere Enttäuschung steht uns buchstäblich ins Gesicht geschrieben. ‹Nun gut, morgen ist ja auch ein Tag›, trösten wir uns. Den steilen Abstieg von 400 Metern, für den man zirka eine Stunde benötigt, wollten wir heute mit unseren Kindern eh nicht mehr unternehmen, da es mittlerweile zu spät geworden ist. Dennoch treibt uns unsere Neugier. Vielleicht haben wir doch noch das große Glück, einen Blick auf den mysteriösen Kratersee zu erhaschen, von dem die Einheimischen behaupten, dass er so tief sei, dass er keinen Grund hätte.

Rechts neben uns beginnt ein kleiner Pfad. Wir steigen die unregelmäßigen Stufen herab und blicken immer wieder zu unserer linken

Seite, in der Hoffnung, dass der See sich uns zeigen würde. Zuerst ist der Weg relativ akzeptabel. Doch bereits nach ein paar Minuten verwandelt er sich in eine abfallende Sandpiste mit Geröll. Ich spüre, wie mir bei jedem Schritt die Luft wegbleibt. Trotz extremer Kurzatmigkeit versuche ich, ganz normal und regelmäßig weiter zu atmen, doch plötzlich stockt mir der Atem. Wie auf Kommando bleiben Janina und ich gleichzeitig stehen und sind völlig sprachlos. Die Wolkendecke reißt auf und zieht von dannen. Zuerst können wir nur ganz schwach die Umrisse erkennen, doch im nächsten Augenblick offenbart er sich uns in seiner ganzen Pracht, die nicht in Worte zu fassen ist. Ganz still stehen wir da und sind einfach nur ergriffen von dieser unsagbaren Schönheit, die uns *Pachamama,* Mutter Natur, gerade bietet.

Am nächsten Tag brechen wir gleich nach dem Frühstück auf. Die Nacht mit Temperaturen im Minusbereich steckt mir immer noch ordentlich in den Knochen, denn in unserer rustikalen Unterkunft, die nur von kleinen Öfen beheizt wird, war es bitterkalt, vor allem als das Feuer nachts erloschen war. Ich friere immer noch beim Gedanken an die eiskalte Dusche von heute Morgen. Ich hatte zuvor keine Ahnung, wie kalt sich Wasser tatsächlich anfühlen kann. Mein Körper drohte in einen Kälteschock zu verfallen. Kurz mit dem spärlichen eiskalten Wasserrinnsal nass machen, fix einseifen, dabei großzügig einige Körperstellen auslassen und auf die Haarwäsche komplett verzichten, mit hektischen Bewegungen den Seifenschaum wieder abspülen und blitzschnell im nassklammen Handtuch aufwärmen. Ein Rekord war gebrochen – denn in 23 Sekunden zu duschen ist mir zuvor im Leben noch nie gelungen.

Obwohl ein rauer Wind uns mit voller Wucht frontal anbläst, fühlt sich die Sonne im Gesicht verdammt gut an. Eine wohlige Wärme durchströmt meinen ganzen Körper vom Kopf hinunter über den Rumpf bis zu den Füßen und Händen, aus denen die betäubende Kälte langsam weicht. Die Kinder sind angezogen, als ob wir uns gleich auf eine Polarexpedition begeben würden: dicke Winterjacken,

Schal, Mütze, Handschuhe, gefütterte Hosen … – wir Muttis sehen auch nicht unbedingt stylischer aus. Ich habe all meine warmen Klamotten, die mein Rucksack hergibt, übereinander gezogen. Etwas schwerfällig marschieren wir los; nicht nur wegen unserer immensen Kleiderschicht, sondern insbesondere wegen der Höhe, die uns Erwachsenen immer noch ganz schön zu schaffen macht. Die Kinder scheinen überhaupt keine Probleme zu haben, quietschfidel laufen sie los, und die Großen schnauben hinterher. Bei jedem Anstieg fühlt sich ein Schritt an, als ob wir gerade mehrere hundert Meter zurückgelegt hätten. Es pocht in meinen Schläfen, ich spüre einen Druck auf meiner Stirn und ein Grummeln in der Bauchgegend. Meine Lippen spannen, weil sie so trocken sind. ‹Das sind alles Symptome der Höhenkrankheit›, denke ich. Doch im Großen und Ganzen fühle ich mich ganz okay und bin froh, dass wir alle nicht so gravierend betroffen sind. Denn auf meiner Reise habe ich schon zahlreiche Leute getroffen, die mit der Höhenkrankheit übel zu kämpfen hatten.

Der Ausblick am abschüssigen Kraterrand auf die Laguna Quilotoa, die am westlichsten Vulkan Ecuadors liegt und vor über 750 Jahren bei einem gewaltigen Vulkanausbruch entstand, ist atemberaubend. Zauberhaft. Einfach überwältigend. Heute bei klarem Sonnenschein sieht der Kratersee so ganz anders aus als gestern. Sein türkisfarbenes Wasser glitzert in den unterschiedlichsten Schattierungen, auf der Oberfläche spiegeln sich vereinzelte Wolken, die dem Wasser immer wieder eine neue Musterung verleihen. Dieses Farbspiel von türkisem Wasser, goldenem Licht, dunkelblauem Himmel und Grasbüscheln in den unterschiedlichsten Grüntönen auf den Bergen, die sich rhythmisch im Wind wiegen, ist einfach nur irre. Wunderschön. Absolut einmalig.

Wir beginnen unseren Abstieg, den wir in einem gemächlichen Tempo angehen. Die Kinder freuen sich, hüpfen und laufen, doch phasenweise wollen sie auch getragen werden. *Puh, wie anstrengend!* Das Klima, die Höhe, die dünne Luft, der Tagesrucksack mit reichlich Wasser und Essensproviant, der vor meiner Brust baumelt, und auf meinem Rücken mein 20 Kilo schwerer Sohn. Wie gut, dass ich zuhause an meiner Kondition gearbeitet habe, indem ich zwei bis drei Mal die Woche joggen gegangen bin. Das kommt mir gerade extrem zugute.

Immer wieder kommen wir ins Straucheln. Wir rutschen den Abstieg eher hinab, als dass wir kontrolliert laufen würden. An der nächsten Biegung machen wir Halt. Wir genießen den Ausblick. Unten am Wasser stehen zwei einsame Bäume. Sie sind die einzigen weit und breit. Die Lebensbedingungen für Bäume sind auf dieser beträchtlichen Höhe definitiv nicht die optimalsten, dennoch blühen diese zwei Exemplare am Ufer des Kratersees in einer wunderschönen Fülle, als ob ihnen all die Widerstände und rauen Bedingungen nichts anhaben können. Sie sehen wie gemalt aus, immer wieder muss ich zu diesen zwei Bäumen blicken, die mich aus einem unerklärlichen Grund faszinieren.

Wir haben noch einen langen Weg vor uns. Der Pfad schlängelt sich im Zickzack hinunter. Manchmal wird er so steil, dass wir jeden Schritt mit Bedacht setzen müssen. Wir wirbeln eine Menge Staub auf, Sandwolken bilden sich, vernebeln uns kurzzeitig die Sicht, dann lösen sie sich wieder auf, und hinter der nächsten Kurve sehen wir, wie uns eine Frau entgegenkommt. Sie treibt ein altersmüdes Maultier vor sich her. Obwohl sie sicherlich noch nicht so alt ist, ist ihr Gesicht von der Sonne und dem Wind stark gezeichnet. ‹Was für eine schwere Arbeit. Was für ein hartes Leben›, geht mir immerzu durch den Kopf, wenn mir weitere Einheimische mit ihren Tieren begegnen.

Die nächsten Tage genießen wir die raue Idylle der Andenwelt und tauchen immer mehr in den Alltag der indigenen Bevölkerung ein, deren Muttersprache nicht Spanisch, sondern Kichwa ist. Sie begegnen uns zwar distanziert, aber durchaus freundlich. Wir erkunden weiter die Umgebung, machen Wanderungen auf jahrhundertealten Wegen, die sich im Schatten schneebedeckter Vulkane schlängeln. Immer wieder bringen uns die malerischen Landschaften und Ausblicke zum Staunen. *Ach, diese unfassbare Schönheit!* In einer Welt, in der die Menschen an Geister und überirdische Lebewesen glauben und sich abends am Feuer Märchen vom verliebten Kondor erzählen.

Nach drei Tagen brechen Janina und ich mit unseren Kindern wieder auf. Wir wollen in den kleinen Ort Zumbahua, in dem jeden Samstag der wichtigste Markt dieser Andenregion stattfindet. Ein Markt voller Farben, Gerüche, Eindrücke – und auf dem sogar Lamas verkauft werden.

Diesmal wollen wir auf jeden Fall mit dem öffentlichen Bus fahren und uns kein Taxi aufschwatzen lassen. Wir steigen in den Bus, der die ganze Strecke bis nach Latacunga fährt – also der Ort, an dem uns der geschäftstüchtige Taxifahrer Peli aufgelesen hat. Vom Busfahrer erfahre ich, dass ein Fahrticket von Quilota ins knapp zwei Stunden entfernte Latacunga 2,50 Dollar pro Erwachsener kostet, und dass die Busse jede Stunde fahren. «Und was zahlen wir für die Kinder?», frage ich. «Ach, die fahren umsonst», winkt der Busfahrer großzügig ab.

Während ich auf meinem Platz die gewaltige Berglandschaft am Fenster vorbeiziehen lasse, muss ich schmunzeln. Denn mir fallen wieder Pelis Phantasiepreise für Bustickets und abenteuerliche Fahrpläne ein – und seine eindrucksvollen Geschichten über diese magische Andenwelt.

ZURÜCK IN QUITO

5. Kapitel

Schwindelerregend

Der Zeitpunkt ist gekommen, um erneut nach Quito zurückzukehren. Nach fast zwei gemeinsamen Wochen trennen sich am Bahnhof Latacunga endgültig unsere Wege. Janina und ich nehmen uns ganz fest in den Arm und wissen nicht so recht, was wir sagen sollen. «*Adiós Amiga.* Gute Reise. Pass auf euch auf», stammeln wir etwas unbeholfen. Die Kinder sind bereits in die unterschiedlichsten Himmelsrichtungen gelaufen.

In Quito angekommen, können mein Sohn und ich es kaum erwarten, in ein paar Stunden meinen Mann zu begrüßen, der gerade vor wenigen Minuten am Flughafen gelandet ist und sich jetzt sicherlich im Bus ins Zentrum befindet. Wir checken im gleichen Hostel am Plaza Santo Domingo ein, und es fühlt sich fast so wie Heimkommen an. Marisol steht an der Rezeption und empfängt mich freudestrahlend wie eine verlorene Tochter. Aufgeregt erzähle ich ihr, wo wir überall waren und was wir gesehen haben.

«Da habt ihr ja die letzten Tage eine Menge erlebt», sagt Marisol in einem anerkennenden Ton.

‹Ja, wie recht sie hat›, denke ich. Wie intensiv sich doch Zeit auf Reisen anfühlen kann. Die vergangenen zwei Wochen kamen mir wie zwei Monate vor. Und zuhause ist es in der Regel eher umgekehrt. Da fühlen sich oft zwei Monate wie zwei Wochen an. Doch das Beste ist, dass mein Kind und ich noch dreieinhalb Monate in Südamerika vor uns haben. Vielleicht sogar noch länger. Denn ich spiele definitiv mit dem Gedanken, unseren Trip zu verlängern.

***

Wie schön es doch ist, wenn die Familie wieder vereint ist. Über 10.000 Kilometer von zuhause entfernt. Vor uns liegt ein gemeinsamer Monat in Ecuador, in dem wir bis auf unseren Flug auf die Galapagosinseln am Jahresanfang noch überhaupt nichts geplant, geschweige denn gebucht haben. Mein Mann und ich lieben das spontane Reisen. Dieses Gefühl von Freiheit … morgens nicht zu wissen, wohin es einen abends verschlägt. So wollen Lars und ich es auch diesmal handhaben.

Den nächsten Tag erkunden wir gemeinsam Quito. Lars ist das erste Mal in Südamerika – und so muss er sich an das Ambiente, die liebenswerte südamerikanische Rauheit und insbesondere an die Höhe erstmal gewöhnen. Doch viel Zeit zum Akklimatisieren bleibt ihm nicht, denn ein ganz besonderes Highlight in der ecuadorianischen Hauptstadt habe ich mir für unsere gemeinsame Erkundungstour aufgespart: die Fahrt mit dem *TeleféríQo*, der Seilbahn, zum Fuße des Vulkans Pichincha.

Als wir die Gondel betreten, bekomme ich mal wieder Schweißausbrüche. Lars und mein Kind kennen das bereits von mir und machen sich oft lustig über mich. Doch mir ist gerade keineswegs zum Lachen zumute. Denn ich leide an panischer Höhenangst, in Fachkreisen auch *Akrophobie* genannt. Ich muss mich mächtig zusammenreißen. Mein Verstand weiß, dass die Wahrscheinlichkeit sehr gering ist, dass ausgerechnet unsere Gondel in die Tiefe stürzt, aber der hat in diesem Moment nichts zu melden. Denn bestimmte Regionen in meinem Gehirn ergreifen gerade erfolgreich die Oberhand.

Mein Herz rast. Ich kann mein Zittern kaum verbergen. Auf meiner Stirn bilden sich dicke Schweißtropfen. Und meine Handflächen sind klatschnass. Zudem überkommt mich der starke Impuls, die Gondel schnurstracks zu verlassen. SOFORT! Die Flucht zu ergreifen!!! Höhenangst und Anden harmonieren nicht unbedingt miteinander, dessen bin ich mir durchaus bewusst. Ich wage gar nicht daran zu denken, wie schlimm es mit meiner Höhenangst erst in der bolivianischen Stadt La Paz werden soll, wo es das weltweit größte städtische Seilbahnnetz gibt, welches mehrere hundert Meter über den Dächern schwebt. *Was für ein Horror!* Doch bis dahin bleiben mir noch knapp zweieinhalb Monate – also konzentriere ich mich erstmal auf meinen persönlichen ecuadorianischen Alptraum.

Die Türen schließen sich. Mit einem angsteinflößenden Ruck setzt sich die Gondel in Bewegung. Mein Fluchtreflex schreit mich an, doch ich versuche, ihn zu ignorieren und bleibe völlig regungslos sitzen. Nur meine Augen bewegen sich hektisch: von rechts nach links und wieder nach rechts. Zuerst wirkt die Seilbahnfahrt wie eine relativ harmlose Spazierfahrt. Die Gondel gleitet an einer grünen Bergwand entlang. ‹Geht eigentlich›, denke ich. Dass der TeleféríQo innerhalb von zehn Minuten fast 1.300 Meter Höhenunterschied zurücklegt, habe ich gerade erfolgreich verdrängt. Doch ein paar Sekunden später werde ich mit der gemeinen Wahrheit konfrontiert; oder besser gesagt, mit einem ungeheuerlichen Abgrund, dessen Boden meine Augen auf Anhieb nicht finden.

«Mama, wir stürzen ab», witzelt mein Sohn.

‹Wie sehr ich mein Kind in solchen Momenten doch liebe›, unterbricht ein ironischer Anflug meine blöde Akrophobie. Wenn er sich jetzt von seinem Sitz erhebt und stehend an der Tür seitlich runterschaut, dann kann er was erleben. Natürlich steht er auf! Ich schaue tatenlos zu und spüre, wie eine Windböe unsere Gondel ordentlich ins Schaukeln bringt. Na, super! Mir bleibt gerade auch nichts erspart.

Zu meinem großen Glück sitzt in unserer Gondel ein amerikanischer Lehrer, der seit 20 Jahren nach Ecuador reist und gerade mit seiner Schulklasse auf Tour ist. Und zu meinem allergrößten Glück scheint dieser amerikanische Lehrer auch extrem gerne zu reden – unbeeindruckt davon, ob sein Gesprächspartner gerade am Rande der Panik ist oder nicht. So fängt er an, mich sprichwörtlich zuzutexten, was mich tatsächlich etwas ablenkt. Knapp, aber höflich antworte ich ihm, während der Abgrund zu meiner linken und rechten Seite immer dramatischer wird.

Obwohl meine Handflächen immer noch nassgeschwitzt sind, werde ich allmählich etwas lockerer. Vor allem als der Lehrer aus New Orleans von der einmaligen Schönheit der Galapagosinseln zu schwärmen – fast schon zu philosophieren – beginnt. Während er uns verschiedene Pflanzen und Tiere aufzählt, die nur auf dem Archipel mitten im Pazifik leben, gelingt es mir sogar, für einen Moment unsere im Winde schwingende Gondel zu vergessen. Und ich spüre, wie mein Herz einen Luftsprung macht. Nicht vor Angst, sondern vor Freude auf das uns bevorstehende Erlebnis auf den paradiesischen Galapagos in zweieinhalb Wochen – und tatsächlich auch vor Glückseligkeit beim Anblick des schwindelerregenden Panoramas auf Quito, welches sich hinter mir erstreckt.

Als wir auf 4.100 Höhenmetern aus der Seilbahn aussteigen, bin ich extrem froh, wieder festen Boden unter meinen Füßen zu spüren. Obwohl ich mir eingestehen muss, dass die Fahrt im Grunde nicht *sooooooo* schrecklich war. Wir lustwandeln durch die skurrile Landschaft, laben uns an all den vollkommenen Naturphänomenen, die wir kaum begreifen können, und bleiben vor einem Ausblick stehen, der vor allem mir unverzüglich Tränen in die Augen treibt. Die höchste Hauptstadt der Welt liegt uns zu Füßen, und dahinter breiten sich die drei majestätischen schneebedeckten Vulkane aus: Cayambe, Antisana und der berühmte Cotopaxi.

«Ist das nicht unfassbar schön?», frage ich Lars.

«Ja», entgegnet er mir salopp. «Aber mir ist kalt. Lass uns morgen an die Küste fahren».

PAZIFIKKÜSTE

6. Kapitel

Lost in time

Die sandige Hauptstraße ist menschenleer. Kleine Holzhütten reihen sich aneinander. Ihre Wände sind mit verschiedenen Bildern und Mustern verziert, deren ausgeblichene Farben völlig abgeblättert sind. Es liegt eine gewisse Tristesse in der Luft. Die Spuren des schrecklichen Erdbebens vor knapp drei Jahren, welches hier in der Nähe sein Epizentrum hatte und einen Großteil der Region an der Küste in Schutt und Asche gelegt hat, sind an vielen Ecken noch deutlich erkennbar.

Mit Schaudern erinnern sich die Küstenbewohner an diesen Tag zurück: den 16. April 2016, an dem die Erde heftig zu beben anfing. Häuser krachten zusammen, die Lichter gingen aus, Menschen rannten verzweifelt um ihr Leben, unter den Trümmern lagen Verschüttete. Es war ein düsterer Tag, der seinen ungeheuerlichen Tribut forderte. Laut Regierungsangaben gab es 663 Tote und 27.732 zum Teil schwer Verletzte. Die meisten Menschen verloren mit einem Schlag ihre Existenz; ihr Hab und Gut wurde von der Erde gewaltsam verschluckt. Sogar im Süden Kolumbiens und weit entfernten Norden Perus war das Beben deutlich zu spüren. An jenem Tag, an dem die Küstenbewohner Ecuadors dachten, dass ihre Welt untergehen würde.

Doch die Menschen hier lassen sich von erbarmungslosen Naturkatastrophen und anderen Erschwernissen und Ungerechtigkeiten nicht so schnell unterkriegen. So wie auch ihre Vorfahren, die als Sklaven aus Westafrika kamen, sich nicht haben unterkriegen lassen.

Im Jahr 1533 erlitt ein spanisches Schiff mit afrikanischen Sklaven an Bord vor der Nordküste des heutigen Ecuadors Schiffbruch. Von den hunderten Sklaven schafften es nur elf Männer und sieben Frauen, sich an Land zu retten. Mit vereinten Kräften schwammen sie an die Küste, flüchteten in den nahegelegenen Urwald und gründeten eine eigene Siedlung, von der aus sie sich gegen jegliche Versuche der spanischen Kolonialherren, sie erneut zu versklaven, erfolgreich verteidigten. Diese Zone der schwarzafrikanischen Freiheitskämpfer diente auch in den darauffolgenden Jahrhunderten als Zufluchtsort zahlreicher entflohener schwarzer Sklaven und auch indigener Unterjochter aus den Anden.

Das war die Geburtsstunde einer neuen Ethnie: der Afroecuadorianer, zu der im heutigen Ecuador rund fünf Prozent der Gesamtbevölkerung zählen. Trotz des Status als anerkannte Minorität ist die Integration der sogenannten *Afroecuatorinos* in die Gesellschaft bis heute nicht geglückt. Auch mehr als 100 Jahre nach dem Ende der Sklaverei in Ecuador gehört die ethnische Minderheit im ganzen Land zur ärmsten sozialen Schicht, deren Kinder die geringsten Bildungs- und Aufstiegschancen haben.

Doch obwohl sie über Jahrhunderte dominiert wurden und bis heute diskriminiert werden, ist es den Afroecuadorianern gelungen, ihre eigene Lebensweise zu bewahren, die sich im Laufe der Zeit mit vielen Facetten der unterschiedlichen Einflüsse der afrikanischen, indigenen und europäischen Kultur zu einem spannenden Mix vermischt hat, der so ganz anders ist als im 170 Kilometer entfernten Quito oder in den Anden. Zweifelsohne verleiht die lebhafte afroecuadorianische Kultur, die allen Widerständen zu trotzen scheint, Ecuador ein weiteres ganz besonderes Gesicht, welches das kleine Land so faszinierend vielseitig macht.

Am Ende der sandigen Hauptstraße verschwindet der Weg wie ein Rinnsal zwischen den bescheidenen Hütten aus Bambus. Auf der anderen Seite öffnet sich die Straße zu einem endlos langen, von Klippen gesäumten Strand. Wir stehen vor großen knallbunten Buchstaben: CANOA. Kinder mit Rastazöpfen lenken verrostete

Fahrräder durch den nassen Sand. Fischer schieben mühselig ihre kleinen Holzboote aus dem Wasser. Einheimische Surfer, deren krause Haare von der Sonne ausgeblichen sind, jagen der perfekten Welle hinterher. Einige von ihnen üben im Sand Capoeira – einen Kampftanz aus Brasilien, der während der Kolonialzeit von verschleppten Sklaven heimlich praktiziert wurde. In einem einfachen Restaurant mit Plastikstühlen vertreibt ein Mann ein Huhn, das sich auf seinen Esstisch verirrt hat. Mit einem Satz schnappt er nach ihm und verpasst es um eine Haaresbreite. Am Tresen wirft ein gelangweiltes Kind ein Küken wie einen Tennisball in die Luft. Im Fall schlägt der kleine Vogel hektisch mit seinen Flügeln und sucht panisch nach Halt.

Die Dämmerung bricht bereits herein.

«Ein Bierchen zum Sonnenuntergang?», fragt Lars mit leuchtenden Augen. *Oh ja!* Allerdings müssen wir uns beeilen, denn hier in der Nähe des Äquators ist das Zeitfenster, in dem die nahezu senkrecht stehende Sonne untergeht, ziemlich kurz. Mit großen Schritten stampfe ich durch den Sand zum Restaurant, in dem der Mann immer noch dem Huhn hinterherjagt. «*Dos Clubes*», bestelle ich bei ihm. Er gibt die Jagd endgültig auf, geht zum Kühlschrank und stellt mir zwei lauwarme Biere hin. In Südamerika darf man keineswegs zimperlich sein, und obwohl ich mir sehnlichst einen eiskalten Sundowner gewünscht hätte, bin ich vollkommen zufrieden mit dem, was ich kredenzt bekomme.

Ich stapfe zurück zu meiner Familie, die gerade im Sonnenuntergang lautjubelnd in den Wellen hüpft. Aus der Ferne ertönt ein Einheitsmedley aus Reggae, Salsa, Merengue, Marimba und knatternden Mofas, die auf- und abfahren. Ich nippe an meiner ecuadorianischen *cervecita*, grabe dabei meine Füße noch tiefer in den angenehm warmen Sand und genieße die Kulisse, die sich gerade einfach perfekt anfühlt. ‹Schon komisch›, denke ich. ‹Vor ein paar Tagen habe ich dick eingemummelt in Winterjacke und Schal am Kratersee Quilotoa auf 4.000 Metern gefroren – und jetzt sitze ich hier im Bikini in einer völlig anderen Welt und erfreue mich am leichten Wind, der vom Pazifik kommend die Hitze vertreibt und eine angenehme Abkühlung bringt›.

Ich beobachte, wie der feuerrote Ball gerade die Wasseroberfläche berührt und sich darin spiegelt. Ich verliere mich im gleichmäßigen Rauschen der Wellen und spüre, wie mein Atem sich immer mehr dem Rhythmus des Stillen Ozeans anpasst. Nach ein paar weiteren tiefen Atemzügen ist der feuerrote Ball hinter dem Horizont verschwunden. Der goldene Himmel färbt sich in den verschiedensten Rottönen, die voller Intensität leuchten. Vögel schwingen sich durch die Lüfte und lassen sich vom Wind treiben. Ich fühle mich absolut tiefenentspannt. Seitdem wir im kleinen Strandort Canoa an der Nordküste angekommen sind, hat der Faktor Zeit jegliche Bedeutung verloren. In einer Woche ist Heiligabend, und wir haben noch überhaupt keine Ahnung, wo und wie wir das Fest der Feste verbringen werden. Was für ein Luxus! Und wie wunderbar doch dieses Gefühl von unbegrenzter Freiheit ist.

***

Nach drei ruhigen Tagen in Canoa geht unsere Reise weiter. Am Morgen, als Lars und ich unsere Rucksäcke schultern und die sandige Hauptstraße entlang der bunten kleinen Holzhütten wieder hochgehen, wissen wir nicht ganz genau, wohin es uns heute noch verschlagen wird. *Mal schauen, wie weit uns die Busse bringen werden,* ist unsere Devise. Wir wollen auf jeden Fall an der Pazifikküste bleiben und weiter in den Süden Richtung Guayaquil fahren, das steht fest. Denn das Strandleben gefällt uns gerade richtig gut. Vielleicht schaffen wir es heute sogar noch zum hippen Strandort Montañita, der zwar nur 260 Kilometer entfernt liegt, aber die Straßenverhältnisse dorthin gehören zweifelsohne zu den schlechtesten im ganzen Lande. Wir sind flexibel und steigen erstmal in den Bus in die nächstgrößere Stadt Manta ein.

Nach acht Stunden Fahrt tut mein Hintern verdammt weh. Der Bus ruckelt und zuckelt und nimmt jede Kurve entlang der schwindelerregenden Klippen mit einer enormen Geschwindigkeit. Die Blutzirkulation in meinen Beinen verrichtet ihre Arbeit nur sehr schwerfällig, schuld daran sind die viel zu harten Sitzbänke im Bus. Ich tröste mich damit, dass unser Ziel nicht mehr weit sein kann. In zehn, zwanzig Minuten müssten wir in Montañita sein. In dem Ort, der mittlerweile als absolute Partyhochburg verschrien ist – und an den ich so wundervolle Erinnerungen pflege.

Denn auf meiner ersten Reise durch Ecuador war ich schon mal dort. Damals war Montañita – wörtlich übersetzt der kleine Berg – ein beschaulicher Ort mit ein paar Häusern, Restaurants, Bars und großartig guten Wellen. Das Leben war extrem lässig und sagte mir als ungestümer junger Frau Anfang 20, die gerade ihren Schulabschluss in der Tasche hatte und jetzt vorm Studium die große weite Welt erobern wollte, extrem zu. Gemeinsam mit meinem dänischen Reisebegleiter mieteten wir uns damals jeweils eine Hängematte auf dem Balkon des einzigen Hostels im Ort und ließen bei herrlichem Ausblick direkt aufs Meer die Wochen verstreichen. Wie viele Wochen es tatsächlich waren, weiß ich nicht mehr. Aber das spielte auch keine Rolle. Denn wir waren jung, chronisch pleite, dafür aber reich an Zeit und Abenteuerlust.

So genossen wir das Reiseleben in vollen Zügen mit allem, was einen Menschen an der Schwelle zum Erwachsenwerden glücklich macht. Tagsüber beobachteten wir im Ortszentrum die jungen Locals, die mitten auf der Straße in ihrem selbstgebauten Fitnessstudio bestehend aus Plastikstühlen mit ein paar verrosteten Hanteln in den unterschiedlichsten Gewichtsklassen wichtigtuerisch ihre Muskeln stählten. Wenn die Hitze langsam erträglicher wurde, lungerten wir am Strand herum und ritten auf den Wellen in den Sonnenuntergang. Und abends erweiterten wir unsere Sprachkenntnisse bei reichlich Bier und Hochprozentigem, bis wir nachts taumelnd vor Glück und *lost in time* in unsere Hängematten fielen.

All die 20 Jahre danach begleitete mich in meiner Erinnerung ein ganz besonderes Bild aus Montañita. Immer wieder holte ich die Fotos aus meiner Schatzkiste hervor von dem verrückten Dänen, dessen Name mir im Laufe der Zeit abhandengekommen war, wie er völlig übergeschnappt mit seinem Surfbrett vor der skurrilen blau-weißen

Kirche, die eher wie ein Puppenhaus als ein Gotteshaus wirkte, auf und ab rannte. Ich kann mich noch so gut an diesen Moment erinnern, wie ich mich bei unserer kleinen Foto-Session nicht einkriegen konnte vor Lachen. Und obwohl man zu jener Zeit sehr sparsam auf den Auslöser drückte, da Fotofilme in Südamerika sehr, sehr teuer und nur schwer zu bekommen waren, schoss ich ein Foto nach dem anderen. Weil ich genau diesen kostbaren Moment für immer festhalten wollte.

«Montañita, Montañita», ruft der Busfahrer. ‹Was? Sind wir tatsächlich schon in Montañita?›, frage ich mich. Während Lars und ich eilig unsere Rucksäcke aus dem Kofferraum holen, schaue ich mich verloren um. Absolut nichts kommt mir bekannt vor.

Schnaubend laufen wir mit all dem Gepäck und Kind im Buggy einen steilen Berg hinauf. Lars hatte zuvor im Internet für uns ein exklusives Hotel hoch oben über dem Ort rausgesucht. Denn zur Abwechslung wollen wir uns mal etwas Luxus gönnen. Wo vor zwei Jahrzehnten noch dichter Urwald stand, finden wir die Rezeption einer prunkvollen Hotelanlage vor, an der uns sofort eiskalte Getränke auf einem Silbertablett serviert werden. Und nach ein paar Preisverhandlungen checken wir auf unbestimmte Zeit in unserem neuen Domizil ein, von dem aus wir überblicken können, wie sehr sich der einst so beschauliche Ort Montañita mittlerweile vergrößert hat.

Als wir abends auf Erkundungstour gehen, tue ich mich immer noch schwer, etwas Vertrautes wiederzuerkennen. Das selbstgebaute Fitnessstudio mit den wichtigtuerischen Locals ist spurlos verschwunden. Selbst die Straßenecke, an der es mal gestanden hatte, kann ich gerade nicht mehr ausfindig machen. Stattdessen sehe ich unzählige Verkaufsstände mit Batikröcken, Traumfängern, Schmuck, Sonnenbrillen, Temporary Tattoos und Reiskörnern, in die man sich seinen Namen ritzen lassen kann. In den Straßen reiht sich ein Restaurant ans andere und aus den Bars ertönt laute Musik.

Wir irren umher und suchen nach einem Spielplatz fürs Kind. Und plötzlich werden wir fündig. Ein Klettergerüst mit einer Rutsche und ein paar Schaukeln stehen direkt vor der Kirche, wo ich damals mit dem verrückten Dänen und seinem Surfbrett die Fotos gemacht hatte. Ich erkenne die Iglesia San Isidro sofort wieder. Allerdings hat sie in der Zwischenzeit einen neuen Anstrich bekommen. Das jungenhafte Blau hat einem beständigen Beigeton Platz gemacht. Irgendwie hat sie dadurch ihren einstigen kindlichen Esprit verloren. Die Kirche wirkt keineswegs mehr wie ein Puppenhaus, sondern eher wie ein gestandenes Gotteshaus – dennoch mit einem ganz besonderen Charme.

Später beim Abendspaziergang am Strand erkenne ich ein weiteres Gebäude wieder, dessen Anblick mich sofort in meine ausgelassene Jugendzeit an der Schwelle zum Erwachsenwerden zurückkatapultiert. *Wahrhaftig!* Ich kann es kaum glauben, dass es haargenau so aussieht wie damals: das Hostel *El Centro del Mundo*. Schlagartig macht mein Herz Luftsprünge. Ich kann von hier unten ganz genau den Balkon sehen, wo ich einst wochenlang völlig sorglos in meiner Hängematte nächtigte. Zweifelsohne, damals hätte ich nie im Leben daran gedacht, dass ich irgendwann ausgerechnet mit meiner Familie genau an diesen Ort zurückkommen würde. Umso dankbarer und glücklicher fühle ich mich gerade, dass ich genau jetzt hier stehen darf – an dem Ort, an dem ich einst mein Herz verloren habe.

***

Jeden Morgen fragen Lars und ich uns, ob wir vielleicht nicht nach Olón oder Ayampe, zwei nahegelegene Orte, in denen es wesentlich ruhiger zugehen soll, umziehen sollten. Aber am vierten Tag entscheiden wir, noch bis Weihnachten in Montañita zu bleiben, weil wir uns alle einfach verdammt wohlfühlen. Obwohl Montañita als Partyhochburg in Ecuador verschrien ist, finden wir, dass doch alles relativ gemächlich zugeht. Wir entwickeln eine gewisse Routine, verbringen den Tag am Pool, in dem mein vierjähriges Kind schwimmen lernt, und wenn die Hitze erträglicher wird, gehen wir runter zum Strand, lungern herum und schließen Freundschaften mit anderen Familien. Mein Sohn perfektioniert seine Surferpose auf seinem imaginären Surfbrett und imitiert mit ambitionierten Sprüngen die großen Vorbilder, die auf den Wellen in den Sonnenuntergang reiten. Und kurz bevor der feuerrote Ball die Wasseroberfläche berührt, gönnen Lars und ich uns ein großes Bier bei lauten Technobeats, die aus dem Hostel Selina kommen.

«Sag mal, wann genau ist eigentlich Heiligabend?», frage ich Lars. «Morgen? Oder übermorgen?»

«Keine Ahnung!», antwortet er achselzuckend. Während unser Sohn mit einem anderen ecuadorianischen Jungen Fußball spielt, stoßen wir gemeinsam aufs Leben an, das sich gerade nach so viel Leichtigkeit, Freiheit und Reichtum anfühlt.

‹Egal, wie sehr sich die Welt um dich herum verändert, niemand kann dir die Momente nehmen, in denen du glücklich warst›, denke ich voller Dankbarkeit.

Und habe dabei nicht die leiseste Ahnung, dass gerade 16.530 Kilometer Luftlinie von uns entfernt auf einem Fisch- und Fleischmarkt das Drama eines Virus seinen unerbittlichen Anfang nimmt.

VILCABAMBA

7. Kapitel

Das Geheimnis der Hundertjährigen

Nach zwei Tagen in der schönen Kolonialstadt Cuenca fahren wir zum Jahresende weiter in den Süden nach Vilcabamba – ins Tal der Hundertjährigen. Das kleine, auf den ersten Blick unscheinbare Andendorf, etwa zwei Stunden von der peruanischen Grenze entfernt, ist bekannt wie ein bunter Hund und hat weltweit Schlagzeilen gemacht. *Warum?* Wegen der außergewöhnlichen Dichte an *sehr, sehr* alten Menschen. In Vilcabamba, gelegen in einem fruchtbaren Tal auf 1.700 Metern, zählen nämlich 80-jährige Menschen zu den jungen Hüpfern. Denn die meisten Dorfbewohner werden weit über 90 Jahre alt. Und auch Hundertjährige sind hier absolut keine Seltenheit!

Die Einwohner behaupten, dass der älteste Mensch Vilcabambas, Miguel Carpio, einst angeblich ein stolzes Alter von 136 Jahren erreicht haben soll. Einige US-Anthropologen halten diese Altersangabe zwar für einen Mythos mit einem ausgeprägten Hang zur Übertreibung, dennoch teilen sie ebenfalls die Meinung, dass kaum ein anderes Dorf auf der Welt bei einem Senioren-Kränzchen auf ein höheres Durchschnittsalter kommt als Vilcabamba. Und die *Vilcabambeños* lieben ihr Senioren-Kränzchen, das jeden Samstag stattfindet und bei dem sich die agilen Achtzig-, Neunzig- und natürlich auch Hundertjährigen vor allem zum Tanzen treffen. Getreu ihrem Motto: Wer nur sitzt, der rostet.

Schon viele Menschen aus den unterschiedlichsten Ländern wollten das Geheimnis von Vilcabamba ergründen. Doch noch keinem ist es gelungen, eine eindeutige Antwort zu finden. Liegt es an der guten

Luft, die sehr reich an negativen Ionen ist? Oder am eiskalten Wasser des Yambala Flusses, der besonders viele reichhaltige Mineralien enthält und in dem viele Senioren jeden Tag baden, weil sie zuhause kein fließendes Wasser haben? Oder könnte das Geheimnis des langen Lebens in den Kräutern wurzeln, die in dieser Gegend auf den Wiesen wachsen und auf dem täglichen Speiseplan der Vilcabambeños stehen?

Lars, mein Kind und ich laufen auf der *Avenida de Eterna Juventud*, Straße der ewigen Jugend, und suchen nach einer Unterkunft für die nächsten Tage. Ich atme ganz tief die klare Bergluft ein, die ein belebendes Gefühl in meinem Körper hinterlässt. Das Klima ist angenehm, weder zu kalt noch zu warm, und der Blick auf die majestätischen Berge, die sich im Hintergrund über den kleinen Ort erheben, ist wunderschön.

Auf der Wand eines pinken Hauses sehe ich gemalte Porträts von alten Menschen, die sehr zufrieden wirken. In einer Reportage hatte ich mal gesehen, dass die Dorfbewohner vor einigen Jahren begonnen hatten, Vilcabamba als Marke zu vermarkten – und das mit großem Erfolg. Denn seitdem es das Tal der Hundertjährigen in die weltweiten Schlagzeilen geschafft hat, strömen viele Backpacker und Senioren aus den USA und Europa nach Vilcabamba, um dem Geheimrezept der ewigen Jugend auf die Spur zu kommen. Und sie sind durchaus bereit, für alle Produkte, die aus Vilcabamba kommen, viel Geld zu bezahlen, denn schließlich muss es ja einen Grund geben, warum ausgerechnet hier im Süden Ecuadors die Einwohner so alt werden.

Ein schlauer Schachzug! Als Marketing-Experte zolle ich den Verantwortlichen meinen vollen Respekt, dass ihre Strategie zur Vermarktung Vilcabambas so gut aufgegangen ist. Doch es liegt mehr in der Luft. Diesem Andendorf haftet etwas ganz Besonderes an, das man sicherlich nicht so recht begreifen, dafür umso mehr spüren kann, wenn man selber nach Vilcabamba kommt.

Neben bunten, kitschigen Graffitis mit lebensbejahenden Greisen, die sich im Wasser nackt und lustvoll räkeln und aneinanderschmiegen, sitzen vor den bescheidenen Häusern alte Frauen und Männer, die meiner Familie und mir freundlich zuwinken. Die Zeit hat in ihren Gesichtern deutliche Spuren hinterlassen, aber ich bilde mir ein, dass in ihren Augen trotz fortgeschrittenen Alters noch so viel Leben und vor allem Aktionismus funkelt. Ich beobachte, wie sie alle zufrieden auf ihren bescheidenen Terrassen sitzen und jeder einer Tätigkeit nachgeht. Die eine strickt, der andere trocknet Kräuter auf dem Boden und eine andere Seniorin rollt gerade Tabak in dünne Blättchen zu feinen Zigaretten. Ich trete näher, um mir ihre Arbeit genauer anzuschauen. Und sehe einen großen Haufen lila-grüne Zigarettenschachteln, von denen mich ein uralter Mann mit einem strahlenden Lachen angrinst. «*El tabaco es de aqui. Es muy bueno.* Der Tabak ist von hier. Sehr gute Qualität. Ohne Chemie», erklärt mir die alte Dame in einem sehr überzeugenden Tonfall. Ich muss ein wenig über die chemiefreien Zigaretten für Raucher, die lange leben wollen, schmunzeln. Dennoch bin ich von ihrer flinken Geschicklichkeit und ihrem Enthusiasmus, mit dem sie gewissenhaft ihre Arbeit ausführt, beeindruckt. ‹Wie alt mag sie wohl sein?›, frage ich mich. ‹Ende achtzig? Oder Anfang neunzig? Auf jeden Fall unter hundert Jahre, oder vielleicht doch älter?› Ich kann ihr Alter überhaupt nicht einschätzen. Und ich frage mich außerdem, ob vielleicht ein Grund fürs beträchtliche Durchschnittsalter der Vilcabambeños darin liegen könnte, dass die Menschen hier in der Regel nicht so viel Geld haben und deswegen bis ins hohe Alter aktiv bleiben müssen und ihre Arbeit dennoch mit viel Freude und Begeisterung angehen?

Wir kommen am geschäftigen Plaza Central an. Seit meinem letzten Besuch in Vilcabamba hat sich definitiv eine Menge verändert – und ich habe erneut Probleme, etwas Bekanntes aus meiner Erinnerung wiederzuerkennen. Ich versuche, mich zu orientieren. Wo einst Sandwege waren, befinden sich geteerte Straßen mit Zebrastreifen. Taxis hupen. Am Hauptplatz wimmelt es nur so von Geschäften und Restaurants mit einem unfassbaren breiten Angebot an kulinarischen Köstlichkeiten, von mexikanischen Tacos bis hin zum libanesischen Falafel. Ausländische Senioren sitzen unter schattigen Bäumen.

Eine italienische Groß-Hippie-Familie mit verfilzten Dreadlocks badet ihre Kleinkinder im Brunnen. Ein großes Banner kündigt in vier Tagen eine rauschende Silvesterparty im Zentrum an. Auf der anderen Seite thront eine farbenfrohe Kirche. Und vor ihr lacht mich auf einem großen Schild der verstorbene Don Augustin Jaramillo freundlich an. Eine Bildunterschrift verrät, dass dieser Vilcabambeño 104 Jahre alt geworden ist.

In all dem Gewimmel erkenne ich plötzlich ein bekanntes Gesicht. ‹Das kann nicht wahr sein!›, denke ich und renne schnurstracks auf Marisol zu. Ich freue mich so sehr, ganz unerwartet die Besitzerin des Hostels in Quito wiederzusehen. Wie langjährige Freundinnen nehmen wir uns völlig ungeniert in den Arm und können beide den Zufall kaum fassen, dass wir uns 20 Stunden Autofahrt von der Hauptstadt entfernt wieder begegnen. Marisol erzählt mir, dass sie in Vilcabamba geboren ist und dass sie gemeinsam mit ihrem Sohn ihre Eltern, die beide freilich über 90 Jahre alt sind, besucht. Wir beide quatschen und quatschen. Doch unsere frenetische Wiedersehensfreude wird vonseiten meines Mannes unterbrochen. Er erinnert mich daran, dass wir noch keine Unterkunft haben. «Ich habe so einen Hunger», drängt außerdem auch mein Sohn. Auf Nachfrage empfiehlt mir Marisol die Unterkunft direkt am Plaza Central. Das *Hostal Eterna Juventud,* das Gästehaus der ewigen Jugend.

Als wir am nächsten Morgen den Frühstücksraum betreten, fällt mir sofort eine ältere Frau in einem bunten, bodenlangen Gewand auf. Ich schätze ihr Alter um die 70 Jahre. Sie trägt auffällige Ohrringe. Um ihren Hals hängen mehrere Ketten. Am rechten Unterarm klimpern goldene Armreifen mit türkisen Steinen. Ihr Mund ist knallrot geschminkt. Sie steht ruhig in einer Ecke direkt an der Küche, aber ihre Augen bewegen sich ohne Unterlass hin und her. Hin und her. Trotz des etwas wirren Blickes strahlt sie eine besondere Anmut aus.

«Mama, frag die neuen Gäste, was sie trinken möchten», sagt Kati, die Besitzerin des Hostals Eterna Juventud, zu ihr. In tänzelnden, bedachten Schritten kommt die ältere Frau an unseren Tisch, und anstatt uns zu fragen, ob wir Kaffee oder lieber Tee möchten, fixiert sie mich und sagt: «Ich kenne dich. Du bist schon mal hier gewesen. Mit einer Freundin». Ich bin ziemlich überrumpelt. ‹Kenne ich diese Frau?›, grüble ich fieberhaft. Aber meine Erinnerung lässt mich im Stich. Ich kann das Gesicht nicht einordnen. Sind wir uns wirklich schon mal begegnet?

Ich erzähle ihr, dass ich tatsächlich schon mal mit meiner Freundin Anna, die ich zuvor in Montañita kennengelernt hatte und mit der ich über zwei Monate durch Ecuador reiste, in Vilcabamba gewesen bin. Damals wohnten wir außerhalb des Ortes mitten in den Bananenfeldern auf einem Berg in einer einfachen Hütte ohne Strom und fließendes Wasser. Waren wir der Frau mit dem bunten, bodenlangen Gewand schon mal im Ort begegnet? Als es in Vilcabamba weder mexikanische Tacos noch libanesische Falafel gab?

Auf einmal sprudelt es aus Falicia nur so heraus. Sie redet von irgendwelchen Amerikanern, die sich in den 70er Jahren in Vilcabamba niedergelassen haben, von steigenden Immobilienpreisen wegen der vielen Ausländer, die hier residieren, weil sie auch so alt wie die Vilcabambeños werden wollen. Und von einem korrupten Bürgermeister, der an einem sonnigen Tag vom Blitz getroffen wurde. Falicias Erzählungen werden immer verschrobener. Sie fabuliert von einer ominösen Gringa, die mit einem hiesigen Dorfbewohner liiert war und der dann bei einer Bergwanderung auf mysteriöse Weise verschwunden ist. Wie sie selber als Jugendliche nackt im Regen getanzt hat, um mit ihrer Ur-Ur-Ur-Ur-Urgroßmutter Kontakt aufzunehmen. Von einer verzauberten Eidechse, die in den Bergen lebt und eigentlich ein Mensch ist. Vom San Pedro Kaktus, der am Fluss Yambala wächst, dessen Säfte bewusstseinserweiternde Wirkungen haben.

«*Mi hija*, mein Kind. Wusstest du, dass der Mensch sich schon immer berauscht hat?», fragt mich Falicia eindringlich. «Es liegt in unserer Natur, uns durch Substanzen in andere Zustände zu versetzen, um mit unseren Ahnen und überirdischen Lebewesen zu kommunizieren. Denn psychedelische Substanzen aus der Natur können dazu führen, dass sich während eines Rauschs dein Ego auflöst. Du nur noch deine Essenz bist und nicht die Geschichte, die du dir selber über dich erzählst».

Ich muss schlucken. Ganz schön verwirrende exzentrische Worte. Zudem vor meinem ersten Kaffee! Das muss ich erstmal sacken lassen.

«*Mamita,* ich brauche dich in der Küche. *¡Ahorita!* Jetzt sofort!», unterbricht Kati resolut die sonderbaren Geschichten aus Vilcabamba und bewusstseinserweiternden Ausführungen über den heimischen San Pedro Kaktus. Ohne Widerrede verlässt Falicia unseren Tisch. Heimlich blicke ich der älteren Frau hinterher. ‹In ihrem bunten, bodenlangen Gewand sieht es fast so aus, als ob sie schweben würde›, denke ich.

«*Lo siento mucho. Mi mamá es un poco loca.* Tut mir sehr leid. Meine Mama ist ein bisschen verrückt», erklärt uns Kati, die so ganz anders aussieht als ihre Mutter. Dabei macht die Tochter eine Handbewegung, aus der ich schließe, dass Falicia zu viel rauchen würde. ‹Meint sie jetzt die chemiefreien Zigaretten aus Vilcabamba? Oder dass sie zu viel kifft?›, frage ich mich zuerst etwas verunsichert. Doch dann komme ich zu der Überzeugung, dass die Ursache für Falicias verschrobene Geschichten klar auf der Hand liegt – die mich übrigens sehr an die Literaturgattung *Realismo Mágico,* Magischen Realismus, die vor allem durch den kolumbianischen Literaturnobelpreisträger Gabriel García Márquez außerhalb Südamerikas bekannt wurde, erinnern. Mir fällt ein, dass Gabriel García Márquez in einem Interview mal gesagt hat, dass er sich als Schriftsteller dem Realismo Mágico verschrieben hat, weil das übliche Leben in Lateinamerika halt genau so wäre: Das verwobene Ineinandergreifen von sichtbarer Realität, alltäglicher Magie, wundersamen Geschichten und fantastischen Legenden. Ich glaube, der kolumbianische Erfolgsautor hätte seine große Freude an Falicias Geschichten aus Vilcabamba, die tief in die südamerikanische Seele blicken lassen.

Nach dem Frühstück schmieden Lars und ich Pläne, was wir die nächsten Tage in Vilcabamba unternehmen wollen. Auf jeden Fall wollen wir in den umliegenden Bergen ganz viel wandern, das ist klar. Eine andere ältere Frau kommt an unseren Tisch. Ich schaue sie an und erkenne sofort, dass sie genau die gleichen Augen wie Falicia hat. ‹Huch›, denke ich ziemlich überrascht. ‹Könnte das Falicias Mutter sein?› Bingo! Wie sich im weiteren Gespräch herausstellt, habe ich recht. Meine anfängliche Überraschung macht der Erkenntnis Platz, dass im Tal der Hundertjährigen in puncto Alter alles möglich ist. Sogar das vermeintlich Unmögliche! Ich frage die äußerst rüstige Mutter von Falicia – also die Oma von Kati und Uroma von Katis Kindern im Teenageralter –, wo man in Vilcabamba am besten wandern könnte und empfinde im gleichen Moment meine Fragestellung ziemlich deplatziert. Doch sofort empfiehlt sie mir den Berg Mandango, der heilig sein soll und an dessen Gipfel ein Kreuz steht. «Ist der Pfad dorthin denn nicht zu steil für uns mit Kind?», frage ich sie ungläubig, denn unten vom Tal aus sieht der markante Berg, der hoch oben übers Dorf wacht, wie eine steile Felswand aus. «Ach wo. Bis vor ein paar Jahren bin ich dreimal die Woche den Mandango hochgelaufen, um auf seinen Wiesen wilde Kräuter fürs Mittagessen zu sammeln», sagt die Seniorin in einem eher beiläufigen Ton, als ob sie gerade von einem gemütlichen Sonntagsspaziergang mit anschließendem Kaffee-und-Kuchen-Gedeck sprechen würde. «Aber nimm dich in Acht vor der verzauberten Eidechse, die dort oben am Kreuz haust».

***

Als wir am Silvestermorgen in aller Herrgottsfrühe auf leisen Sohlen, um keinen zu wecken, das Gästehaus der ewigen Jugend verlassen, um den Jahreswechsel an der Promenade der hitzigen Großstadt Guayaquil zu verbringen, fällt mir der Abschied von diesem bezaubernden, magischen Andendorf, dessen Geheimnis schon viele Menschen ergründen wollten, richtig schwer. Einerseits weil es immer noch an mir nagt, dass mir der Aufstieg zum Kreuz des heiligen Mandango nicht gelungen ist und ich etwa 20 Meter vorm Gipfel wegen Regen und Geröll, die den Pfad in eine steile Rutschpartie verwandelten, aufgeben musste. Aber andererseits vor allem aus Wehmut. Ich kann es nicht genau beschreiben, was es ist, aber es liegt definitiv etwas ganz Besonderes in der Luft Vilcabambas.

Schweren Herzens machen wir uns auf den Weg zum Bus nach Loja, als ich auf einmal aufgeregte Rufe hinter uns höre. Ich drehe mich um und sehe, wie Falicia mit ihren tänzelnden, bedachten Schritten zu uns kommt. Trotz früher Morgenstunde sind ihre knallroten Lippen perfekt geschminkt. Heute trägt sie einen wallenden Rock mit Blumenmuster. Um ihre Hüfte klimpert ein breiter goldener Gürtel aus Metall, der mich sofort an Bollywood-Filme erinnert. Sie umarmt mich sanft und flüstert mir ins Ohr, dass sie heute Nacht mit den Engeln gesprochen hat, damit sie uns auf der Weiterreise beschützen. Ich drücke sie ebenfalls ganz fest und wünsche ihr Gesundheit und ein langes Leben voller Freude.

«Oh, ja! Gott hat Spaß an uns alten Vilcabambeños – deswegen lässt er uns auch so lange leben», ruft Falicia fröhlich aus und schwingt dabei ihren langen Rock, als ob sie gleich lostanzen möchte.

GALAPAGOS

8. Kapitel

Die verzauberten Inseln

Es gibt wenige Dinge, die ich im Leben wirklich bereue, jedoch verfolgt mich eine Sache seit langer, langer Zeit: meine Entscheidung vor 20 Jahren auf meiner ersten Reise durch Mittel- und Südamerika, *nicht* auf die Galapagosinseln gefahren zu sein. Die verpasste Gelegenheit, das etwa 1.000 Kilometer vom Festland entfernte vulkanische Inselarchipel, wo sich trotz schroffer Kargheit ein immens reicher Lebensraum für eine Vielzahl an Tieren entwickelt hat, hautnah zu erleben. Die tierischen Bewohner mit eigenen Augen zu bewundern, deren Vorfahren sich vor geraumer Zeit den weiten Weg durch die Luft oder das Meer auf die Galapagosinseln gebahnt haben. Aus dem Staunen nicht herauszukommen über diese einmalige Artenvielfalt, die es größtenteils nur auf dieser Pazifik-Inselgruppe am Äquator gibt. Für einen begrenzten Zeitraum Seite an Seite mit Seelöwen, Riesenschildkröten, Meerechsen, Landleguanen, Pinguinen, Flamingos, Blaufußtölpeln und vielen anderen tierischen Bewohnern zu leben. Und mich – ähnlich wie der britische Naturforscher Charles Darwin vor knapp 200 Jahren – von diesem faszinierenden Naturwunder in seinen Bann ziehen zu lassen.

Obwohl die Preise für einen Galapagostrip im Jahr 2000 um ein Vielfaches erschwinglicher waren als heutzutage, musste ich mein ohnehin sehr schmales Reisebudget, welches ich mir vorher als Schülerin mit den verschiedensten Jobs über mehrere Jahre hinweg mühselig zusammengespart hatte, schonen. Daher entschied ich mich, lieber auf das tierische Abenteuer zu verzichten, um noch zwei Monate länger durch Südamerika zu reisen, als mit einer Vielzahl an

Galapagosbildern im Gepäck vorzeitig nach Deutschland zurückzureisen.

Die Jahre danach kehrte ich immer wieder an diesen Punkt der Entscheidung zurück. Immer wieder fragte ich mich, ob es nicht doch eine Möglichkeit gegeben hätte, eine Reise zu den Galapagosinseln zu finanzieren. Warum wollte ich damals auf Teufel komm raus so lange wie möglich reisen und hatte mir somit eins der größten Highlights der Welt entgehen lassen? Was hätte ich darum gegeben, diese damals gefällte Entscheidung rückgängig zu machen?

Ganz ehrlich! Ich habe nicht unbedingt daran geglaubt, dass ich irgendwann wieder die Möglichkeit bekommen würde, diese verpasste Gelegenheit nachzuholen – eine zweite Chance zu erhalten. Eigentlich bin ich davon ausgegangen, dass ich in meinem Leben niemals die Galapagosinseln mit eigenen Augen zu sehen bekommen werde. Und ich hätte mir nie zu träumen gewagt, dass ich ausgerechnet als Mutter mit meinem vierjährigen Kind und Mann diesem einmaligen Naturspektakel beiwohnen darf. Doch das Leben hält so manche unerwartete Überraschungen für uns parat. Und obwohl wir oft glauben, fest im Sattel des Lebens zu sitzen, liegt es an uns, zu gegebenem Zeitpunkt die Möglichkeit am Schopf zu packen und den Sprung ins Abenteuer zu wagen.

Ich sitze mit überschlagenen Beinen am Flughafen von Guayaquil. Mein rechter Fuß wackelt hin und her. Schwingt nervös durch die Luft. Immer wieder versuche ich, ihn stillzuhalten. Ich wechsle meine Beinposition. Stelle beide Füße fest auf dem Boden ab. Doch einen kurzen Moment später erwische ich mich dabei, wie ich unbewusst wieder meine Sitzposition geändert habe. Erneut pendelt mein rechter Fuß auf und ab. Um meine Nervosität im Zaum zu halten, stehe ich auf. Gehe ein paar ambitionierte Schritte vorwärts. Doch nach ein paar Metern ist Schluss. Ich stehe zum wiederholten Male an der Fensterfront und beobachte das Gewusel auf der Start- und Landebahn. Dabei halte ich unsere Reisepässe, Flugtickets und die *Transit Control Card*, die Eintrittskarte für die Galapagosinseln, ganz fest in der Hand. Als ob ich Angst hätte, dass mir die Dokumente abhandenkommen könnten und damit unser anstehendes Abenteuer vorzeitig zu Ende wäre.

Ich muss mich ablenken, deswegen denke ich kurz an unsere rauschende Silvesternacht in Guayaquil an der Flusspromenade, am *Maleccón,* die gerade mal eineinhalb Tage zurückliegt. Dicht gedrängt mit tausenden anderen Ecuadorianern konnten wir den Jahreswechsel kaum erwarten. Bei ohrenbetäubender Livemusik und grellen Lichtern blickten wir immer wieder auf die Uhr. Zählten die verbleibenden Minuten, die uns noch im unbeschwerten Jahr 2019 blieben. Und dann war es endlich soweit: «*Siete, seis, cinco, quatro, tres, dos, uno ...¡Feliz año nuevo*!» Alle lagen sich in den Armen, und auch wir umarmten wildfremde Menschen, wünschten uns gegenseitig ein frohes neues Jahr 2020 *con mucho amor, dinero y salud,* mit viel Liebe, Geld und Gesundheit. In der undurchdringlichen freudetaumelnden Menschenmenge ahnte wohl kaum jemand, dass gerade mal ein paar Stunden zuvor am anderen Ende der Welt die chinesische Regierung der Weltgesundheitsorganisation 27 Fälle einer schwerwiegenden Lungenerkrankung in der Stadt Wuhan gemeldet hatte.

«*Esto es la llamada para el vuelvo EQ193 con el destino Baltra.* Dies ist der Aufruf für die Flugnummer EQ193 mit dem Ziel Baltra ...» Eine schrille Lautsprecherdurchsage unterbricht meine Gedanken. Wir können endlich einsteigen. In zwei Stunden werden wir das sagenumwobene Inselarchipel mitten im Pazifik betreten, um welches sich viele Legenden, Schauererzählungen und Abenteuergeschichten ranken.

***

Im Jahr 1535 setzte der erste Spanier seinen Fuß auf die Galapagosinseln. Tomás de Berlanga und seine Mannschaft waren auf ihrem Weg von Panama nach Peru vom Kurs abgekommen. Starke Winde, meterhohe Wellen und bedrohliche Strömungen hatten das Segelschiff immer weiter vom südamerikanischen Kontinent abgetrieben.

Als der Kapitän und die Matrosen jegliche Hoffnung auf Rettung aufgegeben hatten und sich auf immer und ewig verloren im Ozean glaubten, entdeckten sie eines Morgens eine Insel. Völlig entkräftet, ausgehungert und dem Verdursten nahe retteten sich Berlanga und seine Männer an Land dieser sonderbaren Insel, deren schroffer Lebensraum bis auf eine Vielzahl an stacheligen Kakteen völlig ausgedörrt war. Für die Gestrandeten begann ein lebensbedrohlicher Wettlauf gegen die Zeit, der für einige Spanier mit dem qualvollen Tod endete. Mehrere Tage verbrachte die Mannschaft auf der Insel und suchte verzweifelt nach Trinkwasser. Als die Ersten bereits verdurstet waren, kam ein Mann auf die Idee, den Saft der Kakteen zu trinken. So konnten sich die restlichen Seefahrer vorm Verdursten bewahren, bis sie einige Tage später in einer Schlucht ausreichend Süßwasser für die Weiterreise fanden. Außerdem erbeuteten sie Seelöwen und Schildkröten, die ihnen als Essensproviant dienen sollten. Auf ihrer weiteren Expedition entdeckten die Seefahrer andere sonderbare Inseln vulkanischen Ursprungs mitten im tosenden und ungestümen Meer.

Später berichtete Tomás de Berlanga dem spanischen König von seiner wunderlichen Entdeckung. In seinem detaillierten Bericht beschrieb er unter anderem riesige Schildkröten, die einen eigenartig sattelförmigen Panzer hatten, dessen vorderes Ende merkwürdig hochgebogen war. Der Kapitän nannte die Inselgruppe zunächst *Islas Encantadas,* die verzauberten Inseln. Einerseits weil niemand vermutet hatte, dass sich so weit draußen im Ozean noch Inseln befinden würden, andererseits weil die geheimnisvollen Inseln auf die Seefahrer den Eindruck erweckten, dass sie aufgrund der starken Strömung wandern und ihre Lage ändern würden.

In der darauffolgenden Zeit verloren die Spanier ihr Interesse an den kargen Galapagosinseln, die schlussendlich nach dem sattelförmigen Panzer der Riesenschildkröte benannt wurden. Über 300 Jahre lang wurde das Inselarchipel von Piraten, Robben- und Walfischfängern als Stützpunkt genutzt, denn die Inseln boten den Seefahrern geschützte Ankerplätze, Feuerholz, Trinkwasser und reichlich frische Nahrungsmittel. Besonders beliebt waren bei den Männern die Riesenschildkröten, die sie zu Tausenden an Land fingen, lebendig in den Frachträumen ihrer Schiffe auftürmten und nach und nach in den Kochtopf steckten. Da die Riesenschildkröten, die ein stattliches Gewicht von bis zu 300 Kilogramm auf die Waage brachten, länger als ein Jahr ohne Nahrung überlebten, dienten sie den Matrosen noch Monate später, nachdem sie die sonderbaren Eilande am Ende der Welt verlassen hatten, als Frischfleischlieferant.

Der erste Bewohner der Galapagosinseln war Patrick Watkins aus Irland, der 1807 auf der Insel Floreana strandete und dort zwei Jahre lebte. Sein äußerst hässliches Aussehen und seine zwielichtige Gestalt lieferten furchteinflößenden Stoff für zahlreiche Schauermärchen und inspirierten sogar den kanarischen Schriftsteller Alberto Vázquez-Figueroa zu dem Roman «Der Leguan». Zeitzeugen, die ihm angeblich begegnet waren, berichteten, dass er mit seinem von Narben und Furchen entstellten Gesicht einem Monster glich.

Der Ire ernannte sich selber zum König des Eilands, baute in seinem Reich Gemüse an, ernährte sich zudem von Riesenschildkröten und Seelöwen, tauschte mit den vorbeifahrenden Seemännern Nahrungsmittel gegen Rum, und hin und wieder nahm er einen Schiffbrüchigen gefangen, den er mit ungeheuerlichen Machenschaften für sich arbeiten ließ. So blieb ihm mehr Zeit fürs Trinken und Beobachten der Tiere. Überlieferungen zufolge war Watkins die meiste Zeit seines Aufenthaltes betrunken, und im Rausch soll er sogar einige seiner Sklaven getötet haben, die von der Insel zu fliehen versucht hatten.

Nach zwei Jahren gelang es dem monströsen Mann, unbemerkt ein Beiboot eines Schiffes, das am Strand ankerte, zu stehlen. Mit vier Gefangenen ruderte Watkins über den weiten Ozean bis nach Guayaquil, wo er nach über einem Monat alleine ankam. Was während der Fahrt mit den Sklaven passiert war, ist ungewiss. Einige Menschen behaupten, dass er sie verdursten ließ, sobald sie völlig entkräftet waren und nicht mehr rudern konnten. Andere erzählen sogar, dass das Monster von Galapagos sie unterwegs verspeiste.

Einige Jahre nachdem der erste Galapagosbewohner die Natur und Lebewesen auf den verzauberten Inseln wieder ihrem eigenen Lebensrhythmus überließ, beanspruchte Ecuador das Archipel für sich und ernannte General Villamil zum ersten Gouverneur, der den Auftrag erhielt, die Inseln dauerhaft zu besiedeln. Die Regierung schickte den General gemeinsam mit einer Strafkolonie von ehemals rebellischen Soldaten und Gefangenen auf die Galapagos; einige Zeit später gesellten sich ein paar Handwerker und Bauern hinzu, die ihr Glück im weiten Ozean auf die Probe stellen wollten.

Der wohl bekannteste Besucher der Galapagosinseln ist der britische Naturwissenschaftler Charles Darwin, der 1835 – trotz seiner extremen Seekrankheit – im Rahmen einer mehrjährigen Weltumseglung und Expeditionsreise das Archipel besuchte. Darwin verbrachte insgesamt fünf Wochen auf vier unterschiedlichen Inseln, machte sich unzählige Notizen, beobachtete verschiedene Tierarten und ihr Verhalten und sammelte Proben und Beweise für seine spätere weltberühmte Evolutionstheorie, die noch heute in den Klassenzimmern im Biologieunterricht gelehrt wird. Besonders fasziniert war der Anfang zwanzigjährige Abenteurer davon, dass trotz der Kargheit auf den Inseln vulkanischen Ursprungs so viel Leben herrschte und dass sich dieselben Spezies auf den verschiedenen Inseln voneinander deutlich in ihrer Beschaffenheit unterschieden. Der Wissenschaftler ging davon aus, dass sich die Tiergattungen nicht nur den spezifischen Lebensräumen und Bedingungen anpassten, sondern sogar neue Körpermerkmale entwickelten, die ihr Überleben im ewigen Kampf gegen die Natur und den Hunger stärkten.

Getrieben von Abenteuerlust ließen sich im Jahre 1925 das Ehepaar Wittmer und ein paar Kölner auf der Insel Floreana nieder, um hier am Ende der Welt ihr paradiesisches Robinsonglück zu finden. Doch das idyllische Aussteigerwagnis mündete in einer mysteriösen Tragödie, von der sicherlich so einige Drehbuchautoren träumen, dass sie ihrer eigenen schriftstellerischen Fantasie entsprungen sein möge.

Während in Deutschland Wirtschaftskrise und politische Instabilität den Alltag bestimmten, führten die Kölner ein unbeschwertes Leben in ferner Abgeschiedenheit. In den ersten Jahren waren sie mit der Außenwelt nur durch eine Posttonne verbunden, die im 18. Jahrhundert von Walfischfängern aufgestellt worden war, und die später geborenen Kinder der Wittmers waren die ersten Eingeborenen von Floreana.

Doch der Inselfrieden wurde schon bald gestört, denn zu den Auswanderern gesellten sich andere deutsche Abenteuersuchende und mit ihnen kamen Streit und Unheil nach Floreana. Als die angebliche Baronesse Eloise Wagner de Bousquet aus Österreich gemeinsam mit ihren zwei Geliebten die Insel betrat, nahm das unabwendbare Drama seinen Anfang. Die schillernde, egomanische Baronesse ließ sich von weltweiten Magazinen und sogar Filmemachern, die immer mehr Interesse am sonderbaren Inselleben zeigten, als die Kaiserin von Floreana feiern und erhob machtgierig den alleinigen Besitzanspruch auf die einzige Süßwasserquelle auf der Insel. Das einst so idyllische Inselleben versank in Streitereien und Gewaltausbrüchen, bis der Konflikt endgültig eskalierte. Im März 1934 verschwanden die Baronesse und einer ihrer Geliebten spurlos. Da kein Schiff auf der Insel geankert hatte, stand bald fest, dass beide einem Mordanschlag zum Opfer gefallen sein mussten, allerdings wurden ihre Leichen nie gefunden. Als potenzieller Mörder kam jeder der damaligen Bewohner infrage. Das Verbrechen wurde nie geklärt.

In den folgenden Jahrzehnten starben weitere Insulaner auf rätselhafte Weise, und andere verließen das Archipel. So kam es, dass von den einstigen europäischen Einwanderern nur die Familie Wittmer überblieb, deren Nachkommen noch heute ein Hotel am schwarzsandigen Strand betreiben. Doch die mysteriöse Todesserie auf Floreana setzte sich fort. Und viele weitere Bewohner verschwanden spurlos; so wie in den 60er Jahren auch eine amerikanische Touristin plötzlich vom Erdboden verschluckt zu sein schien. Bei einer Wanderung ins Hochland blieb sie kurz stehen, weil sie einen Stein aus ihrem Schuh schütteln wollte. Ihre Gruppe sah sie nie wieder. Eine tagelange Suchaktion verlief ergebnislos. Bis man die Leiche der jungen Amerikanerin mehrere Monate später in Büschen wiederfand.

Schon längst gingen die *Galapageños*, wie die Bewohner des Archipels genannt werden, davon aus, dass ein Todesfluch über Floreana herrsche. Sie hatten bereits vor langer Zeit die Insel verlassen und leben heute auf einer der anderen drei bewohnten Inseln. Sie glauben daran, dass auf dem mysteriösen Eiland der Geist der österreichischen Baronesse Eloise Wagner de Bousquet aus Rache ihre Tribute fordert. Seitdem verirren sich höchstens ein paar mehr oder minder todesmutige Touristen ins einstige Inselparadies der europäischen Aussteiger, die ihr Robinsonglück am anderen Ende der Welt suchten, Seite an Seite mit schwarzen Meerechsen und Riesenschildkröten.

9. Kapitel

Vorfahrt dem Drusenkopf

Unmittelbar nachdem das Flugzeug auf der Insel Baltra aufsetzt, kommt es bereits nach ein paar Metern mitten auf der Landebahn zum Stehen. Neugierig schaue ich aus dem Fenster. Bis auf ein paar hochgewachsene Kakteen und Büsche sehe ich eine völlig ausgedörrte Landschaft, die mich eher an den Mond als an ein tropisches Inselparadies erinnert. Das gleißende Licht der senkrecht stehenden Sonne schmerzt in den Augen. Eine flirrende Hitze steigt von der verbrannten Erde auf. Im Hintergrund sehe ich den Ozean.

«Sehr geehrte Passagiere, wir mussten außerplanmäßig zum Stehen kommen», ertönt die Durchsage des Piloten aus den Lautsprechern. «Der Grund hierfür ist, dass sich auf unserer Rollbahn ein Landleguan, auch Drusenkopf genannt, befindet. Deshalb wird sich unsere Weiterfahrt zum Flughafen solange verzögern, bis das Reptil in Sicherheit gebracht ist».

Ein gutgelauntes Raunen geht durchs Flugzeug. Alle Touristen scheinen sich zu freuen, dass auf den Galapagosinseln tierische Bewohner Vorfahrt genießen. Obwohl eins der spektakulärsten Highlights Südamerikas – wenn nicht sogar weltweit – zum Greifen nah ist, scheint es keiner der Passagiere eilig zu haben.

Nach etwa einer halben Stunde drehen einige Fluggäste ihre Köpfe zur linken Seite. Die Rettungsaktion des verirrten Drusenkopfes hat Fahrt aufgenommen. Aus einem Auto steigen insgesamt vier Männer aus. Nach weiteren zehn Minuten befindet sich das ausgebüxte Schuppenkriechtier auf dem Weg zu seinen Artgenossen, und unser Flieger rollt auf die Zielgerade zu.

Im Flughafengebäude werden mein Mann, Kind und ich erstmal zur Kasse gebeten. Insgesamt müssen wir 250 Dollar für den

Eintritt in den Nationalpark von Galapagos, der seit 1978 auf der Liste des UNESCO-Weltnaturerbes steht, zahlen. Dafür bekommt jeder von uns einen entzückenden Stempel mit einer Riesenschildkröte und einem Hammerhai in seinem Reisepass verewigt. Unsere Transit Control Card, für die wir zuvor in Guayaquil 20 Dollar pro Person bezahlt haben, wird akribisch kontrolliert. Anschließend dürfen wir uns zum Zoll begeben, wo eine Menge Fragen zu unserem Gepäck gestellt werden. Denn die Einfuhr von verschiedenen Lebensmitteln, wie zum Beispiel Gemüse, Kräutern, Pflanzensamen, Tierprodukten und anderen, die das ökologische System des Inselarchipels gefährden könnten, ist strengstens verboten. Plastiktüten sind ebenfalls untersagt.

Als wir das Gebäude verlassen, weht uns ein heißer Wind ins Gesicht. Sofort flüchten wir in den Schatten.

Außerhalb des Flughafens dient die Insel nur als Militärstützpunkt. Wir organisieren unsere Weiterfahrt, die zwar nicht ganz günstig ist, dafür aber völlig reibungslos klappt, auf die benachbarte Insel Santa Cruz. Zweifelsohne, die Galapagoseinwohner sind auf Massentourismus eingestellt, der für die exklusive Möglichkeit, dieses Naturwunder live zu erleben, ordentlich zahlen muss. Zuerst fahren wir mit einem Bus an den Pier, setzen mit einer Fähre über einen Kanal und dann haben wir die Wahl, mit einem Taxi oder einem öffentlichen Bus nach Puerto Ayora zu fahren. Wir entscheiden uns für die günstigere Variante, um unser Reisebudget ein wenig zu schonen, was auf den Galapagosinseln allerdings fast unmöglich ist. Egal, wie man es dreht und wendet, ein Trip aufs Inselarchipel ist teuer. Denn auch die einfachsten Dinge, wie Essen im Supermarkt oder Wasser, schlagen ordentlich zu Buche. Ein Teller Spaghetti mit einfacher Tomatensauce kostet in einem Restaurant locker 15 Dollar, und auch Sonnencreme für 80 Dollar ist im Regal keine Seltenheit. Über dieses Preisgefüge sollte man sich vor seiner Reise bewusst sein, damit es vor Ort keine bösen Überraschungen gibt. Um es allerdings vorwegzunehmen, gehörte jeder einzelne Dollar, den unsere Familie auf den Galapagos ausgegeben hat, definitiv zu unseren besten Investitionen im Leben.

Lars und ich hatten uns vorab entschieden, das Tierparadies auf eigene Faust zu entdecken – und nicht, wie die meisten Touristen, eine Kreuzfahrt zu buchen, die selbstredend das Budget mit einem Schlag in exorbitante Höhen katapultiert. Denn für eine Woche auf einem Schiff, welches dich auch zu den entlegensten Ecken des Archipels bringt, kann man locker so viel bezahlen wie meine gesamte viermonatige Südamerikareise mit Kind kostet. Doch es gibt noch andere Gründe, weshalb wir uns für die kostenbewusstere Variante entschieden hatten: Obwohl die Reiseunternehmen mit den Worten „Naturschutz“ und „nachhaltiges Reisen“ werben, ist es nicht von der Hand zu weisen, dass Kreuzfahrtschiffe das ohnehin schon sehr sensible Ökosystem im Galapagos-Nationalpark drastisch gefährden. Außerdem fanden wir, dass unser vierjähriges Kind noch ein wenig zu klein für eine mehrtägige Schifffahrt ist – und es für ihn eher zur Qual als zum absoluten Reisehighlight werden würde. Hinzu kommt, dass organisierte Touren nicht unbedingt unsere bevorzugte Art sind, da wir die Freiheit des individuellen Reisens und Entdeckens lieben. Und *last but not least,* weil ich genau wie der Naturforscher Charles Darwin an extremer Seekrankheit leide. Tagelang über der Reling zu hängen und dafür womöglich noch 10.000 Dollar zu bezahlen, klang für mich nach einem Angebot, dem ich sehr gut widerstehen konnte. Zumal das Meer in dieser Gegend in der Regel sehr ungestüm und bewegt ist. Deswegen hatten Lars und ich uns entschieden, in den acht Tagen, die wir hier verbringen wollten, die Inseln Santa Cruz und Isabela ganz in Ruhe alleine zu erforschen – auch wenn uns bewusst war, dass wir viele unberührte Orte gar nicht zu sehen bekommen würden.

Hätte mich vor meinem Galapagostrip jemand nach meiner groben Schätzung gefragt, wie viele Menschen insgesamt auf den vier bewohnten Inseln leben, hätte ich weit danebengelegen. 3.000? 4.000? Höchstens 5.000 … Falsch! Denn seitdem der erste Bewohner Patrick Watkins sich vor 213 Jahren hier niedergelassen hatte, sind sehr viele weitere hinzugekommen. Heute leben etwa 25.100 Menschen auf den Inseln, die meisten von ihnen im am besten entwickelten Ort Puerto

Ayora, von wo aus auch die Kreuzfahrtschiffe ins große Abenteuer starten.

Puerto Ayora könnte auch ein wohlhabender Küstenort auf dem ecuadorianischen Festland oder irgendwo anders in Südamerika sein, wären da am Ufer nicht die Pelikane, Meerechsen, Klippenkrabben und Seelöwen. Als wir die Avenida Baltra hinuntergehen und am Hafen links auf das Gelände des Hafenmeisters, *Capitanía de Puerto*, gehen, wird mir so richtig bewusst, wie einzigartig dieses Fleckchen Erde tatsächlich ist. Auf dem kleinen Sandstreifen liegen ein paar Galapagos-Seelöwen, deren Vorfahren vor langer Zeit die beachtliche Strecke von Kalifornien bis zum Äquator zurückgelegt hatten, um sich in diesem Paradies niederzulassen.

Mein Sohn und ich sind von diesem Anblick völlig ergriffen. Behutsam in kleinen Schritten nähern wir uns den Raubtieren, die friedlich am Strand ratzen. In sicherem Abstand gehen wir ehrfürchtig in die Hocke und flüstern uns kaum hörbar zu: «Schau mal, die Mama mit ihrem kleinen Baby. Und der Papa da bei den Mangroven, wie laut er schnarcht». Als ob das Männchen uns gehört hätte, reißt es wie auf Kommando sein Maul auf, gewährt uns einen Blick auf seine scharfen Raubzähne, mit denen er sogar mittelgroße Knochenfische erbeuten kann, gähnt ganz laut und verfällt sofort wieder in einen komatösen Schlaf, der von einem ohrenbetäubenden Schnarchen untermalt wird. «Der ist wie Papa!», sagt mein Sohn leise. Ich muss meinen Impuls, laut loszulachen, mächtig unterdrücken. Stattdessen stimme ich meinem Kind mit einem leichten Kopfnicken zu und drehe mich schmunzelnd nach meinem Mann um, der die Szenerie ein paar Meter hinter uns beobachtet. Auch er scheint vom Anblick völlig ergriffen zu sein.

Während im Hintergrund auf der Wasseroberfläche die Boote von den rauen Wellen wie Nussschalen unsanft hin- und hergeschaukelt werden, erwacht das Seelöwenbaby. Voller Tatendrang versucht es, seine Mama zu wecken, die mit der Flosse zuerst abwinkt und weiterschläft. Doch das Junge gibt keine Ruhe. Es watschelt um das Muttertier herum und stupst es immer wieder mit seiner kleinen Schnauze an. Das Weibchen ist sichtlich genervt. Liebevoll breitet sie ihre Flosse übers Baby aus und drückt es bestimmt zu Boden. Doch das Kleine springt wieder auf. An Schlaf ist wohl nicht mehr zu denken.

Ich muss lachen – wie sehr doch das Verhalten des Seelöwenbabys unseren eigenen Kindern ähnelt. Ich hatte mal gelesen, dass ein Seelöwenweibchen eine besonders starke Bindung zu ihrem Jungen aufbaut, welches sie ein Jahr lang austrägt, über mehrere Monate hinweg säugt und erst nach vier Jahren in die komplette Selbstständigkeit entlässt. Ich beobachte, wie Mutter und Kind miteinander interagieren – und bilde mir ein, diese starke Bindung zwischen ihnen zu spüren.

Wir schlendern die Avenida Charles Darwin entlang, die von zahlreichen Hotels, Restaurants, Bars, Reisebüros und Souvenirshops gesäumt ist. Kurzzeitig habe ich den Eindruck, dass ich mich im touristischen Zentrum einer Baleareninsel befinden würde, als mich im geschäftigen Ort schlafende Seelöwen auf Parkbänken und drachenähnliche Meerechsen, die völlig regungslos mitten auf dem Gehweg liegen und um die alle Passanten einen großzügigen Bogen machen, daran erinnern, dass wir nicht durch einen Ort am Mittelmeer, sondern auf den Galapagos flanieren. Von einigen Biologen auch als das letzte Paradies auf Erden bezeichnet.

«Lass uns zurück zum Hafen gehen», sagt Lars. «Wir müssen noch die Tickets fürs Speedboot morgen nach Isla Isabela kaufen». Plötzlich läuft es mir eiskalt den Rücken runter. Denn am heutigen Tag hatte ich bis jetzt erfolgreich verdrängt, welche Horrorgeschichten ich über die Fährfahrt zwischen den einzelnen Inseln gelesen habe.

10. Kapitel

Poseidons Erbarmen

In der Morgendämmerung marschieren wir drei zum Hafen. Als wir am Fähranleger ankommen, geht gerade die Sonne am Horizont auf. Eine wuselige Menschentraube hat sich bereits angesammelt und wird in kleine Gruppen aufgeteilt. Wir erhalten eine in Plastik eingeschweißte knallorange Karte, die an einem Band hängt. Der Mann, der alles organisiert, bittet uns, sie wie Schulkinder gut sichtbar um den Hals zu hängen, damit man uns sofort findet, wenn unsere Fähre abfahrbereit ist.

Immer wieder starre ich hinaus aufs Meer. In der Hoffnung, dass Poseidon heute mit mir Erbarmen hat. Doch ich sehe, dass am Himmel dunkle Regenwolken aufziehen. Die leuchtenden Strahlen der Morgenröte sind blitzartig verschwunden. Der Wind, der vom weiten Ozean kommt, wird immer bedrohlicher. Schweißperlen bilden sich auf meiner Stirn. Meine Handflächen sind klitschnass. Zwar habe ich bereits eine Reiseübelkeitstablette genommen, aber in weiser Voraussicht nehme ich jetzt noch eine halbe, obwohl ich weiß, dass mich die weißen Dinger ganz schön müde machen.

«Puh, da werde ich dich wohl vom Boot tragen müssen», sagt Lars und lacht dabei – wohlwissend, dass mir gerade gar nicht nach Lachen zumute ist. Denn ich hasse Bootsfahrten auf offener See, da ich vor der Gewalt des Meeres extremen Respekt habe und mich immer wieder frage, wie solche kleinen Boote den unberechenbaren Launen des Ozeans überhaupt standhalten können. Heute bin ich besonders froh, dass mein Mann dabei ist. Denn so muss ich mich auf der Fahrt neben meiner Übelkeit in perfekter Symbiose mit meiner Angst nicht parallel noch um mein Kind kümmern.

Mit dem dramatischen Anstieg der Anzahl der Gewitterwolken steigt auch meine Ungeduld an. Ich möchte die Speedbootfahrt so schnell wie möglich hinter mich bringen. Mich erleichtert in Sicherheit wiegend in den Sand am Strand von Isla Isabela plumpsen lassen. Wie sehr ich mir doch gerade wünsche, magische Superkräfte zu besitzen, um mich mit einem Fingerschnips einfach rüberzubeamen, anstatt zwei Stunden übers ruppige Meer zu brettern.

Die wuselige Menschentraube lichtet sich allmählich. Meine Familie und ich gehören zur letzten Gruppe, die mit einer Stunde Verspätung aufgerufen wird. *Na, super!* Doch es kommt noch besser. Gerade als wir in ein Boot steigen, das uns für einen Dollar pro Person 100 Meter zum eigentlichen Speedboot bringt, fängt es an zu regnen. Und ich kann deutlich erkennen, wie am Horizont der raue Wind die Oberhand über die Wellen gewinnt. Sie aufpeitscht. Und die Schaumkronen ihm gehorsam wie Marionetten folgen. Jetzt bin ich mir sicher, dass Poseidon kein Erbarmen mit mir hat.

Als wir mit dem kleinen Boot beim eigentlichen Speedboot, auf dem zirka 20 Personen Platz haben, ankommen, tue ich etwas, was ich normalerweise nie mache: mit angewinkelten Ellenbogen drängle ich mich vor. Vor meiner Reise hatte ich nämlich sämtliche Berichte, die sich eher wie Horrorgeschichten lasen, durchforstet und dabei mein Augenmerk insbesondere auf die gutgemeinten Survival-Tipps gerichtet. *Auf den Plätzen hinten schaukelt es am wenigsten. Links oder rechts am Rand sitzen. Im Notfall bäuchlings auf den Boden legen.* Und genau an diese klammere ich mich gerade in meinen Gedanken.

«Wir müssen dringend hinten sitzen, da mein Kind ansonsten sofort spucken muss», sage ich bestimmt zum Mitarbeiter auf der Fähre. Dabei deute ich auf meinen ahnungslosen, wellenresistenten Sohn und freue mich dabei insgeheim, dass mein kleiner Weltenbummler kaum Spanisch spricht und daher meine Notlüge nicht entlarven kann. Denn irgendwie ist es mir peinlich zuzugeben, dass ausgerechnet ICH die Wehleidige bin. Deswegen fordere ich im Namen meines Kindes neben Rettungswesten auch noch ausreichend Kotztüten.

Wir bekommen die hinteren Sitzplätze zugewiesen. Kurz bin ich innerlich am Jubeln, bis mir der Mitarbeiter Regenponchos in die Hand drückt. Ich fange an zu ahnen, dass es von mir eventuell doch nicht so smart war, meinen Willen auf Teufel komm raus durchzusetzen. Sogleich werde ich in meinem Verdacht bestätigt. Denn zwar hat mittlerweile tatsächlich der Regen aufgehört, dafür schwappt gleich beim Verlassen des Hafens die erste Welle auf die letzte Sitzreihe, die nicht überdacht ist. Ich schließe die Augen und reiße sie sofort wieder auf. Ich fühle mich wie auf einer Achterbahnfahrt mit ordentlich vielen Loopings. Wassermassen klatschen mit voller Wucht im 45 Grad Winkel auf mich drauf. Ich ziehe die Kapuze des Regenponchos ganz weit in mein Gesicht und fange an zu beten, obwohl ich ehrlicherweise nicht besonders gläubig bin.

Das Speedboot schaukelt auf und ab. Das Sinnbild der Nussschale kommt mir in den Kopf. ‹Können solche Boote auch mal umkippen?›, sinniere ich vor mich hin. Bei der nächsten Welle kralle ich mich noch fester in meine Armlehne.

«*¿Todo bien?* Alles gut?», fragt mich der Mitarbeiter, der neben mir Platz genommen hat. *Absolut nichts ist gut,* würde ich ihm am liebsten entgegenschreien. Stattdessen antworte ich mit einem knappen «*Sí, sí*». An seinem Gesichtsausdruck erkenne ich, dass er mir nicht glaubt und sich über meine wehleidige Art innerlich amüsiert. Ich kann es ihm keineswegs verübeln. Denn auf ihn als gestandenen Bootsführer, der hier auf den Galapagos mit dem Meer aufgewachsen ist, mache ich sicherlich eine ziemlich alberne Figur. Er blickt rüber zu meinem Sohn, der bei der nächsten Welle freudeschreiend zu jubeln anfängt. *Na super!* Jetzt hat mein Kleiner auch noch meine Notlüge entlarvt.

Ich konzentriere mich auf meinen Atem; versuche, meine Gedanken im Rhythmus der Wellen zu wiegen. Die Reiseübelkeitstabletten versetzen mich in einen angenehmen Schwebezustand. Ich stelle mir vor, dass ich irgendwo an Land auf einer Hollywoodschaukel schwinge. Dabei atme ich bewusst ein, halte die Meeresbrise kurz in meiner Lunge fest und atme wieder vollständig aus. Einatmen. *Auuusatmen.* Ein- … Meine müden Glieder entspannen sich. Ich fühle mich schon fast in einen meditativen Zustand versetzt, als plötzlich aus dem Walkie-Talkie meines Sitznachbarn schrille Signale ertönen. Vorbei mit der Meditation! Der Mitarbeiter wechselt ein paar Worte mit dem Kapitän. Ich kann ihn nicht verstehen. *Sicherlich auch besser so!* Besorgt schaut der Mitarbeiter nach hinten. Mitten auf dem Ozean kommt das Speedboot zum Stehen. Das Sinnbild der Nussschale ist wieder in meinem Kopf. Bei heftigem Wellengang prüft der Mitarbeiter den Motor. Rüttelt an ihm herum. Ich blicke nach hinten und werde sogleich frontal von einer Welle erwischt. Okay, also doch lieber wieder umdrehen und die Augen schließen. Ich fokussiere mich darauf, meiner Angst nicht zu viel Raum zu gewähren. ‹Wenigstens musste ich noch nicht spucken›, tröste ich mich.

Nach ein paar Minuten, die mit großer Wahrscheinlichkeit neben der Geburt meines Sohnes zu den längsten meines Lebens gehören, geht unsere Fahrt weiter. Ich blicke in die Gesichter der anderen Passagiere. Alle sehen erleichtert aus. Einige von ihnen sind allerdings ziemlich blass um die Nase. Ich erkenne, wie auch sie ihre Spucktüten fest umklammern.

«Isla Isabela. Isla Isabela», ruft der Mitarbeiter. Schlagartig öffne ich die Augen und erblicke Land am Ende des Horizonts. Ich könnte schreien vor Glück, wenn mir nicht immer noch so übel wäre. «War doch eine ruhige Fahrt», sagt der junge Ecuadorianer, nimmt mir meine in Plastik eingeschweißte knallorange Karte ab, die noch vor meiner Brust baumelt, und zwinkert mir dabei zu. ‹Will er jetzt witzig sein?›, frage ich mich. Jedoch bin ich gerade nicht in der Lage, Ironie von Tatsachen zu unterscheiden.

Ein paar Tage danach – kurz nachdem ich gemeinsam mit Gepunkteten Adlerrochen und Seelöwen geschwommen bin – erzählt uns ein deutsches Pärchen von ihrer Horrorfahrt, bei der mir sogar beim Zuhören ganz mulmig in der Bauchgegend wird. Das Seltsame an diesem Bericht ist, dass die Zwei am selben Morgen im vorletzten Speedboot, also rund zehn Minuten vor uns, losgefahren sind. Ich kann es kaum glauben, wie unterschiedlich unsere Fahrten verlaufen sind und mache drei imaginäre Kreuze, dass wir nicht in diesem Boot gesessen haben. Dabei entsinne ich mich wieder der Worte des Mitarbeiters. In diesem Moment wird mir bewusst, dass offenbar Poseidon ausgerechnet mit unserem Speedboot Erbarmen hatte.

***

Isla Isabela ist mit ihren 4.588 Quadratkilometern die größte Insel des Galapagos-Archipels. Trotz ihrer Größe leben auf Isabela deutlich weniger Menschen als auf den beiden Hauptinseln Santa Cruz und San Cristóbal. Dementsprechend geht es hier wesentlich gemächlicher zu. Wenn man sich die Silhouette der Insel auf einer Karte anschaut, dann erkennt man sofort, dass ihre Form einem Seepferdchen ähnelt. Im Vergleich zu den anderen Eilanden ist Isla Isabela eine relativ junge Insel, die aus einer Kette von fünf zeitweise aktiven Vulkanen besteht. Insbesondere der Vulkan Sierra Negra hat die Galapageños vor einigen Jahren in Angst und Schrecken versetzt. Denn beim Ausbruch in 2005 spie er eine sage und schreibe 20 Kilometer hohe Rauchsäule in die Luft. Was für ein Naturschauspiel! Bei dem der Mensch zweifelsohne die Macht der Natur zu fürchten lernt. Wenn der Vulkan Sierra Negra nicht aktiv ist, erfreut er sich großer Beliebtheit bei Wanderern, die bei senkrecht stehender Sonne das Kräftemessen mit der Natur mögen.

Meine Beine wollen mir aufgrund der Müdigkeit – verursacht durch die eineinhalb Reisetabletten in meiner Blutbahn – noch nicht so recht gehorchen. Mit schwerfälligen Schritten trabe ich den Steg hinauf und freue mich wie eine Schneekönigin unter Palmen, gleich wieder festen Boden unter meinen Füßen zu spüren. Was für eine Wohltat! Was für eine Erleichterung! Glückshormone machen sich bemerkbar.

«Mama, Papa, schaut mal da», jauchzt mein Sohn. Lars und ich folgen der Richtung seines Zeigefingers. Auf der rechten Seite sehen wir eine Kolonie von Seelöwen im Wasser dümpeln. Ihre Laute erinnern mich an ein verspieltes Löwengebrüll. Passend zur Geräuschkulisse heben sie heiter ihre Köpfe aus dem Wasser empor, mustern dabei äußerst neugierig die menschlichen Ankömmlinge und tauchen wieder ab. Sie scheinen ihren Spaß zu haben.

Plötzlich müssen wir anhalten. Denn gerade mal einen Meter von uns entfernt kreuzt ein Seelöwenweibchen mit ihrem Jungen unseren Weg. Wir gewähren ihnen die Vorfahrt und blicken entzückt hinterher. ‹Was für ein unfassbares Paradies›, denke ich euphorisch und spüre, dass meine Glückshormone die Müdigkeit endgültig aus meinem Körper verdrängt haben.

Obwohl es offiziell heißt, dass bei der Ankunft auf den Galapagosinseln jeder Einreisende eine Buchungsbestätigung seiner Unterkunft für den gesamten Aufenthalt vorweisen muss, hatten Lars und ich vorab nur die erste Nacht in Puerto Ayora gebucht. Denn anhand meiner Internetrecherchen hatte ich den Eindruck gewonnen, dass das am Flughafen eh keiner kontrolliert, was dann bei uns auch der Fall war. Wir wollen flexibel bleiben und uns Spielraum bei den Preisverhandlungen lassen. So zumindest ist der Plan, der zugegebenermaßen vorerst eher semi-erfolgreich aufgeht.

Mit unserem ganzen Gepäck laufen wir einen Kilometer zum Hauptort Villamil, der nach dem zum Idealismus neigenden General José Villamil benannt wurde. Villamil wollte auf Isla Isabela einen Ort des Friedens, des Fortschritts und der Rehabilitation von Kriminellen und Revolutionären schaffen, allerdings musste er schon sehr bald feststellen, dass sein Vorhaben zum Scheitern verurteilt war. Wir verlassen die Hauptstraße und suchen nach einem passenden Domizil für die nächsten Tage direkt am Strand. Obwohl der Anblick des Strandes uns umhaut und wir es am liebsten sofort den Meerechsen gleichtun und uns in die Wellen stürzen wollen würden, suchen wir brav weiter nach einer Unterkunft. Doch wir haben kein Glück. Entweder sind die Pensionen und Hotels besetzt, sehr, sehr teuer oder nicht besonders einladend. Am Ende des Strandes sehen wir ein äußerst exklusives Hotel mit dem vielversprechenden Namen *Iguana Crossing Boutique Hotel*. Als wir den großen Pool nur ein paar Meter vom Strand entfernt erblicken, kann ich das Leuchten in Lars' Augen ganz deutlich erkennen. Er liebt luxuriöse Hotels – und ist, im Gegensatz zu mir, durchaus bereit, dafür hin und wieder tief in die Tasche zu greifen. Doch sein Leuchten erlischt ziemlich schnell, als uns die

Rezeptionistin erzählt, dass sie noch ein acht Quadratmeter großes Zimmer nach hinten raus für nur eine einzige Nacht für 385 Dollar hat – immerhin Frühstück inklusive. Okay, so tief in die Tasche greifen wollen wir dann doch nicht und versuchen unser Glück bei den Unterkünften in der zweiten Reihe, wo wir nach ein paar Minuten tatsächlich auch fündig werden. Der Besitzer ist supernett, das Zimmer ist einfach, aber sauber, der Strand mit den Meerechsen ist gerade mal hundert Meter entfernt und nach kurzen Verhandlungen einigen wir uns auf einen Preis, der 50 Prozent günstiger als im Internet ist. *Vale.* Perfekt. *Trato.* Der Deal ist beschlossen. Und beide Parteien sind mehr als zufrieden.

11. Kapitel

Das Paradies am seidenen Faden

«Ein neuer Tag im Paradies», sage ich am nächsten Morgen zu meinen beiden Männern, die mich breit angrinsen. ‹So sehen glückliche Gesichter aus›, denke ich und springe mit einem Satz aus dem Bett.

Heute wollen wir die Insel erkunden und hoffen so sehr darauf, unterwegs einer Riesenschildkröte zu begegnen.

«Wer als erstes eine Schildkröte sieht, hat gewonnen», sage ich am Frühstückstisch. Mein Sohn ist felsenfest davon überzeugt, dass natürlich er der Gewinner sein wird.

Wir leihen uns drei Fahrräder aus und steuern die Tränenmauer, *Muro de las Lágrimas,* am anderen Ende der Insel an, eine etwa einhundert Meter lange Mauer aus Lavasteinen, die von Gefangenen einer Strafkolonie unter härtesten Bedingungen gebaut wurde. Viele kamen dabei ums Leben.

Es ist heiß. Verdammt heiß. Da wir hin und zurück etwa 15 Kilometer vor uns haben, fahren wir langsam und erfreuen uns am zauberhaften Strand, der wie gemalt aussieht. *Diese Weite. Dieses kristallklare, türkis leuchtende Wasser. Dieses Rauschen des Meeres. Diese …* Abrupt werde ich aus meinen Gedanken gerissen. Ich muss bremsen. Denn vor mir auf der Sandpiste liegen mehrere Meerechsen, die völlig tatenlos in der Sonne fläzen. Wir steigen von unseren Fahrrädern ab und machen einen großzügigen Bogen um die drachenähnlichen Inselbewohner.

Wir fahren an einem kleinen Friedhof vorbei, der fröhlich anmutet: Die Kreuze sind in bunten Farben angemalt, und auf den Gräbern mit direktem Blick auf den Strand ruhen sich Meerechsen und Stummelkormorane aus. ‹Sicherlich eine der schönsten Ruhestätten auf der Welt›, denke ich beim Vorbeifahren. Kurz danach beginnt eine ganz andere Vegetation. Wir radeln durch ein verwunschenes

Feuchtgebiet. Mangroven, knorrige Bäume, vertrocknete Blätterdächer und Lagunen mit Flamingos bestimmen das Landschaftsbild. Der Wind wiegt sich in den Ästen und erzeugt dabei ein melodisches Knistern.

«Mama, Papa, da, da … eine Schildkröte», unterbricht auf einmal mein Sohn den wohlklingenden Singsang der Natur. Zuerst muss ich etwas genauer hinschauen, doch dann entdecke ich sie auch. Etwas abseits des Sandweges liegt im Gebüsch eine Riesenschildkröte. Ich halte den Atem an und gehe ganz vorsichtig in ihre Richtung. Ohne zu blinzeln schaut sie mich an. Um ihren Lebensraum zu respektieren, setze ich mich drei, vier Meter von ihr entfernt auf den Boden. Sie lässt mich nicht aus den Augen, ich sie auch nicht. Unsere Blicke fixieren sich. Vis-à-vis sitzen wir beide da. Ganz still. Ich spüre, wie mir die Dornen auf dem Boden in meinen Hintern und die Beine piksen, doch ich rühre mich keinen Millimeter. Ich halte erneut den Atem an. Meine Augen füllen sich mit Tränen. Ich bin total ergriffen von diesem Moment, den ich ganz intensiv wahrnehme. Bruchteile jeder einzelnen Sekunde, voller Demut und Dankbarkeit. Die Riesenschildkröte blinzelt. Ich blinzle auch. Sie fängt an, ihren Kopf zu bewegen und reckt dabei ihren Hals. Ich bilde mir ein, dass die Riesenschildkröte Vertrauen in meine Anwesenheit gefasst hat. Sie richtet ihren langen Hals auf und fängt an, Blätter zu fressen. Dabei sehe ich ihre rosafarbene Zunge. Ich bin völlig fasziniert von ihrer immensen Größe, die ich auf etwas über einen Meter schätze. Sie wiegt sicherlich mindestens das Dreifache von mir. Ihr Hals ist voller Falten und die Haut am Körper ist schrumpelig. Ich muss an den Außerirdischen aus dem Science-Fiction-Film «E.T.» aus meiner Kindheit denken, der 1982 die Kinosäle füllte. Zweifelsohne hat sich der Regisseur Steven Spielberg vom Aussehen und sicherlich auch von der Wesensart der Schildkröten für sein cineastisches Meisterwerk inspirieren lassen. Die Ähnlichkeit ist verblüffend. Der auf den ersten Blick einzige Unterschied ist, dass E.T. keinen Panzer hat. Dafür ist der Panzer dieser Riesenschildkröte einfach gigantisch. Extrem robust mit einer filigranen, gleichmäßigen Musterung. *Wie perfekt doch die Schöpfung der Natur ist!* Das Besondere an den Galapagos-Riesenschildkröten ist, dass sie keinen Kuppelpanzer wie die anderen Artgenossen haben, sondern einen sattelförmigen Panzer, der am vorderen Ende deutlich nach oben gewölbt und für die Namensgebung des Inselarchipels verantwortlich ist. Mein Sohn kommt näher und setzt sich neben mich in die Hocke. Ich lenke seine Aufmerksamkeit auf das Haus der Schildkröte: «Siehst du, wie die Schildkröte durch die Auswölbung des Panzers vorne viel beweglicher ist und ihren Hals ganz weit nach oben strecken kann?», frage ich ihn. Er ist genauso fasziniert wie ich es bin. «Diese sattelförmige Panzerart gibt es nur hier auf den Galapagosinseln, weil die Pflanzen und Gräser in dieser kargen Landschaft generell höher gewachsen sind, und damit die Schildkröte genug Essen findet, hat sich im Laufe der Zeit ihre Panzerform verändert. Durch diese Veränderung kommt sie jetzt viel besser ans Futter ran». Mein Sohn nickt – und ich bin stolz auf ihn, dass er so brav Darwins Evolutionstheorie lauscht.

«Komm, lass uns weiter», sagt Lars aus dem Hintergrund. Mir fällt es sehr schwer, mich von dieser prächtigen Schildkröte loszureißen. Ganz ruhig sitze ich noch ein paar Minuten auf dem Boden. Wir schauen uns erneut intensiv in die Augen. Dann stehe ich schweren Herzens auf. Diese Begegnung werde ich niemals vergessen und mein ganzes Leben in meinem Herzen tragen – dessen bin ich mir sicher. ‹Und wer weiß, vielleicht ist es genau dieser Moment, an den ich mich voller Glücksgefühle zurückerinnern werde, wenn ich meine letzten Atemzüge nehme und mich vom Leben verabschiede›, denke ich – und bin froh, dass gerade keiner meine äußerst sentimentalen Gedanken lesen kann.

Das Landschaftsbild verändert sich erneut. Die Natur wird karger. Meterhohe Kakteen sprießen aus der verbrannten Erde. Weitere Riesenschildkröten kreuzen unseren Weg – oder besser gesagt: wir ihren. Wir kommen am Ziel an. Meine beiden Männer bleiben im Schatten auf einer Bank sitzen und ich schaue mir die Tränenmauer, die sich auf der Karte am Kopf des Seepferdchens befindet, alleine an.

Wegen der abgeschiedenen Lage hatte im 19. Jahrhundert die Regierung auf den Galapagosinseln Gefängnisse errichten lassen, da eine Flucht aufs Festland nahezu unmöglich war, und die Insassen außerhalb der Lager nicht genügend Wasser und Nahrung zum Überleben finden würden. Im Laufe der Zeit gab es allerdings wesentliche Probleme mit der Verpflegung. Viele Gefangene starben, es kam zu Aufständen und sogar zu spektakulären Fluchtversuchen. Die letzte Strafkolonie auf Isla Isabela wurde 1959 geschlossen. Die Tränenmauer ist ein Überbleibsel, welches von den unwürdigen Lebensbedingungen und Qualen der Gefangenen erzählt. Manche Einheimische behaupten sogar, dass man hin und wieder an der Mauer die traurigen, verzweifelten Schreie der vielen Toten hören kann. Ich lausche und höre bis auf den Wind und das Meeresrauschen rein gar nichts. Dennoch jagt mir das Wissen um diesen Ort einen Schauer über den Rücken.

***

«Seht ihr, wie die Meerechse ihren Kopf ganz schnell auf- und abbewegt?», fragt unser Tour-Guide Maria. Wir nicken. «Schaut genau hin, gleich wird sie sich auf die Zunge beißen und das Blut ihrem Gegner zeigen, um Eindruck zu schinden». Völlig gebannt wohnen wir dem Machtkampf der Meerechsen bei. In der nächsten Sekunde beißt sich das drachenähnliche Reptil, das über einen Meter lang ist, tatsächlich auf die Zunge und zeigt sie dem Feind. Ihr Kopfnicken wird immer energiegeladener und hektischer. Jetzt duckt sie sich und geht zum Angriff über. Sie erhöht ihr Tempo und attackiert. Die beiden Meerechsen rangeln miteinander, verkeilen ihre Köpfe ineinander und versuchen, den anderen wegzustoßen. Einen kurzen Moment später ist das machohafte Imponiergehabe auch schon wieder vorbei. Der Verlierer überlässt dem Gewinner den schroffen Vulkanfelsen aus schwarzem Lavastein und zieht mit angezogenem Kopf von dannen, während ihm sein Angreifer nochmal seine blutig gebissene Zunge präsentiert.

Aufmerksam lausche ich Marias weiteren Ausführungen über die erhabene Meerechse, die es nur auf den Galapagosinseln gibt.

«Das wechselwarme Tier ernährt sich von Algen und Tang und ist ein hervorragender Schwimmer. Sie können bei ihrer Nahrungssuche problemlos bis zu neun Meter tief tauchen, allerdings halten sie es nicht länger als zehn Minuten im Wasser aus, da sie unterkühlen. Doch ihre dunkle Farbe hilft ihnen schnell, sich an Land in der Sonne wieder aufzuwärmen. Solche rüpelhaften Rangeleien zur Machtdemonstration und Reviermarkierung, die ihr soeben gesehen habt, sind unter Männchen absolut normal. Sicherlich ist ihr machohaftes Imponiergehabe der Grund dafür gewesen, warum der Biologe Charles Darwin sie als abscheulich aussehende Kreaturen bezeichnet hat, die überdies noch dumm und plump sind».

Alle in unserer Gruppe lachen. Ich hänge förmlich an Marias Lippen – sogar einem Blinden würde es nicht entgehen, mit wie viel Leidenschaft sie vom einzigartigen Lebensraum des Galapagos-Archipels erzählt. Sie brennt für ihr Thema. Für ihre Heimat. Und ihre übersprudelnde Passion wirkt äußerst ansteckend.

Wir verlassen das kleine Eiland Las Tintoreras, steigen wieder ins Boot und steuern eine Bucht zum Schnorcheln an. Unterwegs sehen wir Blaufußtölpel, Pinguine und viele andere Seevögel. Maria erklärt uns, wie sensibel und bedroht das Ökosystem auf den Galapagosinseln ist. Und wie verheerend zum Beispiel die Folgen des Wetterphänomens *El Niño* für die Tierpopulationen im Archipel sind. Bei einem El Niño, der in unregelmäßigen Abständen und in unterschiedlicher Heftigkeit im Inselparadies wütet, schwächt sich der kalte Humboldtstrom ab und kommt zum Erliegen. Durch die Erwärmung des Wassers kommt es zum dramatischen Absterben des Planktons und die Nahrungskette kommt zum Erliegen. Die Meerechsen, Seelöwen und alle anderen tierischen Bewohner auf den Inseln finden nicht genug zu fressen, und es kommt zum Massensterben.

«Das Paradies der Galapagosinseln hängt an einem dünnen Faden, der aufgrund von ansteigenden Tourismuszahlen, Klimawandel, Wetterphänomen, Erderwärmung, Überfischung der Meere und anderen Naturkatastrophen jeden Augenblick reißen kann», sagt Maria in einem ernsten Ton.

Mein Sohn schaut mich mit seinen großen erschrocken Augen an, als ich ihm Marias Worte übersetze.

«Mama, ich möchte nicht, dass die Schildkröten und Seelöwen sterben. Ich werde jetzt Tierbeschützer, um die Tiere zu retten».

In diesem Moment bin ich mir sicher, dass sowohl Marias mahnende Worte als auch das Begreifen, wie fragil der seidene Faden ist, an dem dieses einzigartige Paradies tatsächlich hängt, in unserer Familie noch lange nachhallen werden.

Das Wasser ist kalt. Die frostigen Temperaturen, die freilich gut fürs ökologische Gleichgewicht und das Plankton sind, kosten jedoch ordentlich viel Überwindung reinzuspringen. Wir stürzen uns dennoch mit Schnorchel und Flossen in die eiskalten Fluten. Doch nach wenigen Minuten will mein Sohn wieder raus. Ich schließe mich mit Lars kurz, dass ich erstmal schnorcheln gehe und wir uns dann abwechseln.

Wie von der Tarantel gestochen mit der tickenden Uhr im Nacken schwimme ich los und tauche ab in die faszinierende Unterwasserwelt, die so reich an unentdeckten Geheimnissen ist. Wir sehen die buntesten Fische, Seesterne und viele andere Meeresbewohner. Ich könnte ewiglange in diesem Habitat verweilen, doch schnell meldet sich mein schlechtes Gewissen – holt mich zurück ins Hier und Jetzt. Ich muss fix zurück. Lars wartet. So schnell wie möglich schwimme ich Richtung Land und halte plötzlich wie erstarrt an einer Stelle inne. Ich traue meinen Augen kaum, was ich etwa einen Meter unter mir sehe: eine Meeresschildkröte, die mindestens eineinhalb Meter lang ist. Sie gleitet schwerelos durchs Wasser und schaut mich dabei ganz unerschrocken und neugierig an. Völlig hypnotisiert beobachte ich sie und lasse mich dabei über ihr bewegungslos im Wasser treiben. Ich vergesse erneut Raum und Zeit und fühle mich kurzzeitig wie in Trance. Dieser Augenblick raubt mir regelrecht den Atem, weil er so besonders und zauberhaft ist. Was für ein Paradies auf Erden! In dem Tier und Mensch sich so nah begegnen und gegenseitig in die Augen schauen.

Auch am nächsten Tag entdecken wir die schillernde Unterwasserwelt des Archipels. Ausgerüstet mit Tauchermaske und Schnorchel gehen meine Familie und ich zur Bucht *Concha de la Perla*. Auf dem Weg dahin müssen wir andauernd im Zickzack laufen, damit wir den vielen Seelöwen auf dem Holzsteg ausweichen.

Lars hat ein wenig Pech und sieht im Wasser nur ein paar Fische, dafür scheint mir das Taucherglück immer noch hold zu sein. Ich beobachte in der Tiefe Weißspitzenriffhaie, mehrere Schwärme Gepunkteter Adlerrochen und irgendwann erscheint nur ein paar Zentimeter von mir entfernt ein neugieriger Seelöwe, der nicht mehr von meiner Seite weicht. Gemeinsam gleite ich mit dem geselligen Raubtier durchs Wasser und werde dabei ganz wehmütig. Denn schon in ein paar Tagen müssen wir dieses Paradies verlassen. Dann werden wir zurück nach Guayaquil fliegen. Für Lars geht es zurück nach Deutschland, und mein Sohn und ich werden wieder zu zweit zu neuen Abenteuern in ein anderes Land aufbrechen, um als nächstes den Zauber Perus zu entdecken.

Chachapoyas
Tarapoto
Chiclayo
Cajamarca
Huanchaco
Peru
Machu Picchu
Ollantaytambo
Cusco
Huacachina Ica
Arequipa

PERU

Der beste Weg aufzuwachen, ist, es ohne Sorgen zu tun.
(Ein Fischer von der Nordküste)

Chiclayo

12. Kapitel

Planänderung

Ich bin ganz ehrlich. Vor meiner Südamerikareise war Peru das Land, auf welches ich mich am wenigsten gefreut hatte. *Warum?* Gute Frage … Vielleicht lag es daran, dass ich davon ausgegangen war, dass Peru für meinen Geschmack viel zu touristisch sei, und dass die Einheimischen die vielen Ausländer eher wegen ihres Portemonnaies schätzten, als Interesse an einer Begegnung mit ihnen zu haben. Insbesondere in den vergangenen Jahren hat Peru einen wahren Besucheransturm erfahren. Während im Jahr 2000 knapp 600.000 Touristen das südamerikanische Land besuchten, waren es in 2018 über 4,5 Millionen! Die Hauptattraktion, die Menschen aus allen Ecken der Welt magisch anzieht, ist zweifelsohne die sagenumwobene Ruinenstadt Machu Picchu mit ihrem unverkennbaren dreizackigen Berg; die verlorene Stadt der Inka, die den Archäologen und Historikern noch heute viele ungelöste mysteriöse Geheimnisse aufgibt. Rund 6.000 Besucher strömen täglich (!) nach Machu Picchu. Die archäologische Stätte gehört somit zu der meistbesuchten Sehenswürdigkeit in ganz Südamerika, und die peruanische Regierung musste vor allem in den vergangenen Jahren starke Reglementierungen einführen, um den extremen Andrang überhaupt zu bewältigen.

Massentourismus ist halt nicht so mein Ding, und als ich bei meiner Recherche für meine Reisevorbereitungen im Internet gelesen hatte, dass es in Peru mittlerweile den *Peru Hop Bus* mit dem missverständlichen Claim «Don't Be a Typical Tourist» gibt, der höchstwahrscheinlich feierfreudige Backpacker von einem Hot Spot im Süden des Landes zum anderen bringt, war bei mir die Entdeckerfreude gänzlich geschrumpft. Klar wollte ich mir auf meiner Reise ein paar wichtige Attraktionen nicht entgehen lassen: Frei nach dem Motto, *wenn man schon mal auf der Ecke ist, sollte man auch vorbeischauen.* Allerdings war mein Plan, das Land möglichst in zwei, höchstens zweieinhalb Wochen zu durchqueren, damit mir mehr Zeit für das ursprüngliche Bolivien – das Land, auf welches ich am meisten gespannt war – bleiben würde. Doch es kam bereits in den ersten Stunden in Peru alles anders.

Gleich an unserem ersten Tag in Peru in der Stadt Chiclayo wird mir bewusst, wie recht Alexander von Humboldt mit seinem Zitat «Die gefährlichste aller Weltanschauungen ist die Weltanschauung der Leute, welche die Welt nie angeschaut haben» hat. Wahrhaftig, wir hören, sehen und lesen viele Dinge über andere Länder, Kulturen und Menschen – doch bevor wir allerdings ein Urteil fällen, sollten wir uns zuvor immer unsere eigene Meinung vor Ort bilden.

Chiclayo, im Nordwesten des Landes etwa 450 Kilometer von der ecuadorianischen Grenze entfernt, überzeugt auf den ersten Blick nicht unbedingt mit Charme und Schönheit. Im Gegenteil: Chiclayo ist chaotisch, ziemlich schmuddelig, und kaum ein Tourist verirrt sich in diese peruanische Stadt.

Noch total übermüdet von unserer Nachtbusfahrt schiebe ich den Kinderbuggy durch die engen Straßen, die in einem sehr schlechten Zustand sind. Immer wieder muss ich diversen Löchern ausweichen, Treppenstufen bewältigen, meinen Sohn bitten auszusteigen, damit ich den Kinderwagen über ein Hindernis hieven kann, und der Vielzahl an hupenden Motorradtaxis im asiatischen Tuk-Tuk-Stil, die das Passieren der Straßen zu einem pulstreibenden peruanischen Erlebnis machen, ausweichen.

Es ist verdammt heiß. Meine Nerven liegen blank. Und müssten mein Kind und ich nicht essen und ein Busticket für unsere Weiterfahrt morgen ins 800 Kilometer entfernte Lima besorgen, dann wäre ich wohl im Hotelzimmer mit voll aufgedrehter Klimaanlage im Bett liegengeblieben. Die 14-stündige Busfahrt von Guayaquil hierher steckt mir immer noch in den Knochen. Auch wenn ich mir größte

Mühe gebe, die äußeren Umstände und meine eigene Gefühlslage schönzureden, muss ich mir eingestehen, dass ich absolut genervt bin.

Allerdings fällt mir auf, dass die Menschen extrem freundlich sind. Aus den kleinen Läden winken uns alte Frauen und Männer zu, Jugendliche kichern und rufen mir freudig «*Hola, gringa*» entgegen, Frauen beugen sich über den Kinderwagen, wuscheln meinem Sohn durch die Haare und juchzen euphorisch: «*Ay, que bonito este rubio.* Oh, wie entzückend dieser blonde Junge». Mein Sohn ist semi-begeistert. Dafür steigt meine Begeisterung mit jeder flüchtigen Begegnung an.

Wir kehren in ein einfaches Restaurant ein, das genau wie Chiclayo auf den ersten Blick chaotisch und ziemlich schmuddelig wirkt. Wir nehmen trotzdem Platz, denn ich habe so einen Hunger, dass ich jetzt sprichwörtlich ein halbes Schwein auf Toast verdrücken könnte. Der Kellner kommt mit einem hochroten Kopf an unseren Tisch, gibt mir die Speisekarte und sagt verlegen: «*No ingles*». Höchstwahrscheinlich ist es ihm unangenehm, dass er kein Englisch spricht. Doch als ich ihm auf Spanisch antworte, verfliegt im Nu seine Verlegenheit. Plötzlich ist der Kellner voll in seinem Element: Er wirbelt um uns herum, deckt den Tisch ein, empfiehlt ein paar Gerichte, wuschelt mit einem entzückten Jauchzer meinem Sohn ebenfalls durch die Haare und stellt uns hausgemachte Limonade auf den Tisch, die zwar zuckersüß, aber bei den tropischen Temperaturen trotzdem erfrischend ist.

Aufmerksam studiere ich die Karte, bestelle mehrere Gerichte auf einmal und freue mir ein Loch in den Bauch, dass es gleich ganz viel zu essen gibt. Ich beobachte das Treiben im Restaurant und wieder bemerke ich, dass viele Peruaner Interesse an unserer Anwesenheit zeigen. Sie lächeln uns an. Winken. Und beim Verlassen des Restaurants machen sie einen erheblichen Umweg, um an unserem Tisch vorbeizukommen und sich mit einem landestypischen «*Hola, como están?* Hallo, wie geht es euch?» zu verabschieden.

Ein älterer Mann bleibt an unserem Tisch ebenfalls stehen. Er kann seine Neugier nicht verbergen. Woher wir kommen? Wie uns Peru gefällt? Welche Orte wir in Peru besuchen wollen? Wie uns das peruanische Essen schmeckt? Und wie wir die Menschen hier finden? Ich kann kaum beschreiben warum, aber irgendwie geht mir mit jeder Frage immer mehr das Herz auf. Ich fühle mich willkommen, denn die Menschen interessieren sich nicht für meinen Geldbeutel, sondern für meine Person. Ein wohliges Gefühl steigt in mir auf.

«Ich lebe bereits seit 65 Jahren in Chiclayo und die Touristen, die ich bis jetzt hier bei uns gesehen habe, kann ich an zwei Händen abzählen», sagt der Mann und bewegt seine Finger dabei. «Ich freue mich jedes Mal, wenn Ausländer unsere Stadt besuchen». Er lacht auf, klatscht dabei frenetisch in die Hände wie ein kleines Kind, das gerade unterm Weihnachtsbaum das Fahrrad, welches es sich schon so lange gewünscht hat, vorfindet, und verabschiedet sich mit den Worten, dass wir noch unbedingt den selbstgebackenen Kuchen probieren müssen.

Der Kellner ist schwerbeladen im Anmarsch. Er versucht, alle Teller abzustellen, merkt aber schnell, dass unser Tisch fürs üppige Mahl viel zu klein ist, und schiebt kurzentschlossen einen anderen ran. Innerhalb von fünf Minuten kehrt er drei Mal an unseren Tisch zurück und fragt, ob es uns schmeckt. «*La comida es muy, muy rica.* Das Essen ist sehr, sehr lecker», antworte ich ihm ausnahmsweise mit vollem Mund und bestelle noch den selbstgebackenen Kuchen.

Ich spüre, wie meine Lebensgeister und Entdeckerlust zurückkehren. Aus meinem Rucksack hole ich meinen dicken Südamerika-Reiseführer hervor und schlage die Seite mit der Perukarte auf. Meine Augen wandern langsam über die grauschattierte Fläche. Städte und Orte ziehen meine Aufmerksamkeit auf sich, die ursprünglich so gar nicht auf meiner Reiseliste standen und von denen ich zuvor noch nie etwas gehört habe. Mit Bedacht führe ich meinen Zeigefinger im Zickzack übers Land. ‹Soll ich meinen Plan, in zwei Wochen durch Peru zu reisen, um mehr Zeit für die anderen Länder zu haben, in die Tonne treten?›, frage ich mich. Mein Bauchgefühl schreit: ‹Auf jeeeedeen!› Ich zögere und verschiebe die Entscheidung auf später.

«*La cuenta, por favor*. Die Rechnung bitte». Der Kellner lacht mich verschmitzt an und antwortet ganz simpel: «Ist schon bezahlt».

«Wie? Ist schon bezahlt?» Einen kurzen Augenblick glaube ich, dass der Kellner mich nicht richtig verstanden hat. *Oder vielleicht habe ich ihn nicht richtig verstanden?* Doch dann erklärt er mir, dass der alte Mann, der vorhin an unserem Tisch war, unsere Rechnung bereits bezahlt hat.

«Warum?», frage ich etwas überrascht.

«Weil er sich wohl so sehr darüber gefreut hat, euch hier zu treffen».

Während ich den Kinderbuggy durch die engen Straßen schiebe und im Slalom diversen Löcher ausweiche, denke ich über die kurze Begegnung mit dem älteren Mann nach. Er hat mich zutiefst berührt und zwar nicht unbedingt, weil er unsere Rechnung bezahlt hat, sondern vor allem, weil er sich so sehr über uns gefreut hat. Wenn ein Fremder weit entfernt von seiner eigenen Heimat so viel Herzlichkeit entgegengebracht bekommt, dann ist das ein großartiges Geschenk. Ein Erlebnis, an das man sich noch sehr lange erinnern wird.

Am Busbahnhof angekommen, studiere ich den Fahrplan: Lima, Jaén, Piura, Trujillo, Cajamarca … *Cajamarca?* Nie gehört. Ich gehe zum Ticketschalter und frage den Verkäufer, was es Besonderes in Cajamarca zu sehen gibt.

«*Ay*, Cajamarca! Cajamarca ist viel schöner als das touristische Cusco. Die Häuser, die Gassen, die Landschaft … außerdem haben im 16. Jahrhundert in Cajamarca die Spanier den letzten Inka-Herrscher Atahualpa mithilfe einer gemeinen Intrige gefangengenommen, Lösegeld gefordert und ihn dann entgegen ihren Versprechungen trotzdem umgebracht. Das war der Anfang des Untergangs des Inkareiches, und deswegen ist die Stadt für uns Peruaner sehr bedeutungsvoll», erklärt mir der Verkäufer.

«Okay, dann möchte ich bitte zwei Tickets für den Bus morgen um 11 Uhr nach Cajamarca», höre ich mich sagen. Dabei habe ich gerade noch gar keine Ahnung, wo genau Cajamarca überhaupt liegt.

Cajamarca

13. Kapitel

Das höchste Lösegeld der Weltgeschichte

Der Bus bleibt stehen. Ich blicke auf die Uhr. Mittlerweile haben wir über zwei Stunden Verspätung. Ungeduldig rutsche ich auf meinem Sitz hin und her. Ändere meine Sitzposition. Doch nach einem kurzen Moment tut mir mein Gesäß wieder weh. ‹Wir müssten doch schon längst in Cajamarca sein›, denke ich.

Ein paar Männer steigen aus. Ich blicke aus dem Fenster. Der Verkehr ist komplett zum Erliegen gekommen. Auch auf der gegenüberliegenden Seite. Nichts fährt mehr. Am Straßenrand gehen einige Leute zu Fuß und wirbeln dabei Staub auf. Die Männer sind in traditionelle Ponchos gekleidet und tragen weiße Hüte. Die Frauen haben knielange Röcke in den buntesten Farben und dicke Wollstrumpfhosen an. Ich sehe, wie ein junges Mädchen direkt an unserem Busfenster vorbeigeht. An der rechten Hand zieht sie ein Kleinkind hinter sich her, das kaum mitkommt, hinten trägt sie ein Baby, das sie mit einem Tuch auf ihrem Rücken festgebunden hat. Beim Vorbeigehen mustert mich das Baby mit seinen dunklen Knopfaugen. ‹Wie alt mag die junge Mutter sein?›, frage ich mich. ‹16 Jahre? Oder sogar noch jünger?›.

«*Sube, sube.* Steigt ein. Steigt ein», ruft der Busfahrer aufgeregt nach draußen. Die Fahrgäste nehmen auf ihren Sitzen wieder Platz. Im Schritttempo fährt der Bus los. Doch nach ein paar hundert Metern stehen wir erneut. So langsam werde ich unruhig. Nicht nur, weil wir mittlerweile über acht Stunden im Bus sitzen und der Ticketverkäufer in Chiclayo eigentlich gesagt hatte, dass wir allerhöchstens sechs Stunden ans Ziel benötigen werden, sondern vor allem, weil ich mich frage, was der eigentliche Grund für unsere Verzögerung sein mag. Liegt es am generellen Abendverkehr? Oder ist irgendwo eine Brücke kaputtgegangen?

Plötzlich wird es im Bus ganz hektisch. Der Fahrer läuft durch den schmalen Gang und ruft laut: «Zieht schnell an allen Fenstern die Gardinen zu. Die Rebellen werden gleich mit Steinen werfen». Für ein paar Sekunden verfalle ich in eine Schockstarre. Ich muss den spanischen Wörtern, die gerade so brachial an mein Ohr geknallt sind, Eintritt in meinen Verstand gewähren. *Rebellen? Steine? Werfen?* Instinktiv lege ich den Arm schützend um meinen Sohn, ziehe ihn von der Fensterscheibe weg und befolge die Anweisung des Busfahrers. Dabei versuche ich, äußerlich gefasst zu wirken, um mein Kind nicht zu verängstigen.

«Mama, warum stehen wir so lange?», fragt mein Kleiner.

«Ach, da hinten ist bestimmt eine Baustelle, deswegen müssen wir etwas warten», antworte ich völlig seelenruhig. Doch in meinem Inneren wird es verdammt laut. Mein Herz rast. Pumpt immer schneller Blut durch meine Venen. Meine Hände zittern. Ich fange an zu schwitzen. Dabei wird mir gleichzeitig heiß und kalt. Meine Angst schreit mich an. Immer lauter und lauter.

‹Reiß dich zusammen! Du musst deine Emotionen in den Griff bekommen›, ermahne ich mich. Bloß nicht in Panik verfallen! Ich schaue mich im Bus um und versuche, die Gesichter der anderen Passagiere zu lesen. Viele von ihnen scheinen ebenfalls nervös zu sein.

Der Fahrer dreht das Radio an. Aus den Lautsprechern tönen Parolen durch den Bus. «Brüder und Schwestern, wir dürfen nicht tatenlos zusehen, wie die Regierung unser Vaterland ins Verderben stürzt. Der Zeitpunkt ist gekommen, um sich zu erheben. Wir sind das Volk. Wir sind Peru …»

Krampfhaft erinnere ich mich daran, was ich über die aktuelle politische Lage im Land weiß. Seit über drei Jahren befinden sich in Peru der Präsident und das Parlament in ständigem Konflikt. Im Oktober 2019 eskalierte der andauernde Machtkampf zwischen dem amtierenden Präsidenten Martín Vizcarra und dem von der konservativen Opposition dominierten Parlament. Der Grund hierfür war ein Streit um die Besetzung von Richterposten am peruanischen Verfassungsgericht. Der Präsident löste daraufhin vorübergehend den Kongress auf und kündigte Neuwahlen an. Das Parlament beschloss wiederum, den Präsidenten zu suspendieren. Im ganzen Land kam es zu Aufständen und Protesten. Doch ihre Ausmaße waren bei Weitem nicht so dramatisch wie im Nachbarland Ecuador, wo zeitgleich ein zorniger Mob wütete, oder wie in Bolivien, wo im November Proteste und gewaltsame Ausschreitungen für knapp zwei Wochen das ganze Land lahmgelegt hatten.

Im Bus heizt sich die Stimmung auf. Die Fahrgäste reden aufgeregt durcheinander. Ich versuche, mir im Kopf einen Notfallplan zurechtzulegen. Unsere wichtigsten Dokumente, Bargeld und Kreditkarten trage ich in einer Bauchtasche am Körper. Auf meinem Smartphone suche ich schnell die Telefonnummer der deutschen Botschaft raus, speichere sie und verstaue das Handy anschließend in meiner Hosentasche. Den Rucksack mit den allerwichtigsten Dingen klemme ich unter meinen Arm. Mein Sohn sitzt auf meinem Schoss. Ich drücke ihn ganz fest an mich ran, falls etwas passieren sollte, ducke ich ihn auf den Boden und lege mich über ihn, wie eine Löwin, die ihr Junges beschützt. Alle meine Sinne sind in Alarmbereitschaft.

Ich frage mich, was passieren würde, wenn Aufständische tatsächlich Steine gegen die Busfenster werfen. Wie lange würden die Scheiben standhalten? Würden die Gardinen die Glasscherben aufhalten? Wie groß wären die Steine überhaupt? Würden die Aufständischen dann den Bus stürmen? Und meinen Sohn und mich womöglich sogar kidnappen, weil wir die einzigen Ausländer im Bus sind? Aber warum sollten sie eigentlich Zivilisten Schaden zufügen wollen? All diese Fragen schießen mir innerhalb eines Bruchteils einer Sekunde durch den Kopf.

Kurz spiele ich mit dem Gedanken, Lars anzurufen, der seit gestern wieder in der nordischen Heimat ist. Aber ich entscheide mich dagegen. Denn in Deutschland ist es bereits Nacht, und ich möchte meinen Mann nicht unnötig beunruhigen. Außerdem könnte er uns gerade eh nicht weiterhelfen.

«Leute, das ist ein friedlicher Protest. Keiner wird Steine werfen. Ich bin ein Befürworter der Aufstände, aber sie sollen gewaltfrei sein», unterbricht eine Männerstimme das aufgeregte Rumoren im Bus. Die Worte kommen von dem jungen Mann direkt hinter mir. Seine Gardinen sind geöffnet, ohne Furcht blickt er aus dem Fenster.

Daraufhin traue ich mich ebenfalls, die Gardinen einen Spalt zu öffnen. Zuerst ein, zwei Zentimeter. Er hat recht! Auf der Straße sieht alles friedlich aus. Schlussendlich ziehe ich die grauen Vorhänge komplett auf – und spüre, wie meine Angst sich ebenfalls allmählich verzieht. Erneut blicke ich zu dem jungen Mann hinter mir. Sein Gesichtsausdruck ist völlig entspannt. «*No te preocupes*. Mach dir keine Sorgen. Es sind nur noch zehn Kilometer bis Cajamarca», sagt er mit einem zuversichtlichen Lächeln.

***

Ich bleibe stehen, um mir eine kurze Verschnaufpause zu gönnen. Die 2.750 Höhenmeter, auf denen sich die Stadt Cajamarca befindet, machen mir wieder zu schaffen. Meine Kurzatmigkeit meldet sich zurück. Ich richte meinen Blick nach vorne. Es fehlen nur noch 20 Stufen bis zum Thron.

«Komm, da oben hat mal ein mächtiger König gesessen», motiviere ich meinen Sohn.

«Ein richtiger König?», fragt er etwas skeptisch.

Noch fünf, vier, drei ... Mein Sohn sprintet an mir vorbei und kommt an dem Überbleibsel des in Stein gemeißelten Königssitzes als erster an.

«Vor langer, langer Zeit hat genau auf diesem Thron der Inka-König Atahualpa gesessen und gemeinsam mit seinen Gefolgsleuten beobachtet, wie sich in der Ferne fremde, merkwürdig aussehende Menschen auf dem Rücken eigenartiger Tiere seinem Reich näherten». Ich versuche, einigermaßen kindgerecht meinem Sohn den Anfang des Unterganges der Inka-Kultur im Jahr 1532 zu erklären. Mein Sohn schaut mich mit seinen großen blauen Augen an und blickt dann ehrfürchtig auf die Steinplatte direkt vor uns.

«Der Inka-König war ein sehr mächtiger und reicher Mann, denn er herrschte nicht nur über ein riesiges Reich, das sich vom heutigen Kolumbien bis in den Norden Chiles und Argentinien erstreckte, sondern er besaß auch sehr, sehr viel Silber und Gold. Und genau auf diesen Reichtum hatten es die Spanier abgesehen. Von der Gier getrieben, erreichte der Anführer Francisco Pizarro mit seinen 180 Männern diesen Ort, wo wir jetzt stehen. Der Inka-König Atahualpa war bereits seit Tagen informiert und erwartete die Ankunft der weißen Männer, die er freundlich empfing und als seine Gäste willkommen hieß. Er fürchtete die schlecht riechenden, bärtigen Männer keineswegs, denn schließlich war er ja der mächtige Herrscher über ein riesiges Reich. Und außerdem glaubte er, dass die fremden Männer in Frieden kämen …»

Der Abstieg fällt mir wesentlicher leichter als der Aufstieg. Gemeinsam mit meinem Sohn schlendere ich durch die engen Gassen, vorbei an bunten Häusern mit kleinen Holzbalkonen, zahlreichen Essensständen am Straßenrand und historischen Kirchen, die von den Spaniern nach ihrer Eroberung gebaut wurden. Cajamarca gefällt mir richtig gut, und nach einem typischen peruanischen Mittagessen begebe ich mich auf die Suche nach einem ganz bestimmten Gebäude.

Francisco Pizarro jedoch hatte mit seinen Männern keineswegs den beschwerlichen Weg voller Gefahren und Hindernisse von Spanien bis nach Cajamarca in den hohen Bergen unternommen, um Freundschaft mit Atahualpa zu schließen. Nachdem er und seine Männer ein paar Tage die Gastfreundschaft der Bewohner genossen und sich von der langen Reise erholt hatten, sandte Pizarro einen Boten zu Atahualpa und bat ihn um ein freundschaftliches Zusammentreffen. Atahualpa war begierig, mehr über die eigenartigen Fremden, die übers weite Meer gekommen waren, zu erfahren. Gemeinsam mit seinem Heer folgte er der Einladung, vertraute auf die *Wir-kommen-in-Frieden-und-aller-Freundschaft*-Ansage und kam aus Respekt vorm Gast unbewaffnet. Kaum hatten Atahualpa und sein Heer das Tor betreten, schnappte die Falle zu. Die ahnungslosen Inkas wurden regelrecht abgemetzelt. Historiker schätzen, dass in dieser Schlacht innerhalb von einer halben Stunde über 4.000 Inkas von dem kleinen spanischen Trupp, der mit Stahlwaffen und Schwarzpulver ausgerüstet war, getötet wurden. Atahualpa wurde gefangen genommen.

Da ist es. Ich bin überrascht, wie unscheinbar dieses geschichtsträchtige Gebäude am Hauptplatz ist. Es ist das einzige Gemäuer in Cajamarca aus der Blütezeit der Inka. Durch ein schmales hohes Holztor treten mein Sohn und ich ein, bezahlen den Eintritt und gehen weiter. Nach ein paar Metern befinden wir uns in einer Halle: der Ausgrabungsstätte der Kammer, in der Atahualpa von den gierigen Spaniern gefangen gehalten wurde. Was für ein Wahnsinnsgefühl! Genau an diesem Ort begann der Untergang der Inka, die nicht nur sehr bewandert in den Bereichen Architektur, Astronomie und Landwirtschaft waren, sondern ohne moderne Technologie und mit einfachen Mitteln auf 2.000 bis 3.000 Höhenmetern Städte und Zentren aus tonnenschweren Steinen mit einer derartigen Perfektion erbauten, dass Archäologen und Wissenschaftler noch heute vor unzähligen Rätseln stehen.

Hinten oben auf einer Mauer sehen mein Sohn und ich eine rote Linie. Sie ist sehr schmal, ihre Farbe ist verblasst, und dennoch ist sie ein erkennbares historisches Zeugnis eines Entführungsdramas mit der höchsten Summe an Lösegeld in der Weltgeschichte.

Atahualpa hatte in seinem Gefängnis den roten Strich knapp unter dem Gewölbe an die Wand gezeichnet. «Ich lasse dir diese Kammer bis zur Linie zweimal mit Silber und einmal mit Gold füllen, wenn du mich im Gegenzug freilässt». Pizarros Augen leuchteten beim Angebot des verzweifelten Königs, denn schließlich hatte er all die Strapazen und Gefahren auf sich genommen, um als wohlhabender Mann zurück in seine Heimat zu kehren.

Atahualpa befahl seinen Gefolgsleuten, aus dem ganzen Reich Silber und Gold nach Cajamarca zu bringen, was mehrere Wochen dauerte. Der Großteil des glänzenden Edelmetalls kam aus dem über 2.000 Kilometer entfernten Cusco im Süden des heutigen Perus. Auf dem Rücken von Lamas wurden schätzungsweise 18 Tonnen Silber und Gold zu den spanischen Eindringlingen gebracht.

Pizarro und seine Männer konnten den Anblick des funkelnden Silbers und Goldes kaum fassen. Atahualpa hatte also Wort gehalten. Pizarro allerdings dachte nicht dran, sich ebenfalls an sein Versprechen zu halten. Er ließ unverzüglich an der Stelle, wo sich heute der Brunnen auf dem Hauptplatz, *Plaza de Armas,* befindet, den Inka-König öffentlich durch eine Würgeschraube hinrichten.

Mit dem Tod Atahualpas brach das einst mächtige Inkareich kläglich zusammen und wurde für knapp 300 Jahre zu einer Kolonie der spanischen Krone – bis Peru durch den unbändigen Mut von Freiheitskämpfern im Jahr 1821 seine Unabhängigkeit erlangte.

Während mein Sohn gemeinsam mit anderen Kindern auf dem Plaza de Armas Tauben jagt, sitze ich auf einer Bank mit direktem Blick auf den Brunnen, wo sich einst die Hinrichtungsstätte Atahualpas befand. Ich beobachte, wie ein junges Pärchen eng aneinandergeschmiegt auf dem Handy *PokéMon Go* spielt. Eine Gruppe von Nonnen schreitet über den Platz. Ein Popcornverkäufer preist laut seine süßen Maiskörner an. Von Weitem sehe ich, wie ein Mann äußerst zielsicher und in schnellem Tempo auf mich zukommt. Die letzten Schritte bewältigt er sogar in Laufgeschwindigkeit. Er setzt sich auf meine Bank und fragt mich: «*¿De donde eres?* Wo kommst du her?».

«*Soy de Alemania.* Ich komme aus Deutschland», antworte ich ihm und beobachte, wie sein Gesicht zu strahlen anfängt.

«Pizarro, Pizaro!», ruft er freudig aus.

Ich bin total irritiert. Meint er tatsächlich den blutrünstigen, habgierigen Francisco Pizarro? Vehement und etwas entrüstet fange ich an, zu protestieren und erkläre ihm, dass ich nicht aus Spanien, sondern aus Deutschland komme.

«*Sí, sí.* Claudio Pizarro. *Fútbol.* Bayern München. *Alemania*», sagt er voller Stolz. Dabei funkeln seine Augen so dermaßen, als er von dem peruanischen Fußballstar schwärmt, der in der Bundesliga weit über 200 Tore geschossen hat.

14. Kapitel

In der Stadt der Wolkenmenschen

‹Chachapoya, Chachapoya, Chachapoya›, summe ich stumm vor mich hin. Das fremdartige Wort klingt melodisch in meinen Ohren. In meinen Gedanken ertönt aus dem Hintergrund ein kleines Ensemble mit Instrumenten aus den Anden: Panflöte, Bambussaxophon, Trommeln, Rasseln. Der Rhythmus wird immer schneller. ‹Chachapoya, Chachapoya, Chachapoya›. Eine Gitarre stimmt ins Lied mit ein. ‹*Ay*, Chachapoya, Chachapoya, Chachapoya›. Das Tempo zieht an. Gerade verspüre ich den großen Drang zu tanzen, als ich wieder in die Realität zurückgeholt werde. Ins Hier und Jetzt. Die Gondel der Seilbahn nähert sich. Die wohlklingenden Instrumente verstummen. Die Tür geht auf, mein Sohn und ich steigen ein. Eine peruanische Familie nimmt ebenfalls Platz, und schon setzt sich die Gondel in Bewegung.

In meinen Gedanken klammere ich mich wieder an das fremdartige Wort, das beruhigend auf mich wirkt; fast schon wie ein Mantra. Chachapoya. So wurde einst eine wilde Nebelwaldzivilisation genannt, die hier auf einem Bergrücken auf 3.000 Höhenmetern vor über 1.200 Jahren herrschte, sehr lange bevor die Inka kamen. Ihr wichtigstes Zentrum war die Festung Kuélap, etwa 70 Kilometer von der heutigen Kolonialstadt Chachapoyas entfernt.

«Mama, hast du Angst?», fragt mich mein Sohn in einem belustigten Ton. Mein beruhigendes Mantra ist verschwunden. Auf luftiger Höhe hat es sich einfach in Luft aufgelöst. Dafür ist meine Höhenangst wieder da. Sie meldet sich ganz laut: ‹Noch ein paar Meter und dann schweben wir über einem dramatischen Abgrund›. Mein Verstand versucht, ihr etwas Empirisches entgegenzusetzen, verliert jedoch den Kampf.

Ich schließe die Augen, doch dann öffne ich sie blitzschnell wieder, denn schließlich möchte ich diese phänomenale Bergnebelwald-Landschaft auch wieder nicht verpassen. Die peruanische Familie sitzt gegenüber von uns. So wie ich aus Gesprächsfetzen mitbekomme, besteht sie aus der Tochter, ihren Eltern und einer Tante. Die Mutter scheint ebenfalls große Angst zu haben. Auf paradoxe Weise beruhigt mich das ein wenig. Frei nach dem Motto *zusammen hat man weniger Angst.* Klingt für mich zwar nicht besonders logisch, aber bei Höhenangst geht es ja auch nicht um Rationalität, sondern vielmehr darum, sich abzulenken. Ich hole mein Handy hervor und mache zig Fotos und Videos vom Abgrund. Das hilft tatsächlich. Sobald ich die schwindelerregenden Bergabhänge und tiefliegenden Täler durchs Display beobachte, bin ich wesentlich ruhiger.

«Mama, hast du jetzt Angst?», fragt mein Sohn erneut. Er lacht dabei und schaut in die Tiefe. Ich verfluche den Zeitpunkt, an dem ich meinem Kind von meiner Höhenangst erzählt habe. Ich hätte sie definitiv für mich behalten sollen. Anstatt ihm zu antworten, versuche ich, mich auf den wunderschönen Ausblick zu konzentrieren: Berge in den unterschiedlichsten Grün- und Brauntönen ziehen an uns vorbei. An ihnen schlängeln sich schmale Pfade entlang, die zu einsamen kleinen Hütten führen. Unter uns fließt der imposante Fluss Utcubamba. Die Wolken vor mir scheinen so nah zu sein, dass es mir vorkommt, dass ich nur die Hand ausstrecken müsste, um nach ihnen zu greifen.

«*Mamíta*, ein paar Wochen, nachdem die Seilbahn im Jahr 2017 eingeweiht worden war, wurde ein Stahlträger vom Blitz getroffen», erzählt die Tochter ihrer verängstigten Mutter. Ähnlich wie man bei einem Unfall nicht hinsehen möchte, es dann aber doch tut, will ich gerade nicht hinhören, lausche aber trotzdem ihren Worten, die bei mir Schnappatmung verursachen.

«Die Seilbahn wurde angehalten. Die Passagiere mussten mehrere Stunden ausharren, bis sie von einem Helikopter evakuiert wurden. Es hatte noch dazu angefangen, in Strömen zu regnen ...» Obwohl mir die junge Peruanerin sehr sympathisch vorkommt, frage ich mich ernsthaft, aus welchem Grund sie ihrer Mutter diese

Bergungsgeschichte auf fast 3.000 Metern mit Abgründen, die schätzungsweise hundert, zweihundert Meter tief sind, erzählt. Hat sie die Rolle des bestinformierten Reiseguides übernommen? Oder agieren einige Kinder ihren Eltern gegenüber in gewissen Momenten so? Einfach, weil sie es lustig finden?

«Mama, die Seilbahn ist so megacool«, ruft mein Sohn hocherfreut aus. «Und sie schaukelt so schön im Wind».

Nach 20 Minuten, vier Kilometern und knapp 700 überwundenen Höhenmetern ist die Fahrt auch schon wieder vorbei, und ich bin heilfroh, dass wir nicht vom Helikopter evakuiert werden mussten.

An der Kasse verabschiede ich mich von der sympathischen Familie. Im Gesicht der Mama lese ich, dass sie mindestens genauso froh wie ich ist, wieder festen Boden unter den Füßen zu spüren.

Bis zum Eingang von Kuélap, einer präkolumbischen Ruinenstadt der Chachapoya, sind es noch zirka zwei Kilometer steil hinauf. Da ich meine Kräfte einteilen möchte, weil ich die wohlwollende Befürchtung habe, dass ich meinen Sohn irgendwann durch die Stadt der Wolkenmenschen tragen muss, gönne ich ihm und mir den Luxus, dass er hochreiten darf. Außerdem liebt er das Reiten.

Eine indigene Frau, die kaum Spanisch spricht, setzt ihn auf einen provisorischen Sattel auf den Rücken des Pferdes und knotet ihn mithilfe eines Tuches fest. Dann erklärt sie mir mit Händen und Füßen, dass die beiden einen anderen Weg gehen werden, den ich als Fußgänger nicht nehmen darf, dass sich aber kurz vorm Eingang unsere Wege wieder kreuzen werden. Kaum hat sie mir das vermittelt, schreitet das von ihr geführte Pferd bereits vorwärts. Ich schaue noch kurz zu, wie mein Kind hin- und herschaukelnd auf einem matschigen Pfad im Bergnebelwald verschwindet, und gebe dann ordentlich Hackengas, da ich davon ausgehe, dass der aufgeweichte Trampelpfad wesentlich kürzer ist und ich meinen Sohn nicht lange warten lassen möchte.

In ambitioniertem Tempo steige ich eine Stufe nach der anderen hinauf und nehme dennoch das Panorama um mich herum wahr, das atemberaubend ist. Die gestaffelten Berge und Schluchten, die bis zum Horizont reichen. Weit hinten sehe ich die Seilbahn. Die Gondel wirkt wie ein kleiner Spielzeugkasten, der sich an dünnen Drähten seinen ungestümen Weg am steil abfallenden Abgrund bahnt. An den Berghängen sehe ich einfache Hütten. Ich frage mich, wie die Menschen es in dieser rauen Landschaft schaffen zu überleben? In völliger Abgeschiedenheit, weit entfernt von der Zivilisation – überwiegend als Selbstversorger.

Der Weg ist von Zedernhölzern, Farnbäumen und vielzähligen Pflanzenarten gesäumt. Nach der nächsten Biegung erreiche ich den Eingang. Kurz danach erblicke ich den Blondschopf meines Kindes, der hinter den Baumbüschen durchscheint. Es ist mir ein Rätsel, wie ich es tatsächlich geschafft habe, ein paar Sekunden vor meinem Sohn am vereinbarten Ort anzukommen. Das Timing einer Mutter scheint wundersamen Gesetzen zu folgen …

Kuélap wirkt wie ein verwunschener Ort, über den die Wolken tanzen. Vor der bemoosten Mauer grasen Lamas. Blutrote Bromelien-Blüten hängen wie farbenfrohe Vorhänge in den Bäumen und verleihen der monotonen Landschaft eine pittoreske Anmutung. Ein Huhn kreuzt mit seinen Küken unseren Weg. Die Vogelmutter hat Probleme, ihren Nachwuchs, der in die unterschiedlichsten Himmelsrichtungen läuft, beisammenzuhalten.

Ein sehr schmaler Eingang führt in die ehemalige Stadt der Chachapoya, die hier ab 800 nach Christus bis zur Eroberung durch die Inka im Jahr 1475 residierten. Ihre kreisrunden Steinhäuser, die sich auf drei Ebenen befinden, sind heute bis auf die Grundmauern zerfallen. Mein Sohn und ich laufen entlang der Überreste einer mächtigen Stadt, die einst aus über 300 Häusern und einem hohen Tempel bestanden hatte. Wissenschaftler gehen davon aus, dass hier mal über 2.000 Menschen gelebt haben.

An der nächsten Ruine müssen wir Halt machen. Mein Sohn ist müde und will in die Trage. Kaum habe ich ihn sicher am Rücken angeschnallt, sind seine Augen auch schon zugefallen. Obwohl der Rundgang mit einem schlafenden Kind auf 3.000 Höhenmetern mir kräftemäßig einiges abverlangt, habe ich jetzt deutlich mehr Ruhe, die monumentale Steinfestung im Detail zu bestaunen.

An den präkolumbischen Gemäuern, die deutlich älter als das weltberühmte Machu Picchu sind, erkenne ich unterschiedliche Verzierungen: Rauten, Zickzackmuster, Augen eines Tieres ... ich gehe weiter. Vor mir ist eine peruanische Gruppe, Ausländer habe ich bis jetzt keine gesehen. Unauffällig stelle ich mich neben die Reiseleiterin und lausche aufmerksam ihrem Diskurs über die Chachapoya.

«Die Chachapoya wurden von den Inka auch Wolkenmenschen oder Wolkenkrieger genannt. Der Begriff *Chachapoya* kommt aus der indigenen Sprache Quechua und bedeutet soviel wie *Menschen, die hoch oben abgeschieden im Bergnebelwald leben*. Über die Chachapoya wissen die Archäologen relativ wenig, da es nur spärliche Überlieferungen gibt. Deswegen gehören sie zur Kultur, die in Südamerika am wenigsten erforscht ist. Was die Archäologen mit großer Sicherheit sagen können, ist, dass die Chachapoya rund 600 vor Christus bis Anfang des 16. Jahrhunderts gelebt haben. Diese Daten haben Wissenschaftler aus konserviertem Mais bestimmen können, den sie hier in Kuélap gefunden haben. Allerdings wissen Forscher nicht genau, woher die Chachapoya kommen. Viele stammen aus dieser Region im nördlichen Peru, aber in Kuélap wurden auch Gebeine des Andenvolkes Aymará gefunden, die vom Titicacasee abstammen, etwa 2.600 Kilometer von hier entfernt. Fakt ist also, dass die Chachapoya keine einheitliche Ethnie waren, sondern aus unterschiedlichen Völkern bestanden. Es gibt sogar Theorien, dass sich hier in Kuélap sowohl Kelten als auch Portugiesen aus dem fernen Europa niedergelassen haben sollen – und zwar lange bevor Christoph Kolumbus offiziell Amerika entdeckt hatte».

Ich staune nicht schlecht und bin total fasziniert von den Wolkenmenschen, von denen ich trotz meines Studiums der Lateinamerikawissenschaft mit Schwerpunkt Geschichte und Altamerikanistik zuvor noch nie etwas gehört habe. Ich setze meinen Rundgang fort. Immer wieder winken mir einige Peruaner zu und rufen lachend: «*El niño está durmiendo*. Das Kind ist am Schlafen». Aus ihren amüsierten

Gesichtern schließe ich, dass es für sie ein sehr belustigender Anblick sein muss, wie ich meinen großen Jungen, der fast 1,20 Meter groß ist und über 20 Kilo wiegt, auf dem Rücken trage.

Ich erreiche den höchsten Punkt, wo sich ein runder Wehrturm befindet. Ich genieße den Ausblick und stelle mir vor, wie die Chachapoya vor vielen Jahrhunderten – als in Europa noch das tiefste Mittelalter herrschte – genau an diesem Punkt gestanden und ebenfalls auf die umliegenden Berge geblickt haben. Die peruanische Gruppe mit der geschichtsbegeisterten Reiseleiterin kommt ebenfalls, und ich nutze die Gelegenheit, noch mehr spannendes Wissen von ihr zu erfahren.

«In diesem Wehrturm hat man über 2.000 Geschosse für Steinschleudern gefunden, mit denen sich die Chachapoya womöglich gegen Eindringlinge zur Wehr gesetzt haben. Wenn ihr auf die andere Seite schaut, seht ihr einen seltsamen Rundturm, der wegen seiner flaschenartigen Form *Tintero*, Tintenfass, genannt wird. Forscher gehen davon aus, dass es genau hier, wo wir gerade stehen, eine rituelle Opferstätte gegeben hat, denn auf dem Grund des Tinteros wurden zahlreiche Knochen von Pumas, Schlangen und sogar Menschen gefunden».

Die ersten Regentropfen prasseln nieder. Mit einem freundlichen Kopfnicken verabschiede ich mich von der enthusiastischen Reiseleiterin und beende meinen Rundgang durch die Stadt der Wolkenmenschen. Gerade als ich bei der Seilbahn ankomme, fängt es an, wie aus Kübeln zu gießen. Deswegen suche ich Zuflucht in einem nahgelegenen Café. Ich lege meinen schlafenden Sohn behutsam auf einer Bank ab und bestelle mir einen heißen Kakao. Zuhause trinke ich ja nie Schokolade, aber dieses Heißgetränk aus peruanischen Kakaobohnen ist einfach die Wucht, sodass ich gleich noch eine zweite bestelle.

Während ich genüsslich an dem belebenden Getränk, welches sofort die Kälte und Müdigkeit aus meinem Körper vertreibt, nippe, lese ich in meinem Reiseführer noch ein wenig über die Chachapoya. So erfahre ich, dass in dieser Region im 19. Jahrhundert von

Grabräubern durch Zufall ein Mausoleum mit Mumien gefunden wurde. Die Haut der Toten hing wie Leder über Arme und Beine, sie saßen in Embryohaltung mit angewinkelten Beinen, ihre Hände waren vor ihren Gesichtern angebunden und die Münder weit aufgerissen, als ob sie einen furchterregenden Schrei ausstießen. Diese Mumien wurden später nach Europa zur Weltausstellung gebracht. Und der Kunsthistoriker Robert Rosenblum stellte die These auf, dass der norwegische Maler Edward Munch sich von ihrem angsteinflößenden Anblick zum weltberühmten Gemälde «Der Schrei» hat inspirieren lassen.

Ich klappe meinen dicken Reiseführer zu, hole mein Handy hervor und suche nach Bildern von den Chachapoya-Mumien, die ich mit dem weltberühmten Bild, das viele Jahre an der Haustür meiner Studentenwohnung hing, vergleiche. Eindeutig! Dieses eingefallene, abgemagerte Gesicht, das irgendwie nicht menschlich aussieht. Die ungewöhnliche Haltung der Hände und dann dieser stumme furchterregende Schrei, der dem Betrachter durch Mark und Knochen geht.

«Mama, hast du Angst?», fragt mich mein Sohn auf dem Rückweg in der Seilbahn erneut. Diesmal sitzen wir alleine in der Gondel. Beim Blick in die Tiefe ist mir zwar ganz schön mulmig zumute, aber komischerweise habe ich keine Angst mehr. Ich frage mich, wie das sein kann. Vielleicht liegt es daran, dass meine Gedanken immer noch um die sagenumwobenen Wolkenmenschen kreisen, die hier in der weiten Abgeschiedenheit mal gewohnt haben, und deren Nachfahren Anfang des 16. Jahrhunderts komplett ausstarben, da ihr Immunsystem offenbar die durch die europäischen Seefahrer eingeschleppten Kinderkrankheiten wie Masern und Pocken nicht verkraftete.

Während ich den imposanten Flusslauf des Utcubambas verfolge, summe ich wieder «Chachapoya, Chachapoya, Chachapoya» vor mich hin. Und stelle mir vor, wie Panflöte, Bambussaxophon, Trommeln, Rasseln und Gitarren den Rhythmus angeben. Immer schneller und schneller. «*Ay*, Chachapoya, Chachapoya, Chachapoya».

15. Kapitel

Die blonde Sirene

Da ist er. Aus der Ferne sieht er gar nicht so gewaltig aus, eher wie ein langgezogenes Wasserrinnsal eingeklemmt zwischen den Bergwänden. Kaum zu glauben, dass dort mehrere Millionen Liter Wasser jede einzelne Sekunde in die Tiefe stürzen.

«Wollt ihr gleich runterwandern?», fragt mich der Motorradtaxi-Fahrer, der uns an der Hauptstraße aufgelesen und in den Ort Cochachimba gebracht hat. Ich bin mir nicht sicher, mein Körper ist müde, und meine Kondition ist im *Null-Bock-Modus.* Doch dann rufe ich mir in Erinnerung, dass wir uns gerade in der Nähe des drittgrößten Wasserfalls der Welt befinden. Der Wasserfall Gocta mit seinen 771 Metern Fallhöhe ist *nur* noch eine zwei- bis dreistündige Wanderung entfernt. Zugegeben, das «*Nur*» fühlt sich in meinem Gedankengang gerade etwas deplatziert an. Also starte ich einen erneuten Versuch, mich selber zu motivieren: ‹Bist du verrückt? Dieses gigantische Naturspektakel zu verpassen, nur, weil du dich nicht fühlst? Weil du deinen Sohn voraussichtlich tragen musst? Beweg jetzt deinen Arsch nach unten. SOFORT!›

«Ja, klar wollen wir runter», antworte ich dem Fahrer in einer euphorischen Stimmlage, die in meinen Ohren viel zu übertrieben klingt. Wir fahren also wieder ein paar hundert Meter zurück in den Ortskern von Cochachimba, wo ich uns im Gemeindehaus registrieren und eine Eintrittsgebühr bezahlen muss. Auf dem Weg dorthin erzählt mir der Fahrer, dass man ungefähr die Hälfte der Strecke mit einem Pferd zurücklegen kann. Ein Lichtblick! Meine Motivation meldet sich zurück. Mache ich! Auf jeden Fall! Egal, was es kostet!!! Doch als ich im Dorf versuche, ein Pferd zu bekommen, verabschiedet sich der Anflug von Enthusiasmus auch wieder. Nichts zu machen, heute ist Sonntag, da wollen die meisten Pferdebesitzer nicht arbeiten. Und diejenigen, die trotz Ruhetag Geld verdienen wollen, sind schon unterwegs.

«Kennst du nicht noch jemanden? Einen Cousin? Oder einen Freund von einem Freund? Wir brauchen auch nur ein Pferd für mein Kind. Ich werde laufen», sage ich ziemlich verzweifelt zur jungen Frau, die in Cochachimba fürs Zuteilen der Pferde zuständig ist. Sie blickt rüber zu meinem Sohn, dann wieder zu mir, greift zu ihrem Handy, und beim dritten Versuch habe ich tatsächlich Glück.

«*Ahorita. Ya viene*».

Mir fällt ein wahrer Steinbrocken vom Herzen. ‹Jetzt steht der Wanderung zum Fuß des Wasserfalls nichts mehr im Wege›, denke ich erleichtert – und ahne nicht, wie sehr ich gleich an meine Grenzen kommen werde.

Die Existenz des Wasserfalls Gocta nördlich der Stadt Chachapoyas in den östlichen Anden wurde von den Bewohnern lange geheim gehalten. *Warum?* Weil sie ihn fürchteten. Das war der Grund, warum noch vor einigen Jahren der Wasserfall in keiner Karte eingezeichnet war.

Im Jahre 2002 entdeckte Stefan Ziemendorff, Entwicklungshelfer und Experte für die Chachapoya-Mumien, durch Zufall das außergewöhnliche Naturphänomen. Bei einem Streifzug durch das unwegsame Naturreservat erblickte der Deutsche ganz unerwartet gigantische Wassermassen, die mit einer gewaltigen Wucht in eine unsagbare Tiefe stürzten. Dieser Anblick ließ Ziemendorff nicht los, sodass er vier Jahre später zurück in den Norden Perus kehrte, um den Wasserfall zu vermessen. Doch im Dorf fand der Forscher zuerst keine Männer, die ihn bei seiner Expedition begleiten wollten, da die Bewohner Todesangst vor der blonden Sirene hatten.

Denn einer Legende zufolge wohnt in den Gewässern, wo das fallende Wasser aufprallt, eine wunderschöne Sirene mit üppigem Busen, schmaler Taille und blonden Haaren, die in der Sonne wie Gold funkeln. Man erzählt sich, dass schon etliche Männer von ihrem Anblick sofort verzaubert waren. Die blonde Sirene versprach ihnen, den Schatz, den sie gemeinsam mit einer Riesenschlange auf dem Grund hütete, zu zeigen. Völlig willenlos wie in Trance folgten die Jünglinge dem blonden Weib in die Tiefen des Wasserfalls – und wurden von ihren Familien nie wieder gesehen.

Doch Ziemendorff wollte sich von der Sirenen-Sage nicht abhalten lassen, da er ahnte, dass dieser unentdeckte, geheime Wasserfall in den Ausläufern der Anden, die in den Amazonas übergehen, zu den höchsten der Welt gehört. Und er sollte recht behalten. Zwar sind die Kriterien für die Berechnung eines Wasserfalls umstritten, da sich Experten nicht einig sind, ob die tatsächliche Höhe oder die Länge des freien Falls des Wassers ausschlaggebend sind. Doch Ziemendorffs Vermessungen zufolge ist der zweistufige Wasserfall Gocta mit seinen freifallenden 771 Metern der dritthöchste auf der ganzen Welt. Nur die Tugela Falls mit 948 Metern in Südafrika und der Salto Ángel, 972 Meter, in Venezuela sind höher.

Der Pferdeführer ist jung und schüchtern und fühlt sich für mich dennoch wie mein großer Lebensretter an. Denn ich bin mir sicher, dass ich die heutige Wanderung ohne ein Pferd nicht schaffen würde. Nachdem er meinen Sohn sicher im Sattel angeschnallt hat, fragt er mich etwas verlegen, woher wir kommen.

«*Alemania*».

«*¿Alemania?* Pizarro», sagt er mit einem freudigen Gesichtsausdruck.

«*Sí, sí,* Claudio Pizarro, Bayern München», antworte ich ihm ganz souverän, denn mittlerweile bin auch ich mit dem peruanischen Fußballgott bestens vertraut.

Doch nach ein paar Minuten vergeht mir die Souveränität. Ich bin am Hecheln und Schnauben und kann kaum Schritt halten mit dem Pferdeführer. Obwohl wir uns auf dem Weg hinunter zum Fuße des Wasserfalls befinden, geht es permanent auf und ab. Auf und ab … Die Steigung wird immer steiler. Und je weiter wir uns nach unten fortbewegen, desto heißer und drückender wird es. Die kühle Bergluft wird schlagartig vom schwülen Amazonasklima abgelöst. Ich ziehe meine Regenjacke aus und wenig später auch den

Kapuzenpullover. Obwohl ich jetzt schon bereits am Ende meiner Tageskräfte bin, spornt mich der Anblick des noch weit entfernten Wasser-Giganten an weiterzugehen. Also konzentriere ich mich auf den nächsten Schritt. Und den nächsten.

Nach gut drei Kilometern ist Schluss. Der junge Pizarro-Fan setzt meinen Sohn vom Pferd ab, sagt, dass wir den Rest zu Fuß gehen müssen und er hier auf uns warten wird. Ich kann nicht mehr und am liebsten würde ich mit ihm auf immer und ewig genau an dieser Stelle sitzen bleiben wollen; doch Sitzenbleiben ist auch keine Option. Also nehme ich einen großen Schluck aus meiner Wasserflasche, fasse die Hand meines kleinen Weltenbummlers und laufe einfach los.

Doch kurze Zeit später ist das romantische *Mama-und-Kind-Hand-in-Hand-durch-die-wilde-Natur-Gehen* auch schon wieder vorbei. Mein Sohn möchte in die Trage. Jetzt bin ich mir absolut sicher, dass wir es nicht mehr zum Gocta Wasserfall schaffen werden. ‹Egal, wie imposant er auch sein mag, meine Kräfte reichen heute nicht für uns zwei aus›, denke ich und gehe trotzdem weiter. In einer verborgenen Faser in meinem hundemüden Körper verspüre ich nämlich einen klitzekleinen Funken Willen, der an die Oberfläche möchte. Als ob man einen nassen Schwamm mehrmals auswringt, sich sicher ist, dass jetzt kein Wasser mehr übrigbleibt und beim nächsten Ausdrücken doch noch ein Tropfen zum Vorschein kommt. Noch einer und noch einer … und man sich wundert, woher diese noch kommen.

In meinem Hinterkopf kreist immerzu der Gedanke: ‹Du kannst abbrechen. Es ist okay. Es ist völlig okay›. Doch meine Neugier gepaart mit Unrast spornen mich an. Als ob sie mir zurufen würden: ‹Komm schon. Nur noch einen weiteren Blick auf die imposanten Wassermassen werfen, danach kannst du umkehren – oder einfach weitergehen›.

Ein gutgelaunter Peruaner im Rentenalter in Flipflops kommt mir schnellen Schrittes entgegen. Ich stütze meine Hände in der Hüfte ab, was mir für einen kurzen Moment etwas Erleichterung verschafft, schnaube einmal tief ein und aus und frage, wie lange es noch zum Wasserfall wäre.

«Höchstens zehn Minuten. Du hast es fast geschafft», ruft er mir mit einem breiten Grinsen im zügigen Vorbeigehen zu und verschwindet schon wieder hinterm Busch.

‹Zehn Minuten? Kann das tatsächlich sein?›, frage ich mich skeptisch. Zwar habe ich gerade jegliches Zeitgefühl verloren, dennoch bin ich davon ausgegangen, dass ich noch weitaus länger laufen müsste. Wie auch immer, meine Entscheidung, den Lauf der tosenden Wassermengen von unten zu sehen, ist gefallen.

Zugegeben, auf meiner weiteren Wanderung verfluche ich mehrmals diese Entscheidung. Denn egal wen ich frage, jeder antwortet etwas Anderes. Als ob eine Zeitdauer nicht festgelegt wäre in exakt getakteten Einheiten, die rund um den Globus allgemeine Gültigkeit besitzen, sondern viel mehr, als ob die Angaben eher willkürlich und ohne großartige Bedeutung gemacht würden.

«Noch 40 Minuten.»

«25 Minuten.»

«Fünf Minuten.»

«Puh, mindestens noch 45 Minuten.»

Obwohl ich meine eigene Komfortzone schon um Meilen überschritten habe, mache ich mir mittlerweile einen Spaß daraus, die Peruaner, die ambitioniert ihr eigenes Land entdecken, zu befragen. Vielleicht ähnelt meine ständige Fragerei einem gewissen Grad an Galgenhumor, der mich erfolgreich vom Gedanken ablenkt, dass ich gleich zusammenbrechen werde, und der aus mir den besagten Wassertropfen auswringt.

Ich biege um die Ecke und höre plötzlich ein wildes Rauschen. Nebelschwaden schwängern die Luft. Kühle, erfrischende Tröpfchen benetzen meine Haut. Durch die verflochtenen Baumäste sehe ich den Wasserfall. Fast schon wie in Zeitlupe bewegt er seine Wassermassen entlang der Felswand, und ich bekomme eine leise Ahnung davon, welche gigantische Naturkraft vonnöten ist, um die mehreren Millionen Liter Wasser sekündlich in die Tiefe stürzen zu lassen.

Jetzt wird auch mein Sohn neugierig. Er möchte aus der Trage und läuft los. Je näher wir dem Wasserfall kommen, desto berauschender wirkt er. Obwohl die Geräuschkulisse um uns herum immer ohrenbetäubender wird, übt der Fall des Wassers eine extrem beruhigende Wirkung aus. Ganz ehrfürchtig blicken wir an der nächsten Ecke hinunter. Es fehlen nur noch ein paar hundert Meter. Die Menschen, die am Fuß des Wasserfalls stehen, sehen winzig klein aus, wie kleine Miniaturfiguren, die im nächsten Atemzug einfach weggepustet werden.

Meinem Sohn scheint der Wasserfall unheimlich zu sein. Er möchte nicht hinunter. Kurz überlege ich, ob es nicht unverantwortlich von mir ist, ihn für ein paar Minuten hier alleine sitzen zu lassen. Ich blicke mich um, checke die Umgebung, dann setze ich ihn auf einen großen Stein, hole Essen, Trinken und ein Buch aus meinem Rucksack heraus und trage ihm eindringlich auf, dass er sich keinen Zentimeter von der Stelle bewegt.

«Kann ich mich auf dich verlassen?»

«Ja, Mama.»

Ich laufe los. Immer weiter dem Tosen entgegen. Die Menschen, die mir entgegenkommen, sind pitschenass. Ich ziehe meine Regenjacke über und binde die Gummibänder an meiner Kapuze ganz fest zu. Als ich die matschigen Steinstufen hinuntersteige, peitscht mir ein aufbrausender Wind ins Gesicht. Mit voller Wucht. Wenn ich es nicht besser wüsste, würde ich denken, dass ich mich mitten in einem heftigen Orkan befinde, der mich mit Leichtigkeit jeden Moment wie einen Spielball durch die Lüfte wirbeln kann. Binnen ein paar Sekunden bin ich von Kopf bis Fuß nass. Ich spüre die Wassertropfen in meinem Gesicht, die sich wie Peitschenhiebe anfühlen. Ich gehe näher auf den Wasserriesen zu. Bleibe an einem kleinen Felsvorsprung stehen und blicke hinunter, direkt ins aufprallende Wasser, das sofort wieder durch die Luft gepeitscht wird. Ich nehme eine enorme Kraft wahr. Einen geheimnisvollen Sog, der schon fast etwas Übernatürliches hat. Als ob er einen in seine unergründliche Tiefe ziehen möchte – auf dessen Grund womöglich mystische Kreaturen ihr Unwesen treiben.

Tarapoto

16. Kapitel

Taumelnd

Auf Reisen gibt es Momente, in denen wir folgenschwere Entscheidungen treffen. Die uns ordentlich ins Wanken bringen und den Fortlauf unseres Trips mächtig gefährden.

Argwöhnisch betrachte ich das Zimmer. Die Ausstattung ist okay. Das Bett sieht sogar extrem gemütlich aus. Doch eine Sache stört mich total: das kleine Fenster auf den Gang hinaus, durch das nur spärliches Tageslicht einfällt. Normalerweise sehe ich über solche Mängel großzügig hinweg und rücke andere Aspekte in den Vordergrund. Das Hotel ist definitiv sauber, der Pool auf dem Dach ist ein kleiner Traum mitten im Amazonas, die Lage ist gut, der Preis stimmt, das Personal ist hilfsbereit … Doch heute habe ich nur Augen für das kleine Gangfenster.

«Das Zimmer ist zu dunkel. Und außerdem kommt kaum Sauerstoff rein», sage ich naserümpfend zum Rezeptionisten.

«In unserem Hotel sind alle Zimmer so. Daher kann ich dir leider kein anderes anbieten», antwortet er äußerst höflich. Ich spüre, dass ich in Meckerlaune bin. Vielleicht liegt es an der achtstündigen Busfahrt aus den Bergen in den Amazonas, die mich ganz schön geschafft hat. Oder weil mir gerade die tropische Hitze zusetzt. Wie auch immer, ich möchte in diesem Zimmer auf keinen Fall bleiben.

Ich lasse mir ein Motorradtaxi rufen und frage den Fahrer, ob er in der Nähe eine nette Unterkunft mit Pool kennt. «*Claro, que sí*», antwortet er freudestrahlend und dreht enthusiastisch den Schlüssel im

Zündschloss. Mir ist durchaus bewusst, dass Taxifahrer Touristen ohne eine Zimmerbuchung am liebsten mögen, da sie in der Regel von den Besitzern eine kleine Provision erhalten, und verdränge dabei, dass diese Unterkünfte keineswegs eine Herzensempfehlung sein müssen.

Im Hotel angekommen, hat sich meine Meckerlaune wieder verflüchtigt, und mein pragmatisches Auswahlverfahren – welches zugegeben gerade ein wenig benebelt ist – meldet sich zurück. Das Hotel ist zentrumsnah und besitzt einen Pool. Ins Zimmer blicke ich nur ganz kurz rein und stelle wohlwollend fest, dass es eine Klimaanlage hat. Komischerweise verdränge ich, dass an der Treppe das Geländer fehlt und das ganze Haus eher marode und nicht besonders einladend wirkt.

«Wir bleiben erstmal drei Tage», sage ich der Mitarbeiterin unten am Eingang, bezahle im Voraus und verabschiede mich vom Motorradfahrer, der mir noch großzügig seine Hilfe anbietet, beim Tragen meines Gepäcks zu helfen.

«*Muchas gracias. Muy amable.* Aber ich bin das Schleppen gewohnt», antworte ich in einem äußerst resoluten Ton, als ob ich ihm gerade beweisen möchte, wie stark und unabhängig ich bin – und schwinge dabei meinen Rucksack mit einer übertriebenen dynamischen Bewegung auf den Rücken.

Und dann kommt der Moment, der mir zum Verhängnis werden soll. Vollbepackt und mit schwerfälligen Schritten schleppe ich mich zwei Stockwerke hinauf. Mein Sohn ist direkt hinter mir. Es fehlen nur noch fünf Meter bis zu unserem Zimmer. Ich stelle mir vor, wie ich gleich meine verschwitzten Klamotten ausziehe und mich im Pool erfrische. Ich mache einen ambitionierten Schritt und übersehe dabei drei brüchige Stufen. Ich taumle, versuche, irgendwie den Tritt ins Leere auszugleichen, doch mein schweres Gepäck hindert mich dran. Im nächsten Moment liege ich bereits rücklings auf dem Boden. Ein stechender Schmerz durchströmt meinen Körper. Ich erinnere mich daran, dass ich mal gelesen habe, dass bei einer akuten Verletzung die Schmerzinformationen mit einer Geschwindigkeit von bis zu 110 Stundenkilometern über spezielle Nervenfasern durch den Körper bis zum Gehirn rasen. Ich stelle mir vor, wie das gerade passiert: Mein linker Knöchel sendet Signale an das Rückenmark und von dort weiter ans Gehirn, der Herzschlag erhöht sich, die Atmung wird schneller, und der Blutdruck steigt an. Schweißtropfen schießen aus meinen Poren. Meine Pupillen weiten sich. Die Informationen sind im Gehirn angekommen. Werden blitzschnell verarbeitet.

«Aua, aua, aaaua ...», schreie ich völlig unkontrolliert. Mein Sohn kommt angerannt und versucht, mir zu helfen. Doch ich kann mich nicht bewegen. Ich liege auf meinem Rucksack. Mein linkes Bein ist verdreht. Das Bild einer Schildkröte, die auf ihre Rückseite gefallen ist und sich aus eigener Kraft nicht mehr drehen kann, schießt mir durch den Kopf. Ich schreie weiter. Liege völlig bewegungslos auf den Stufen dieses maroden Hotels im Amazonas und denke unaufhörlich: ‹Das war's! Jetzt ist deine Reise vorbei›.

Wie lange ich da liege und heulende Schreie von mir gebe, weiß ich nicht; sicherlich vergehen nur wenige Sekunden, die mir aber wie eine Ewigkeit vorkommen. Aus den angrenzenden Zimmern kommen mehrere Peruaner zu mir herbeigeeilt. Ich nehme das ganze Gewusel wie in einem Film wahr, als ob ich die Szenerie als Außenstehende betrachten würde. Ich sehe, wie mir zwei Männer den Rucksack abnehmen und mich vorsichtig aufsetzen. Ein junger Mann streift mir behutsam meinen klobigen Wanderstiefel vom Fuß und zieht meine Socke aus. Die Männer betrachten meinen Knöchel und blicken sich gegenseitig an. Ihre Blicke verheißen nichts Gutes. Dann bewegt der junge Mann sanft meinen Fuß.

«Tut das weh?», fragt er mich. Da ist er wieder. Dieser tiefe bohrende Schmerz, der durch meinen Körper schießt. Jetzt nehme ich ihn wieder voll und ganz wahr. Mein Fuß tut verdammt, verdammt weh. Und ich weiß genau, was alle Beteiligten denken: Der Fuß ist gebrochen.

Eine Peruanerin kommt ebenfalls zur Hilfe geeilt und schreit hinunter zur Rezeption: «*Ayuda. Ayuda.* Hilfe. Hilfe. Hier ist eine Frau gestürzt. Kommt schnell». Doch es dauert sehr lange, bis jemand vom

Personal hochkommt. Jetzt wage ich selber einen Blick auf meinen Fuß. Sofort erkenne ich, dass sowohl mein Knöchel als auch Fuß mindestens um das Doppelte angeschwollen sind. Dunkles Rot schimmert alarmierend durch die Haut. Auf Anweisung versuche ich, meine Zehen zu bewegen. Zuerst gelingt es mir nicht. Doch als ich mich fokussiere, sehe ich, wie sich mein Fuß ein wenig bewegt. ‹Er ist also nicht gebrochen›, denke ich etwas erleichtert. Doch wie soll jetzt meine Reise weitergehen?

Die Peruanerin, die gerade extrem laut durch die ganze Hotelanlage geschrien hat, legt mir in einem Tuch eingewickelte Eiswürfel auf den Fuß. Das kühlende Nass lindert ein wenig den brennenden Schmerz. Dann heben mich mehrere Männer mit vereinten Kräften auf. Sie stützen mich, da ich nicht auftreten kann. Humpelnd bringen sie mich in unser Zimmer. Das ganze Gepäck steht bereits in der Ecke. Der junge Mann erkundigt sich mehrmals, ob er einen Arzt rufen soll, aber ich verneine. Ich will mich jetzt nur noch aufs Bett legen und ausruhen.

«Wenn die Schmerzen schlimmer werden, dann klopf an meiner Zimmertür genau nebenan. Ich bringe dich ins Krankenhaus», bietet er mir an. Zu wissen, dass ich gerade in dieser prekären Situation über 10.500 Kilometer von zuhause entfernt völlig auf mich alleine gestellt bin – und sich dennoch wildfremde Menschen sofort so rührend um mich kümmern, ist ein extrem beruhigendes Gefühl. Ich habe zwar immer noch keine Ahnung, ob mein Südamerika-Abenteuer jetzt hier im peruanischen Amazonas für mich endet, oder ob wir unsere Reise in absehbarer Zeit wieder fortsetzen können. Doch ich gebe mich erstmal dem Drang hin, einfach meine Augen zu schließen, um den Unfall für einen kurzen Moment zu vergessen.

Als ich die Augen wieder öffne, sehe ich, wie mein Sohn mir gerade einen Verband aus Klopapier um den Fuß wickelt. Dann stellt er den Ventilator direkt ans Bett und schaltet ihn auf der niedrigsten Stufe an.

«Jetzt geht dein Aua schnell weg».

Ich streichle ihm liebevoll über seinen Kopf und schöpfe Hoffnung. ‹Möglichweise sind ja nur die Bänder überdehnt. Wie gut, dass ich meine hohen Wanderschuhe und keine Flipflops anhatte. Vielleicht habe ich sogar Glück im Unglück gehabt›, wage ich zu denken.

Beim Aufstehen ist der Schmerz extrem. Mittlerweile hat mein Fuß eine bläuliche Färbung angenommen. Ich bin am Ende meiner Belastbarkeitsgrenze. Doch ich kann nicht einfach tagelang liegenbleiben. Ich muss mich schließlich um meinen Sohn kümmern. Und er muss jetzt etwas essen, beschließe ich.

In meiner Reiseapotheke krame ich nach Schmerztabletten und nehme gleich zwei. Wir verlassen das Zimmer. Vorsichtig arbeite ich mich Meter um Meter vorwärts, dabei gehe ich mit dem rechten Fuß zuerst und ziehe den linken behutsam hinterher. Da auf der Treppe das Geländer fehlt, versuche ich mich auf meinem Sohn abzustützen. Er ist mir wirklich eine große Hilfe und ich bin stolz auf ihn, wie rührend er sich um mich kümmert.

Für die 300 Meter zum Plaza Central benötige ich eine gute halbe Stunde. Die Schmerzen sind höllisch, dennoch bin ich heilfroh, dass ich einigermaßen gehen kann. Wir setzen uns in das erstbeste Restaurant rein, essen und treten wieder den Rückweg an, der mir einiges abverlangt.

Zurück im Hotel fange ich an zu realisieren, in was für einem maroden Zustand sich die gesamte Anlage befindet. Der Pool sieht schmuddelig aus, von den Fassaden bröckelt der Putz, die Mitarbeiterin an der Rezeption starrt völlig gelangweilt auf ihr Handy und erkundigt sich gar nicht, wie es mir geht. Unser Zimmer wirkt ebenfalls nicht unbedingt einladend. Die fleckigen, vergilbten Laken nehme ich angewidert vom Bett und freue mich, dass ich genau für solche Ekel-Notfälle meine Fleecedecke und einen großen Schal, den ich auch zum Zudecken verwenden kann, im Gepäck dabeihabe. Als ich im Badezimmer das Licht anschalte, verkriecht sich eine riesige Kakerlake in einer düsteren Ritze. Die Dusche funktioniert nicht, und aus dem Wasserhahn tropft nur ein eiskaltes Rinnsal heraus. Ich kann mir überhaupt nicht erklären, warum ich all die Mängel beim Einchecken nicht gesehen habe – und noch viel mehr ärgere ich mich über mich selber, dass ich mich im anderen Hotel, das eigentlich total nett war, über dieses blöde Gangfenster so übertrieben aufgeregt habe. Wäre ich dortgeblieben, wäre ich nicht die Stufen hinuntergestürzt, dessen bin ich mir bewusst. Ich bin wütend, traurig, kraftlos, entmutigt und könnte gerade in Selbstmitleid versinken. Nach neun Wochen auf Reisen bin ich das erste Mal an einem Tiefpunkt angekommen – der nicht der letzte bleiben wird.

Verzweiflung kommt auf. Ich lege mich hin und träume von baufälligen Treppenhäusern, angeschwollenen Fußknöcheln, gelangweilten Mitarbeitern, verdreckten Laken und fiesen Kakerlaken, die über mein Bett krabbeln.

17. Kapitel

Es geht noch schlimmer

Love it or leave it! Mit dieser alten Backpacker-Weisheit wache ich am nächsten Morgen auf. Für mich steht der Entschluss fest, dass wir gleich nach dem Frühstück dieses furchtbare Hotel verlassen werden. Auch wenn ich weiß, dass ich mein Geld für die verbleibenden zwei Nächte nicht mehr zurückbekommen werde, aber das ist mir gerade völlig egal. Viel wichtiger ist jetzt, dass ich einen schönen Ort für uns finde, an dem wir uns wohlfühlen und ich mein Bein ein paar Tage schonen kann.

Mein Fuß sieht schlimm aus: angeschwollen und bis zum Knie tiefviolett. Auch am restlichen Körper entdecke ich große Hämatome in den unterschiedlichsten Blautönen: auf meinem rechten Ober- und Unterarm, Innenschenkel, Steißbein. Ich sehe ordentlich ramponiert aus, aber ich entscheide mich, erstmal nicht ins Krankenhaus zu gehen, da ich befürchte, dass ich stundenlang warten müsste und ein Arzt den Heilungsprozess sowieso nicht beschleunigen kann. Mein Bauchgefühl sagt mir, dass ich nur Ruhe, eine Hängematte, ein sauberes Zimmer und einen tollen Pool brauche.

Nach zwei Minuten werde ich im Internet auch fündig. Die Unterkunft ist etwa vier Kilometer vom geschäftigen Tarapoto idyllisch gelegen, die Bewertungen lesen sich super, und auch die Bilder wecken ein wohliges Gefühl in mir.

Nach dem Frühstück, das wir außerhalb einnehmen, da mir nur beim Gedanken, in unserem Hotel etwas zu essen, bereits das Würgen kommt, nutze ich noch die Gelegenheit, ein paar Dinge einzukaufen. Ich gehe in die Apotheke, hole eine Bandage für meinen Fuß und abschwellendes Gel. Im Supermarkt decke ich mich mit ausreichend Wasser, Haferflocken, Milch und Knabberkram ein, damit wir unsere abgelegene Unterkunft heute nicht mehr verlassen müssen.

Als wir aus dem Laden kommen, muss ich mich erstmal etwas ausruhen. In meinem Fuß pocht es, und mir ist vor Hitze und Schmerzen schwindelig. Ich muss mich sofort hinsetzen. Ich blicke mich um, aber weit und breit ist keine Bank. Deswegen setze ich mich auf den abgesenkten Bordstein und strecke mein Bein aus. Was für eine Wohltat!

Während mein Sohn an seinen Salzstangen knabbert, kommen neugierige Kinder zu uns. Sie sind zuerst etwas verlegen, doch dann hört das große Mädchen nicht mehr auf zu reden. Sie erzählt mir, dass sie acht Jahre alt ist und insgesamt fünf jüngere Geschwister hat, auf die sie aufpassen muss, weil ihre Mutter arbeiten geht. Ich muss ein wenig schlucken. ‹Was für eine Verantwortung in so einem zarten Alter›, denke ich. Ich hole ein Feuchttuch aus meinem Rucksack heraus, mache ihrem kleinen Bruder ein wenig das Gesicht sauber und lass ihn seine laufende Nase schnäuzen. Lustigerweise hat dieser kleine Junge den gleichen Namen wie mein Sohn. Ich kann den Zufall kaum glauben und verspüre den Wunsch, den Kindern etwas Schönes mitzugeben. Ich frage meinen Sohn, ob ich dem Jungen ein Auto und dem Mädchen ein paar Stifte und ein Malbuch von ihm schenken darf – und verspreche, dass ich ihm bald neue Spielsachen kaufen werde. Mein Sohn beäugt mich zuerst ein wenig skeptisch. Doch der Deal gefällt ihm. Er willigt ein und verteilt großzügig seine Sachen an die Kinder, die sich riesig freuen.

Ein paar Minuten später kommt ein Mann mit Baseballmütze und Sonnenbrille auf mich zu. Seine Haut ist wesentlich dunkler als die der Peruaner. Auch seine Gesichtszüge unterscheiden sich. In seiner linken Hand hält er zwei Zahnbürsten, in der anderen ein verdrecktes Pappschild mit drei Worten, die mich sofort tief im Herzen berühren: «*Soy de Venezuela.* Ich komme aus Venezuela».

Bereits seit Jahren verfolge ich das unsagbare Leid der Venezolaner. Obwohl Venezuela eigentlich ein reiches Land ist, da es die größten Erdölreserven weltweit besitzt, kämpfen der Großteil seiner

Bewohner täglich ums nackte Überleben. Politisches Chaos, ein totalitäres System, eine schwindelerregende Inflationsrate von über zehn Millionen Prozent (!), extreme Preisschwankungen, eine vorm Staatsbankrott stehende Regierung mit einem machtgierigen Präsidenten an der Spitze, der das südamerikanische Land jeden Tag ein Stück mehr in den tiefen Abgrund treibt, Plünderungen und ansteigende Kriminalität sind unter anderem Schuld am furchtbaren Elend der Menschen an der Karibikküste. Doch das bedrohlichste Problem in Venezuela ist der Hunger. Die meisten Grundnahrungsmittel, die bei uns in Deutschland im Überfluss in den Regalen stehen, sind in Venezuela in den staatlichen und privaten Supermärkten nicht erhältlich.

Die Menschen dürfen nur an bestimmten Tagen einkaufen gehen. Die Endziffer der eigenen Passnummer entscheidet, an welchem Wochentag sie gemeinsam mit aberhunderten Menschen anstehen dürfen. Oft ist die Menschenschlange schon über 500 Meter lang, obwohl die Supermärkte erst vier Stunden später öffnen. Geduldig nehmen die Leute in der sengenden Hitze ihr Schicksal hin, warten in der Hoffnung, zu horrenden Preisen für sich und ihre Kinder etwas zum Essen zu bekommen, und am Ende des Tages kehren sie völlig geschafft mit einer Tube Zahnpasta zurück nach Hause. Und müssen erneut tagelang ums Überleben bangen, bis ihre Passnummer ihnen erlaubt, wieder auf Beutezug zu gehen.

Damit sie und ihre Familien nicht verhungern, sind viele Venezolaner gezwungen, auf dem Schwarzmarkt einzukaufen. Wo die Preise für Lebensmittel, Hygieneartikel und Medikamente vermutlich zu den höchsten der Welt gehören. Nicht selten wechselt auf dem Schwarzmarkt eine ordinäre Packung Nudeln für unvorstellbare 265 Euro (!!) ihren Besitzer. Es gibt Tage, an denen zwölf Eier 132 Euro kosten. Und wer eine Packung Milch haben möchte, die in deutschen Supermärkten ab 60 Cents erhältlich ist, muss auf dem venezolanischen Schwarzmarkt 617 Euro (!!!) bezahlen.

Der tägliche Kampf, den Hunger einigermaßen zu stillen, hat in den vergangenen Jahren zu einer enormen Flüchtlingswelle aus Venezuela geführt, die einen traurigen Rekord erreicht hat. Laut UN-Angaben haben bis jetzt mehr als 5,1 Millionen Menschen – also jeder vierte

Venezolaner – ihr Land verlassen. Experten schätzen, dass Ende 2020 weitere eineinhalb Millionen hinzukommen werden. Somit ist dies nicht nur die größte Flucht- und Migrationsbewegung in der jüngeren Geschichte Südamerikas, sondern auch weltweit. Denn es gibt auf dem Erdball kaum eine Region, in der so viele Menschen ihr Land verlassen – und das obwohl in Venezuela weder Krieg herrscht noch eine Naturkatastrophe gewütet hat.

Überall verstreut auf dem südamerikanischen Kontinent begeben sich geflüchtete Venezolaner auf die Suche nach einem Fünkchen Hoffnung. Nach einer Möglichkeit irgendwie zu überleben, bis der ganze Spuk und Wahnsinn in ihrem Heimatland eines Tages vorbei ist und sie wieder zu ihren Daheimgebliebenen zurückkehren können, um sich eine neue Zukunft aufzubauen. Doch bei ihrer Suche stoßen sie sehr oft auf Abscheu, Intoleranz und Rassismus, da die Einheimischen ihnen vorwerfen, dass sie ihnen die Jobs wegnehmen und kriminell wären. Was für ein Teufelskreis!

«Möchtest du eine Zahnbürste kaufen?», fragt mich der Venezolaner mit der Baseballmütze und Sonnenbrille. Ich schüttle den Kopf und sehe zu, wie er wieder weggeht. Doch sogleich bekomme ich ein schlechtes Gewissen. Denn das Schicksal dieses Mannes und seines Volkes bewegt mich sehr. Auch wenn es nur der besagte Tropfen auf dem heißen Stein ist, möchte ich helfen. Ich hole aus meinem Geldbeutel 40 Soles, umgerechnet zehn Euro, hervor, drücke sie meinem Sohn in die Hand, damit er sie dem Mann gibt. Mein Sohn geht rüber und ich sehe, wie der Venezolaner meinen Sohn ganz irritiert anschaut und ihm die zwei Zahnbürsten geben möchte. Aus der Ferne deute ich ihm an, dass wir die Zahnbürsten nicht haben wollen, und er das Geld, von dem er jetzt zumindest zwei, drei Tage lang Essen kaufen kann, gerne so nehmen soll. Was anschließend passiert, rührt mich zu Tränen.

Der junge Mann, der Luís heißt, kommt rüber, setzt sich zu mir herunter auf den abgesenkten Bordstein und umarmt mich. Ganz fest. Wir beide sitzen mitten im hitzigen Gewusel Tarapotos und halten uns im Arm. Zwei Unbekannte, deren Schicksale nicht unterschiedlicher sein können - und die beide diese innige Umarmung gerade so bitter nötig haben.

Luís bedankt sich gefühlt hundert Mal. Kommt immer wieder zurück, um mich erneut in den Arm zu nehmen. Zum Abschluss hält er ein Geschenk für mich in seiner Hand. Zwei Geldscheine aus Venezuela, die nichts mehr wert sind, für ihn aber die Welt bedeuten, weil sie ein Stück Heimat im Exil sind. Zuerst möchte ich das Geschenk nicht annehmen, weil es mir zu wertvoll vorkommt. Doch er besteht darauf. Ich willige ein und verspreche Luís, dass die *Bolivares* einen ganz besonderen Platz bei mir bekommen werden. Wir quatschen noch ein wenig, und er erzählt mir, dass er so bald wie möglich wieder zurück nach Venezuela zu seiner Frau und seinen zwei Kindern möchte, die er bereits seit über drei Jahren nicht mehr gesehen hat. Irgendwann, wenn es seinem Volk an der südamerikanischen Nordküste wieder bessergeht.

Als ich ein paar Stunden später in unserem neuen Zuhause in der Hängematte direkt an einem wunderschönen Pool liege und mich am Vogelgezwitscher erfreue, denke ich immer wieder an die Begegnung mit Luís zurück, die viel in mir bewegt hat. Auf der einen Seite schäme ich mich, dass ich aufgrund meines Sturzes so wütend, traurig und entmutigt war. Denn im Vergleich zu Luís' Schicksal ist mein kleines Unglück nur eine belanglose Lappalie, für die es Lösungen gibt. Auf der anderen Seite hat Luís mich daran erinnert, dass es immer Menschen gibt, denen es viel schlechter geht als uns. Und wenn man diesen Menschen eine Kleinigkeit gibt, dann bekommt man oft etwas geschenkt, was viel wertvoller ist. Zweifelsohne, mir hat die Begegnung wieder Energie und vor allem Mut geschenkt. Und mir erneut eine andere alte Backpacker-Weisheit vor Augen geführt: Wenn dir auf Reisen etwas Schlechtes widerfährt, dann wartet ganz bestimmt an einer anderen Ecke wieder etwas Gutes auf dich.

Auch diese Erkenntnis werde ich im Laufe meiner Reise noch öfters zu spüren bekommen.

HUANCHACO

18. Kapitel

Die Ur-Surflegende

Wo liegt eigentlich der Ursprung des Surfens? Wenn man diese Frage in einer geselligen Runde stellt, wird in der Regel die Antwort «in Polynesien» lauten. Und tatsächlich haben Forscher auf einer Südseeinsel Höhlenmalereien aus dem 12. Jahrhundert gefunden, die Menschen auf Wellen zeigen. Später, etwa vor 300 Jahren, brachten die Polynesier dann das Wellenreiten nach Hawaii, wo es sich schon bald als religiöses Ritual zum wichtigen Bestandteil des Alltags etablierte.

Doch auch an der Nordküste Perus – etwa 10.000 Kilometer von Hawaii entfernt – haben Forscher Keramiken gefunden, auf denen Menschen zu erkennen sind, die über Wellen reiten. Allerdings sind diese archäologischen Zeugnisse der Ur-Surflegende über 2.000 Jahre alt!

Wenn man also die Peruaner fragt, wo der Ursprung des Surfens liegt, antworten sie voller Stolz «im Norden unseres Landes».

Wir sind zurück an der Küste: in Huanchaco knapp 1.000 Kilometer von Tarapoto entfernt. Mittlerweile ist eine Woche seit meinem unglücklichen Sturz im Amazonas vergangen. Mein Fuß schmerzt immer noch. Aber jeden Tag wird der Schmerz ein bisschen weniger – und ich habe eine Technik beim Gehen entwickelt, bei der ich mein Bein weniger belaste. Dennoch tut es mir immer noch im Herzen weh, wenn ich an all die verpassten Dschungelabenteuer denke, die direkt vor meiner Hütte im Amazonas lagen. Anstatt immer tiefer in den Regenwald einzutauchen und für mehrere Tage bei einem indigenen Stamm zu wohnen, sitze ich jetzt am Strand und versuche weiterhin, so wenig wie möglich zu laufen. ‹So schnell können sich Reisepläne ändern›, denke ich, während ich der Brandung des mächtigen Pazifiks lausche.

Es ist Mittagszeit. Von Weitem sehe ich, wie ein Fischer zurück an Land kommt. Er sitzt in einem kleinen Boot aus Schilf. Das schmale Fischerboot ist vier bis fünf Meter lang und seine Form mit dem eng zulaufenden, nach oben gewölbten Bug erinnert mich an eine Chilischote.

Der Fischer lässt wie ein Cowboy im Sattel seine Beine übers Boot im Wasser baumeln. All seine Kraft ist im Oberkörper vereint, mit einem Bambusrohr überwindet er die starke Strömung, seine Paddelbewegungen sind präzise, und er muss seine ganze Energie einsetzen, um gegen die Gewalt des Meeres anzukämpfen. Er paddelt und paddelt. Genauso, wie es seine Ahnen vor 2.000 Jahren auch getan haben. Hinter ihm baut sich eine Welle auf. Der Fischer paddelt kräftiger. Er dreht sein kleines Schilfboot seitlich zur Wellenwand, wartet den richtigen Zeitpunkt ab und springt auf. Jetzt steht er schulterbreit auf seinem Boot, die Knie sind gebeugt, die Hände umklammern fest das Bambusrohr und sein Blick ist nach vorne gerichtet. Die Welle ist perfekt. Elegant und voller Anmut gleitet der Fischer auf ihr an den Strand – so wie er es einst von seinem Vater gelernt hat. Der Fischer zieht sein Schilfboot die letzten Meter durch den Sand an mir vorbei. Die Bauweise des Bootes, das die Einwohner *Caballito de Totora,* Schilfrohrpferdchen, nennen, ist sehr simpel. Hierfür wird Schilf geschnitten, drei Wochen in der Sonne getrocknet und dann mithilfe von robusten Bändern zusammengebunden. Sowohl das Wissen dieser jahrhundertalten Technik als auch der Beruf des Fischers wird in dieser Region von Generation zu Generation weitergegeben. Für mich gleicht es einem Wunder, dass diese einfache Konstruktion – und noch dazu aus natürlichen Ressourcen – den heftigen Strömungen und brachialen Wellen, die Surfer aus der ganzen Welt anlocken, standhalten kann und nicht gleich beim Verlassen der Bucht zerschmettert.

Der Fischer wird bereits von einer Frau erwartet. Direkt am Strand verkauft er seinen Fang, den er auf offener See geangelt hat. Sie drückt ihm ein paar Geldscheine in die Hand, greift zwei Eimer mit noch zappelnden Fischen und eilt mit ihnen zurück zu ihrem Straßenstand, in dem sie das Nationalgericht Perus verkauft. *Ceviche* ist roher Fisch, der in Limettensaft mariniert und gegart wird – sozusagen die peruanische Variante des japanischen Sushis mit reichlich Zwiebeln, Koriander und Chilischoten.

Normalerweise bin ich immer sehr vorsichtig mit Fleisch oder gar rohem Fisch an Straßenständen, da ich auf meiner Reise auf eine innige Umarmung mit der Kloschüssel liebend gern verzichten möchte. Doch das bunte Schild mit der Aufschrift «*Ceviche hecho en casa*» lacht mich aus der Ferne an. Ich kann einfach nicht widerstehen.

Mein Sohn und ich setzen uns auf zwei provisorische Hocker am Straßenrand. Ich bestelle Ceviche und frage mein Kind, ob es auch eine Portion haben möchte. Die Frage ist eher rhetorischer Natur, da ich die Antwort sehr gut kenne. «Bäh! Mag ich nicht. Eklig», dabei verzieht mein kleiner Feinschmecker sein Gesicht so unmissverständlich, dass die Standbesitzerin María ohne jegliche Deutschkenntnisse sein kulinarisches Urteil sofort versteht. Dies ist einer der berüchtigten Momente, in dem sich Eltern wünschen, im Erdboden zu versinken. Peinlich berührt zucke ich mit den Schultern, doch María lacht und stellt mir eine extra große Portion Ceviche hin. Während ich diese genüsslich vertilge, beobachte ich neugierig, wie María neues Ceviche zubereitet: Sie putzt den Fisch, der mittlerweile nicht mehr zappelt, und entgrätet ihn. Dann schneidet sie das Fleisch in ein Zentimeter große Würfel und legt diese in eine große Schüssel. Anschließend presst sie ordentlich viel Limettensaft und vermengt die Flüssigkeit mit dem Fisch, der durch die hohe Konzentration an Säure gegart wird. Eine Prise Salz und Pfeffer darf natürlich auch nicht fehlen. Anschließend schneidet María Tomaten, Zwiebeln, Knoblauch und Chili in kleine Stücke und zupft Koriander-Blätter. Jetzt vermischt sie alle Zutaten mit Olivenöl und Weißweinessig – und fertig ist eine riesige Schüssel des peruanischen Nationalgerichts.

‹Wie einfach dieses Rezept doch ist›, denke ich – und nehme mir ganz fest vor, das peruanische Essen irgendwann zuhause zuzubereiten.

Der Fischer setzt sich neben uns und läutet mit Ceviche und einem Bier seinen Feierabend ein. Wir fangen an zu quatschen und ich spreche ihm meine Bewunderung aus, wie stilvoll er mit seinem Caballito de Totora auf der Welle geritten ist. In seinem Gesichtsausdruck sehe ich, wie sehr er sich über das Kompliment freut – so sehr, dass man glauben könnte, dass er just in diesem Augenblick um ein paar Zentimeter gewachsen ist. Mit stolzgeschwellter Brust sitzt er da und lädt mich auf eine spontane Bootsfahrt auf offener See ein, die ich mit der profanen Entschuldigung, dass ich wegen meines Kindes nicht kann, ablehne. Meine Seekrankheit und mein Unbehagen gegenüber dem Meer erwähne ich selbstverständlich nicht.

Gebannt lausche ich den weiteren Schilderungen des Fischers. Er erzählt mir, wie er die Baukunst der Schilfrohrpferdchen, die fast schon einem religiösen Ritual folgt, von seinem Vater gelernt hat und jetzt an seinen ältesten Sohn weitergibt. Und dass Umweltverschmutzung und der Klimawandel drastisch die Fischbestände reduziert haben und er mittlerweile viel weniger fängt als noch vor ein paar Jahren. Ich bekomme eine Ahnung davon, wie schwer es für ihn sein muss, jeden Tag aufs Neue ums Überleben zu kämpfen. Sich nicht sicher zu sein, ob am heutigen Tag der Fang ausreichen wird, um seine Familie zu ernähren, die laufenden Kosten zu bezahlen und seine Kinder zur Schule zu schicken. Auch wenn es bei mir beruflich in den vergangenen Jahren viele Ups and Downs gegeben hat, werde ich mir gerade mal wieder bewusst, in was für einer privilegierten Situation ich mich befinde.

«Weißt du, unsere Arbeit als Fischer ist wirklich hart und auch gefährlich. Doch jeden Abend, wenn ich ins Bett gehe, vergesse ich meinen Kummer. Denn der beste Weg aufzuwachen, ist, es ohne Sorgen zu tun. Wenn ich in mein Boot steige, bitte ich Gott, dass er mich beschützt und mir einen guten Fang schenkt. Und ich werde so lange weiterfischen, bis der liebe Gott sagt: ‹So, das war's jetzt›. Denn ich weiß, dass jeder Tag auf dem Meer auch mein letzter sein kann». Der Fischer trinkt sein Bier aus und klopft mir zum Abschied freundschaftlich auf die Schulter. Ich schaue ihm hinterher, wie er im Gewusel aus meinem Blickfeld verschwindet.

Was für eine Bereicherung! Denn ich werde aus Peru nicht nur das megaleckere Rezept mit nach Hause nehmen, sondern auch die weisen Worte dieses Wellenreiters.

HUACACHINA

19. Kapitel

Den Nebel einfangen

Viele großartige Erfindungen beginnen mit einer Vision.

Abel Cruz ist in einem armen Dorf in der Nähe der peruanischen Küste geboren, wo das Leben der Menschen von Wasserknappheit bestimmt wird. In dieser wüstenartigen Region regnet es nur sehr selten. Zwar hüllt von Mai bis November ein grauer Nebelschleier die Landschaft in ein düsteres Zwielicht, aber langersehnte Regentropfen fallen kaum vom Himmel.

Seine Kindheit verbrachte Abel in sehr armen Verhältnissen. Er und seine Familie lebten in einem Dorf an einem Berghang, dessen Bewohner sich keine eigene Wasserleitung leisten konnten. Als kleiner Junge lag er oft nächtelang wach und stellte sich vor, wie er irgendwann all diesen Menschen den Zugang zum Wasser ermöglicht.

Eines Tages, als Abel schon längst ein Mann war, schaute er in den nebelverhangenen Himmel und da hatte er plötzlich eine Idee: Er wollte den Nebel einfangen. Auf einem Berg stellte der junge Mann Holzpfähle auf, spannte zwischen diesen ein spezielles Segel auf, dessen Oberfläche einem feingliedrigen Maschendraht ähnelt, und fing auf diese Weise den kondensierten Nebel auf. Tropfen um Tropfen.

Die Idee der Nebelfangmaschine liegt mittlerweile vier Jahre zurück. Seitdem sind zahlreiche weitere gehisste Segel hinzugekommen, die die vorbeiziehenden Nebelschwaden einfangen. So kann an guten Tagen mithilfe eines Nebelfängers bis zu 200 Liter kostbares Wasser gewonnen werden. Damit ist das Fundament für den ersten großen Schritt raus aus der Armut gelegt. Zahlreiche Menschen in den Armenvierteln können bereits durch das aufgefangene Wasser zum Beispiel Gemüse an den staubigen Berghängen anbauen. Und sie träumen davon, dass Abels Nebelfangmaschinen ihre Wasserspeicher zukünftig noch weiter füllen, sodass eines Tages vielleicht sogar ihr ganz großer Traum von fließendem Wasser in der eigenen Hütte in Erfüllung geht.

Abel befindet sich mit seiner großartigen Erfindung zwar noch relativ am Anfang – und doch stehen schon jetzt Universitäten aus der weiten Welt Schlange, damit sie einen Vortrag vom peruanischen Nebelfänger ergattern können. Von dem Mann, der auch in Zukunft seine Vision verfolgen will, das gravierende Problem der Wasserknappheit in Peru und auch weltweit mit ganz einfachen Mitteln zu lösen.

Wüste. Flirrende Hitze. Ausgedörrte Landschaften. Weit und breit ist keine Vegetation zu sehen.

Mein Sohn und ich sitzen im Bus, der uns entlang der weltberühmten Panamericana in den Süden des Landes bringt. Die peruanische Hauptstadt Lima, durch die wir nur durchgefahren sind, haben wir vor drei Stunden hinter uns gelassen. Je karger die am Busfenster vorbeiziehende Wüstenlandschaft wird, desto mehr nähern wir uns der typischen Backpacker-Route. Mit einem weinenden und lachenden Auge habe ich von Nordperu Abschied genommen. Dem Teil des Landes, der auf der touristischen Weltkarte noch verhältnismäßig unberührt ist. Es kommt mir gerade so vor, als ob wir in ein völlig anderes Land reisen, das von Attraktion zu Attraktion sein Gesicht verändert.

In unserem gut klimatisierten Bus sitzen weitaus mehr Ausländer, als ich die vergangenen drei Wochen im restlichen Land gesehen habe. Gerade haben wir auf der Schnellstraße den roten *Peru Hop Bus* mit dem Aufdruck eines überaus freundlich grinsenden Lamas mit Hut und Sonnenbrille und dem ambivalenten Claim «Don't Be a Typical Tourist» überholt, der Backpacker von einem Highlight zum nächsten bringt: Lima - Paracas - Huacachina - Arequipa – Cusco

– Machu Picchu – Titicacasee … Doch auf der anderen Seite freue ich mich auch auf all die bevorstehenden Sehenswürdigkeiten, die es nicht umsonst auf die Liste der größten Highlights Perus – wenn nicht sogar Südamerikas - geschafft haben.

Die Natur ähnelt einer bizarren Mondlandschaft: Die vertrocknete Erde ist voller Furchen und Risse, und die wenigen Menschen, die am Straßenrand stehen, sind komplett verhüllt. Sie tragen lange Kleidung, decken Kopf und Gesicht mit Mützen und Tüchern ab, um sich vor der brennenden Sonne zu schützen. Die Szenerie erinnert mich an einen postapokalyptischen Endzeitfilm, in dem die Erde verglüht und Wasser kostbarer als Gold ist.

Der Bus fährt in den Bahnhof der Stadt Ica ein. Als mein Sohn und ich aussteigen, steht bereits eine Traube von Taxifahrern am Ausgang. Ich sehe, wie einige von ihnen Touristen am Ärmel packen und ihnen eine Fahrt in die Oase Huacachina aufdrängen. *Bienvenido* im touristischen Peru!

Ich frage einen Mann, wie viel er haben möchte. Doch ich kann meinen Ohren kaum trauen, hat er gerade tatsächlich 40 Soles gesagt? Das sind umgerechnet zehn Euro, ziemlich viel Geld in Peru. Der Preis hört sich für fünf Kilometer nach einem völlig überzogenen Touristenpreis an. Deswegen lasse ich ihn links liegen.

Je weiter wir uns vom Busbahnhof entfernen, desto mehr nehmen die Geschäftstüchtigkeit und die Preise ab. 200 Meter später möchte ein Motorradtaxi nur noch fünf Soles von mir. Wir schlagen ein.

Kaum haben wir das Verkehrschaos hinter uns gelassen, erstreckt sich vor uns eine gigantische Wüstenlandschaft, wie man sie womöglich nur in Afrika vermuten würde. Sahara-Feeling pur! Riesige Sanddünen bestimmen das Bild. Mit ihren über 100 Metern zählen sie zu den höchsten im ganzen Land.

Huacachina ist eine Oase mitten in der Wüste, die im Zuge des touristischen Booms mächtig gewachsen ist. Im Tal liegt eine natürliche Lagune, deren glatte Oberfläche wie ein Spiegel wirkt, und das Ufer ist von tropischen Palmen umrahmt. Der Eigenname Huacachina setzt sich aus den folgenden Wörtern der indigenen Sprache

Quechua zusammen: huaca = heiliger Ort und china = Mädchen. Und da die Peruaner bekanntlich Legenden lieben, erzählen sie sich selbstverständlich auch über Huacachina eine wundersame Geschichte.

Vor langer, langer Zeit verliebten sich eine bildhübsche Inka-Prinzessin und ein gutaussehender Prinz unsterblich ineinander. Sie schworen sich ewige Liebe, doch schon bald fand ihre junge Beziehung ein jähes Ende. Als die Prinzessin die Botschaft erhielt, dass ihr Geliebter in einer Schlacht gefallen war, ging sie in die Wüste und weinte tagelang. Ihre bitteren Tränen sammelten sich auf der vertrockneten Erde voller Furchen und Risse und ließen eine fruchtbare Lagune entstehen.

Eines Tages betrachtete sich die Prinzessin in einem Spiegel und sah plötzlich, dass sie von einem Jäger beobachtet wurde. Vor Schreck ließ sie ihren Spiegel fallen, der unmittelbar in der Lagune untertauchte. Sie floh – und dabei zeichnete ihr wallendes Kleid in die Wüste wunderschöne Sanddünen.

Noch heute trauen sich die Bewohner Huacachinas nicht, im spiegelglatten Wasser der Lagune zu baden, da sie glauben, dass die traurige Prinzessin die Schwimmer zu sich in die Tiefe zieht, um ihrer Einsamkeit ein Ende zu setzen.

Laut Geologen wird die Lagune tatsächlich von einem unterirdischen Fluss aus den Anden gespeist. Da das Wasser äußerst mineralhaltig ist, entwickelte sich die Oase in den 1940ern zu einem beliebten Wellnessort für reiche Peruaner aus Lima. Allerdings verlor die Lagune ein paar Jahre später wieder das Prestige der High Society und geriet über die darauffolgenden Jahrzehnte in Vergessenheit. Der Tourismus sollte erst Ende der 90er Jahre zurück nach Huacachina kehren, dafür mit Pauken und Trompeten. Heute besuchen in der Hochsaison weit über 1.000 Menschen täglich den Ort, der weniger als 100 Bewohner zählt.

Von Weitem sehe ich die Aberhunderten Buggys, die ihre tiefen Spuren in den malerischen Sanddünen hinterlassen. Würden ihre röhrenden Motoren nicht durch die ganze Wüste dröhnen, könnte man denken, dass sie kleine Spielzeug-Jeeps sind, die gleich umkippen und von Sandmassen begraben werden.

«Mama, wie cool. Mit denen möchte ich auch fahren», ruft mein Sohn so aufgeregt, dass sich dabei seine Stimme überschlägt.

Ganz ehrlich. Ich bin super skeptisch und eigentlich gar nicht begeistert von der Idee. ‹Tut es wirklich Not, immer mehr Attraktionen anzubieten, die den Adrenalinspiegel ordentlich in Wallung bringen? Kann man die wunderschöne Natur nicht einfach nur genießen? So etwas hat es vor 20 Jahren noch nicht gegeben›, denke ich naserümpfend.

***

Um uns herum ist es laut und hektisch. Zweifelsohne, unter einer idyllischen Oase stelle ich mir etwas Anderes vor. Wir steigen ein. Der Fahrer schnallt meinen Sohn mit einem robusten Gurt an. Anschließend bin ich dran. Noch bevor die Fahrt durch die Wüste beginnt, jauchzt mein Kleiner vor Freude. Im Affenzahn brettert der Fahrer durch die Sanddünenlandschaft. Mein Sohn kreischt. Der Fahrer gibt Vollgas. Mit ordentlich viel Pferdestärken fährt er eine steile Düne hinauf. Wir werden von Kopf bis Fuß durchgerüttelt. Die Adrenalinproduktion ist in voller Fahrt. Ich weiß nicht genau, was uns gleich erwartet, aber ich habe eine laut schreiende Vorahnung.

Der offene Jeep bewältigt eine beachtliche Steigung von zu vielen Prozent – zumindest für meinen Geschmack. Das Bild des umgekippten Spielzeugautos schießt mir wieder in den Sinn. Ich blicke zu meinem Sohn, der bereits in seinen jungen Jahren ein absoluter Geschwindigkeits-Junkie ist. Sein frenetisches Lachen wird vom ohrenbetäubenden Fahrtwind verschluckt. Wir erreichen den Gipfel – und jetzt geht es rasant hinunter. Mein Körper wird in den Autositz gedrückt. In meinem Bauch kribbelt es wie in einer Achterbahn. Es geht wieder hoch und runter. Der Buggy nimmt mit ächzenden Geräuschen eine scharfe Kurve, springt über einen rampenartigen Dünenkamm und landet nach einer kurzen Freiflugphase wieder rabiat im Sand.

«Boah, ist das cool», schreie ich völlig unkontrolliert. Im Nu sind jegliche Skepsis und jegliches Naserümpfen vergessen. Ganz ehrlich. Diese Fahrt durch die Wüste stellt alle Achterbahnfahrten im Heidepark & Co. in den Schatten. Jetzt werde auch ich vom Rausch der Geschwindigkeit gepackt – und hoffe, dass der Fahrer noch eine Schippe drauflegen kann. Und tatsächlich! Das Beste erwartet uns am nächsten Dünengipfel.

Kofferraum auf. Wir schnappen uns die gewachsten Sandboards, ziehen unsere Schuhe aus und marschieren schwerfällig durch den Sand.

«Okay, hier ist eine ideale Abfahrt», sagt der Fahrer. Ich blicke hinunter. ‹Ganz schön steil›, denke ich ziemlich verunsichert. Doch mir bleibt nicht viel Zeit zum Zögern, da ich vor meinem Sohn die Düne runterfahren möchte, um als verantwortungsvolle Mutter den Gefährlichkeitsgrad abzuschätzen. Ich entscheide mich für die Sicherheits- oder meinetwegen auch Feiglings-Variante. Anstatt wie auf einem Snowboard stehend die Düne runter zu düsen, lege ich mich mit dem Bauch aufs Sandboard, spreize ein wenig die Beine, um bei Bedarf mit den Füßen zu bremsen, und richte meinen Blick nach vorne. Gerade will ich Luft holen, um *los* zu rufen, als ich spüre, wie der Fahrer mir bereits einen schwungvollen Schubs gibt.

Muahaha! Ich rase den Abhang hinunter. Wüstensand fliegt mir ins Gesicht, landet in meinem Mund, doch das ist mir völlig egal. Denn Sandboarding ist mindestens so geil wie mit dem Buggy durch die Wüste zu kurven. Das steht für mich jetzt fest.

Nach fünf, sechs Sekunden bin ich auch schon unten angekommen. Ich drehe mich um und sehe, wie auch mein Sohn gerade auf seinem Board mit einem tosenden *Juhu* runtersaust.

«Noch mal, noch mal», ruft er, als er unten bei mir ankommt. Gemeinsam stapfen wir die Sanddüne hoch, was extrem anstrengend ist. Mit jedem Schritt versinken wir immer tiefer im Sand und rutschen teilweise wieder hinunter. Mein linker Fuß findet das gar nicht gut und rächt sich gleich mit stechenden Schmerzen. Doch mein Adrenalinkick kontert, mobilisiert die Energiereserven und steigert die Leistungsbereitschaft. Oben angekommen beachte ich kaum den phänomenalen Ausblick, sondern stürze mich sofort auf meinem Board wieder in die Tiefe. Noch mal. Und noch mal.

Zum Abschluss unserer Tour holt der Fahrer die allerletzten verbleibenden Pferdestärken aus seinem Buggy heraus. *Vroom!* Am Gipfel der nächsten Düne können wir ganz Huacachina überblicken. Es ist ein ziemlich grotesker Anblick: Mitten in der Wüste thront diese spiegelglatte Lagune, die völlig zugebaut ist mit einer Vielzahl an Hotels – die zu allem Übel prächtige Pools haben. In einer Region, in der im Jahr nicht mehr als 25 Millimeter Niederschlag pro Quadratmeter fällt! Und dann die unzähligen Buggys und Menschen. Je mehr mein Adrenalinspiegel wieder gen Normalwert sinkt, desto unüberhörbarer meldet sich mein schlechtes Gewissen zurück. Nachhaltiges und umweltbewusstes Reisen sehen definitiv anders aus. Ich kann die einstige Vision der Bewohner Huacachinas gut nachvollziehen: Sie wollten Besucher zurück in ihre Oase holen, um sich ein großes Stück vom touristischen Kuchen zu sichern. Ob allerdings Buggy-Fahren und Sandboarden großartige Erfindungen waren, wage ich zu bezweifeln. Doch zu meiner eigenen Schande muss ich zugeben, dass mein Sohn und ich einen Riesenspaß hatten.

20. Kapitel

Unbezahlbar

Auf Reisen folge ich einer wichtigen Regel: Lieber zu früh dran sein als auf den allerletzten Drücker. Wenn ich also mit einem Bus oder einem anderen Verkehrsmittel zu einer bestimmten Uhrzeit fahre, dann plane ich IMMMER großzügig Pufferzeit ein. Denn man kann ja nie wissen …

Unser Nachtbus von Ica nach Arequipa geht um 20 Uhr. Die Bustickets habe ich bereits drei Tage vorher gekauft.

Nach unserem unvergesslichen Sandboarding-Abenteuer gehen wir noch gemütlich etwas essen. Dann kehren wir zurück ins Hotel, und ich beschließe, früher als gewohnt nach Ica zu fahren. Denn mich beschleicht eine gewisse Vorahnung, die ich allerdings nicht bis zum Ende durchdenke.

Wir müssen eine obligatorische halbe Stunde vor der Abfahrt am Busbahnhof sein, damit die Mitarbeiter Gepäck, Tickets und Ausweise kontrollieren können. Für die fünf Kilometer nach Ica benötigen wir mit dem Motorradtaxi höchstens 15 Minuten. Ich entscheide mich dennoch, um 18.30 Uhr loszugehen, damit wir ganz gemütlich und in aller Ruhe zum Busbahnhof kommen.

Wir verlassen das Hotel, überqueren einen kleinen Platz und biegen links in eine größere Straße ein. Schlagartig sehe ich das Desaster: undurchdringliche Menschenmassen stehen am Straßenrand und versuchen, ein Taxi oder Motorradtaxi zu bekommen. ‹Wie blöd von mir!›, denke ich. Klarer Fall! Vor einer halben Stunde war Sonnenuntergang, den die Besucher abgewartet haben, bevor sie zurück nach Ica fahren. Das hätte ich definitiv berücksichtigen müssen. Was für ein blöder, blöder Fehler von mir! Doch mir bleibt keine Zeit, mich zu ärgern, denn die Uhr tickt. Und wenn wir noch unseren Nachtbus bekommen wollen, muss ich mir ganz DRINGEND etwas einfallen lassen.

Ich umfasse ganz fest die Hand meines Sohnes, damit er mir in der Menschenmenge nicht verloren geht. Etwas orientierungslos kämpfe ich mich erstmal zur Hauptstraße durch, versuche verzweifelt, einen Fahrer anzuhalten. Vielleicht habe ich mit einem kleinen Kind Glück.

Keine Chance! Am Straßenrand bricht ein regelrechter Kampf um die nächste Fahrgelegenheit Richtung Stadt aus. Kaum hat ein vereinzeltes Taxi angehalten, zanken sich mindestens zehn Menschen um das große Los. Wie gerne würde ich jetzt 40 Soles oder auch mehr bezahlen, damit uns jemand fährt.

Mittlerweile ist es 18.55 Uhr. Die Straßen sind verstopft. Die Autos kommen nur im Schritttempo voran. Eigentlich ist es jetzt schon unmöglich, rechtzeitig zum Busbahnhof zu kommen. Vor meinem inneren Auge sehe ich, wie die teuren Tickets für den komfortablen Luxusbus verfallen und mein Sohn und ich irgendwo stranden. Doch ich gebe nicht auf. Ein anderer Plan muss her. Sofort!

Ich laufe in die entgegengesetzte Richtung, entferne mich von den Menschenmassen und biege in eine kleinere Straße ab. Plötzlich sehe ich einen Pick-up. Vorne sitzen ein Mann und eine Frau, die ein kleines Baby im Arm hält. Das ist meine Gelegenheit. Ohne zu überlegen halte ich das Auto an und schildere ihnen meine unglückliche Situation. Mir bleiben noch exakt 53 Minuten, bis der Bus in den Geburtsort des peruanischen Literaturnobelpreisträgers Mario Vargas Llosa fährt.

Zuerst schaut mich der Vater etwas überrumpelt an, doch dann gibt er mir mit einer Handbewegung zu verstehen, dass wir hinten auf die Ladefläche steigen sollen. Mir fällt ein Stein vom Herzen. Obwohl ich immer noch überzeugt bin, dass der Bus ohne uns die Wüstenstadt verlassen wird. Ich gehe nach hinten und erblicke zwei weitere Kinder auf der Ladefläche. Das Mädchen greift sofort die Hand meines Sohnes und zieht ihn hoch. Der Junge hilft mir mit meinem Gepäck, nimmt zuerst den Buggy, dann meinen kleinen Rucksack. Zum Schluss hieve ich mich samt Backpack auf dem Rücken nach oben. Gar nicht so einfach, aber ich darf keine wertvolle Zeit verlieren. Denn jetzt zählt jede Sekunde.

Die Sicherheitsklappe des Pick-ups geht nicht zu. Ich klemme mein Gepäck zwischen die Beine und klammere mich am Rand fest, damit ich bei der nächsten Bremsung nicht rausgeschleudert werde. Mein Sohn sitzt glücklicherweise sicher, dafür hat das Mädchen gesorgt.

Wenn mir jetzt die Zeit nicht so sehr im Nacken sitzen würde, würde ich diese wundersame Nacht in vollsten Zügen genießen. Immer wieder erhebe ich meinen Blick zum gigantischen Himmelszelt, das sich wie eine tiefschwarze Kuppel über die Wüste spannt. Hoch oben über meinem Kopf funkeln abertausende Sterne und ferne, jahrhundertalte Planeten lichterloh um die Wette. Der aufsteigende Wind vertreibt die brennende Hitze. Im Hintergrund sehe ich ein letztes Mal die Umrisse der Sanddünen, die wie von einem wallenden Kleid gezeichnet aussehen. Einen Moment lang vergesse ich sogar all den Stress und die hupende Autokolonne, die sich nur in mühseligem Tempo vorwärtsbewegt. Doch dann erinnert mich das Busticket in meiner Hosentasche daran, in was für einem Schlamassel ich mich gerade befinde.

Da ich mich nicht traue, den Rand des Pick-ups loszulassen, kann ich auch nicht das Handy aus meinem Rucksack rausholen, um nachzuschauen, wie spät es ist. Ich bin extrem nervös. Um mich abzulenken, starte ich eine Konversation mit den beiden Kindern. Sie erzählen mir ein paar Dinge über ihr Leben, denen ich mit Freude lausche, da sie meine Gedanken zerstreuen.

Ich habe keine Ahnung, wie lange wir bereits unterwegs sind. Doch irgendwann wird aus Schrittgeschwindigkeit ein einigermaßen passables Tempo. Wir nähern uns Ica. Wie weit es allerdings noch zum Busbahnhof ist, weiß ich nicht. Außerdem habe ich keinen blassen Schimmer, wo uns die Familie eigentlich rauslassen wird. Ich möchte auf keinen Fall aufdringlich sein und von ihnen verlangen, dass sie mich zum Bahnhof fahren. An der nächsten Kreuzung überlege ich kurz, ob wir uns hier rausschmeißen lassen sollten, damit wir schnell in ein Motorradtaxi springen können. Doch ich bleibe sitzen. Und bete, dass noch ein Wunder passiert.

Der Pick-up bleibt an einer roten Ampel stehen. Das ist der perfekte Augenblick, mein Handy rauszuholen. Mit Schrecken stelle ich fest, dass es 19.53 Uhr ist. ‹Immerhin ist der Bus noch nicht abgefahren›, denke ich. Schnell schaue ich auf Google Maps nach, wo genau wir uns befinden und wie weit es noch zum Bahnhof ist. Ich kann gar nicht glauben, was ich da sehe. Laut meiner App benötigen wir noch drei Minuten. Da vorne ist der Bahnhof bereits. Ich kann mein großes Glück gar nicht fassen. Hektisch krame ich in meinem Rucksack nach ein bisschen Geld, um mich bei der Familie erkenntlich zu zeigen.

Der Vater hält direkt vorm Bahnhof, obwohl er hier nicht stehen darf. Sofort kommt ein grimmiger Polizist und will ihn verscheuchen. Doch während ich von der Ladefläche springe, rufe ich ihm flehend zu, dass unser Bus nach Arequipa in vier Minuten fährt. Im Nu ist der Polizist um einiges milder gestimmt und hilft meinem Sohn aus dem Pick-up. Alle packen an. Die Kinder reichen mir das Gepäck ran. Die Mutter mit dem Baby kommt zu mir nach hinten. Ich drücke ihr zehn Soles in die Hand, die sie vehement ablehnt. Ich bestehe darauf und sage ihr, dass sie unsere ganz große Rettung waren.

«Wir hätten dich mit deinem Kind doch niemals auf der Straße stehen lassen können», sagt sie mit so einem herzlichen Lachen, dass meine Augen feucht werden. Obwohl mir nur noch drei Minuten bleiben, nehme ich mir ein paar Sekunden Zeit für eine innige Umarmung.

Jetzt müssen wir rennen! Im Vorbeilaufen rufe ich dem Vater noch ein *«muchas, muchas gracias»* entgegen. Und dann sprinte ich gemeinsam mit meinem Sohn dem Polizisten hinterher, der mit unserem Buggy unterm Arm mir den Weg weist. Kaum haben wir die Halle betreten, schreit der Polizist auch schon «Arequipa, Arequipa» und zeigt dabei bestimmend auf uns. Dieses souveräne Auftreten schindet bei den Mitarbeitern augenscheinlich Eindruck. Denn plötzlich kommen mehrere Mitarbeiter auf uns zu gerannt. Im Laufschritt kontrolliert der eine unsere Tickets und Pässe, der andere nimmt mir meinen großen Rucksack ab und jagt ihn durch ein Röntgengerät, und ein anderer läuft schon mal vor. Als mein Sohn und ich durch die Sicherheitskontrolle sind, sehe ich, wie der eine Mitarbeiter einem abfahrenden Bus hinterhersprintet und mit seinen Armen hektisch durch die Luft fuchtelt. Der Bus hält tatsächlich an.

Als ich völlig außer Atem unsere Sitzplätze erreiche, fange ich auf einmal an zu weinen. *Warum?* Sicherlich, weil schlagartig der ganze Druck und Stress von mir abgefallen sind. Aber vor allem, weil diese Begegnung für mich das Reisen so kostbar macht. Ich bin zutiefst berührt. Zweifelsohne, zu erleben, wie einem wildfremde Menschen ganz uneigennützig helfen, da man schlichtweg Hilfe benötigt, ist eine unbezahlbare Erfahrung. *Muchísimas gracias.*

CUSCO

21. Kapitel

Nabel der Welt

Wir stehen in einem großen Kreis. In der Mitte befindet sich ein Altar mit unterschiedlichen Gegenständen: Blumen, Kräuter, Steine, Talismane, Meerschweinchenknochen und Tonfiguren, die wie mystische Fabelwesen aussehen. Der Schamane, in Südamerika auch *Curandero* genannt, bläst in eine Muschel. Ein langgezogener, dumpfer Ton erfüllt den Raum, mit dem er die bösen Geister vertreibt. Alle Teilnehmer sollen die Hände ineinanderlegen, dabei zeigen unsere Innenflächen nach oben zum Himmel, damit wir die Energien empfangen können. Wir atmen tief ein und vollständig aus.

Der Medizinmann beginnt mit seiner Zeremonie. Etwa 20 Augenpaare sind gebannt auf ihn gerichtet, mein Sohn und ich sind die einzigen Ausländer. Ein heftiger Regen prasselt auf das Wellblechdach, aus dem Hintergrund ertönen Rasseln, eine Trommel kommt hinzu. Der Schamane zieht an einer Tabakpfeife und bläst jedem Rauch ins Gesicht, der uns reinigen soll. Dabei tuschelt er Mantras in Quechua; bis auf die Wörter *Machu Picchu* und *Pachamama* verstehe ich nichts. Ein Gehilfe verteilt Kokablätter, die wir in unseren Händen reiben. Sie sollen unsere inneren Kräfte stärken und Schutz schenken. Aus einem Tonkrug kippt der heilige Mann Chicha, eine Art Bier aus fermentierten Maiskörnern, in eine kleine Schüssel, die er begleitet von Sprechgesang gen Himmel hebt. Auch die anderen Teilnehmer strecken ihre Hände empor und stimmen in den Singsang mit ein. Der Curandero nimmt einen großen Schluck und verteilt die restliche Chicha auf dem Boden, damit auch die Götter ihre Freude haben. Dabei stampft er mehrmals kräftig in den Sand. Anschließend nimmt er eine Flasche vom Altar, öffnet sie und schüttet jedem von uns ein paar Tropfen heilige Flüssigkeit in die Handflächen. Wir atmen den blumigen Duft tief ein, verreiben sie in unseren Händen und klopfen sie auf Stirn, Hals, Oberkörper und Beinen ab. Jetzt sollen alle Teilnehmer ihre Arme ausstrecken. Mit einem Bündel Kräuter klopft der Schamane jeden Einzelnen ab. Die Prozedur erinnert mich an die traditionelle Saunakultur in Finnland, bei der Saunierende Birkenzweige auf ihre Haut peitschen. Der Schamane fängt am Kopf an, dann Herzhöhe, Unterleib und zum Schluss kräftig aufs Gesäß. Dabei murmelt er rhythmisch unsere Namen. Wir sollen im Stillen an Pachamama unsere Wünsche richten. Ich wünsche mir viele weitere Abenteuer auf unserer Reise, dass wir nicht ausgeraubt werden, gesund bleiben und wohlbehalten zuhause ankommen. Zumindest den ersten und den letzten Wunsch wird mir Pachamama tatsächlich erfüllen. Jedoch ist im Vergleich zu mir mein Sohn beim Wünschen etwas pragmatischer veranlagt und kreischt aufgeregt «ein neues Spielzeugauto», sodass es nicht nur Pachamama hören kann.

Mit einem Ausruf beendet der Schamane die Zeremonie. Jetzt dürfen einzelne Personen vortreten und dem Curandero ihre Probleme vortragen. Eine ältere Frau wispert, dass sie an schrecklichen Kopfschmerzen leidet. Der Schamane legt seine Hand auf ihre Stirn, murmelt ein paar Mantras und gibt ihr eingelegten Tabak in Blütenwasser, Nelken und Zitronensaft. Dieses Gebräu soll sie drei Mal am Tag inhalieren, am fünften Tag werden ihre Kopfschmerzen völlig verschwunden sein.

Jetzt tritt ein junger Mann vor, der laut seiner eigenen Worte im vergangenen Jahr sehr viel Pech hatte. Der Schamane liest in einer Schüssel mit Kokablättern und raunt, dass eine verschmähte Geliebte ihn hat verhexen lassen, deswegen schwebe ein Fluch über seinem Haus. Er gibt dem jungen Mann eine Tüte mit Blütenblättern, die er vor seiner Haustür verstreuen soll, damit der Schadenszauber nicht mehr über die Schwelle treten kann.

Während sich mein Sohn in die hintere Hausecke verzieht, um ein Lama zu füttern, beobachte ich ganz aufmerksam das Geschehen, das sich so sehr von der westlichen Welt unterscheidet. Insbesondere in den Andenländern glauben nicht nur ältere, sondern auch junge Menschen an Heiler, Hexen, Zauberer und Naturgeister. Der Schamanenkult – eine Symbiose aus Naturmedizin, Esoterik und Katholizismus – ist überall weit verbreitet. Sowohl auf dem Land als auch in der Hauptstadt Lima ist es nicht unüblich, dass die Menschen sich bei Leiden oder Krankheiten in die Hände von Schamanen begeben, anstatt einen Arzt zu konsultieren. Während eines Heilverfahrens versetzt sich der Curandero in einen Trancezustand, um die Ursachen und Behandlungsmöglichkeiten zu erkennen. Doch die Wunderheiler helfen nicht nur bei Krankheiten, sondern werden beispielsweise auch bei Liebeskummer, Geldnöten oder anderen irdischen Problemen aufgesucht. So bittet der Schamane bei wichtigen Entscheidungen um die Zustimmung und den Segen der örtlichen Geister; oder wenn eine sehnsüchtig verlangende Liebe nicht erwidert wird, soll der betörende Duft von heiligen Blütenessenzen der verschmähten Person eine unwiderstehliche Ausstrahlung verleihen, die sogar auf weite Distanz ihre Wirkung zeigt. Außerdem schwören im Amazonas unglücklich verliebte Frauen und Männer auf einen Liebestrank, der aus dem Penis des rosafarbenen Delfins hergestellt wird. Und wenn auf einer Person ein Fluch lastet oder sie sich von einer schlechten Angewohnheit, wie Rauchen oder Alkohol, befreien möchte, werden in einem Ritual die bösen Energien auf ein Meerschweinchen übertragen, welches dann weit weg von der Zivilisation getötet und vergraben wird.

Und sogar bei der Qualifikation für die Fußballweltmeisterschaft 2018 in Russland haben anscheinend Schamanen ihrer Mannschaft zum WM-Ticket verholfen – davon sind zumindest die Medizinmänner selber fest überzeugt. Denn im letzten Play-off-Rückspiel gegen Neuseeland haben sich Schamanen vorm Nationalstadion in Lima versammelt, um die Geister um Beistand zu bitten. Gemeinsam trampelten die Curanderos auf Mannschaftsfotos der *Kiwis* herum und ließen Schlangen kreisen, die die Gegner aus Ozeanien mit einem Fluch versahen. Anschließend hüllten sie unter monotonem Getrommel und beschwörenden Gesängen die Bilder der peruanischen Nationalspieler in geweihten Rauch und ließen Blumenblätter auf sie niederrieseln. Und siehe da, die Zeremonie sollte Früchte tragen. Denn die Peruaner schlugen die Neuseeländer 2:0 – und qualifizierten sich somit als letzte Mannschaft für die anstehende Fußballweltmeisterschaft in Russland. Noch heute sind sich die Leute nicht ganz einig, ob für den Sieg ausschließlich die Bemühungen der Schamanen oder der eigenen Nationalmannschaft ausschlaggebend waren – doch der Jubelschrei war ohrenbetäubend und sicherlich auch in überirdischen Sphären unüberhörbar. Denn die Peruaner hatten es tatsächlich nach 36 Jahren geschafft, wieder ein WM-Ticket zu lösen.

Auf dem Weg zurück zum Bus sage ich zum Fahrer, dass ich überhaupt keine Ahnung hatte, dass wir auf unserer Stadtbesichtigung durch Cusco an einer Zeremonie teilnehmen würden. Er lacht und fragt, ob man mir nicht gesagt hätte, dass ich die *Heilige Tour* gebucht hätte. Ich schüttle den Kopf. Aber irgendwie bin ich auch ganz dankbar um diesen unerwarteten Einblick in die Welt des Schamanenkults, der im Leben der Peruaner eine wichtige Rolle spielt – und die meiner westlichen Denke doch so fern ist.

Auf der weiteren Fahrt komme ich mit meinem Sitznachbarn – dem jungen Mann, dessen verschmähte Geliebte ihn von einem anderen Schamanen hat verhexen lassen – ins Gespräch. Voller Stolz zeigt der aus der Hauptstadt stammende *Limeño* mir seine neue Spiegelreflexkamera mit allem möglichen technischen Chichi und erzählt mir, dass er als IT-Spezialist für einen internationalen Konzern arbeitet. Während der Bus wieder zurück in die sagenumwobene Stadt Cusco fährt, lausche ich völlig verblüfft seiner beruflichen Vita und wundere mich, wie es möglich sein kann, dass so ein technisch affiner Mensch an die Zauberkräfte von Schamanen glaubt.

***

Das imposante Reich der Inka beginnt mit einer Legende: Einst blickte die Sonne mitleidig auf die Menschen, die unten auf der Erde im Chaos, in Angst und Schrecken lebten. Die Sonne empfand tiefstes Mitgefühl und wollte die Menschen von ihrem Leid erlösen.

Deswegen schickte sie ihre zwei Kinder hinunter mit der Mission, ein Reich zu gründen, das von Toleranz, Freundlichkeit und wissenschaftlichen Erkenntnissen bestimmt wird. Außerdem sollten die Sonnenkinder den Menschen Ackerbau, Viehzucht, Handwerk, Religion, Gesetze und astronomische Zusammenhänge beibringen.

Das Geschwisterpaar stieg also hinab auf die Erde, wanderte entlang des Titicacasees in Richtung Norden und rammte seinen goldenen Stab im heutigen Cusco in den Boden. Der *Nabel der Welt* war somit gefunden. Cusco sollte der Regierungssitz und das umliegende Land, welches sie das *Heilige Tal* nannten, zu einem bedeutungsträchtigen Zentrum werden. Von hieraus errichteten die zwei Kinder der Sonne und ihre nachfolgenden Generationen das mysteriöse Inkareich, das ein komplexes Straßensystem von über 40.000 Kilometer umfasste und noch heute – mehrere Jahrhunderte nach seinem Untergang – Archäologen und Wissenschaftlern zahlreiche Rätsel aufgibt.

Cusco im Süden Perus ist nicht nur die älteste dauerhaft bewohnte Stadt des amerikanischen Kontinents, sondern auch ein absolutes Touristen-Mekka. Kaum einer von den 4,5 Millionen Touristen jährlich lässt sich dieses Highlight auf seiner Reise durch Peru entgehen – und doch muss ich an dieser Stelle zugeben, dass ich lange darüber nachgedacht hatte, auf meinem Südamerika-Trip die Hauptattraktionen Cusco und sogar Machu Picchu auszulassen. *Wie ich auf diese Idee gekommen war?* Einerseits lag es bestimmt daran, dass ich mich unbedingt abgrenzen wollte von den typischen Touristen, die sich in Peru nur auf den ausgetretenen und gut gekennzeichneten Pfaden bewegen. Und anderseits, weil ich die Befürchtung hatte, dass Cusco und Machu Picchu von internationalen Touristen völlig überrannt sind und dadurch schon längst ihre sagenumwobene Atmosphäre verloren haben. Doch an dieser Stelle gebe ich auch zu, dass meine Beweggründe ziemlich überheblich und engstirnig waren. Denn dadurch hätte ich uns beinahe um eins der spektakulärsten Erlebnisse unserer Reise gebracht.

Der Busfahrer lässt uns im Stadtzentrum raus. Ich verabschiede mich vom nerdigen IT-Spezialisten aus Lima, der hoffnungsvoll die Tüte mit den Blütenblättern umklammert, und laufe ein paar Meter bis zum Hauptplatz, *Plaza de Armas.* Trotz meiner ganzen Bedenken muss ich zugeben, dass ich absolut schockverliebt bin. Die Altstadt Cuscos hat mich mit ihren zahlreichen schmalen Pflasterstraßen, weißen Kolonialhäusern und roten Ziegeldächern nahezu verzaubert.

Da mein Sohn müde wird, mache ich es ihm in seinem Buggy gemütlich und decke ihn zu. Anschließend setze ich mich auf eine Bank und lasse das wuselige Treiben auf mich wirken. Der Platz ist sehr großzügig angelegt. Die vielen fröhlichen Blumen und perfekt geschnittenen Grünflächen täuschen darüber hinweg, dass wir uns gerade auf 3.400 Höhenmetern befinden. In der Mitte buhlt ein prächtiger Springbrunnen mit der goldenen Statue des Inka-Herrschers Pachacútec um Aufmerksamkeit. Jedoch zieht die eindrucksvolle Jesuitenkirche La Companía de Jesús im Barockstil alle Blicke auf sich. Es ertönt ein Glockenschlag, gefolgt von einem anderen. Es ist zwei Uhr. Ich wende meinen Blick zur linken Seite, wo das Läuten herkommt und mustere die Details der Kathedrale. Ich versuche mir vorzustellen, wie dieser Platz – das Herzstück Cuscos – vor vielen Jahrhunderten zu Zeiten der Inka ausgesehen hatte; bevor der machtgierige Francisco Pizarro und seine Männer im Jahr 1536 nach der Eroberung Cajamarcas auch in Cusco einmarschiert waren. Doch meine Phantasie lässt mich im Stich. Stattdessen folge ich der Richtung einer Taubenkolonne, die über meinen Kopf hinwegfliegt und an der nächsten Straßenlaterne landet, wo ein kleines Mädchen sie sogleich zu füttern beginnt. An der Laterne sind zwei Flaggen gehisst: die rot-weiße peruanische Fahne und eine in Regenbogenfarben, die das Inkareich repräsentiert – allerdings von vielen Touristen versehentlich mit der internationalen Regenbogenflagge der homosexuellen Bewegung verwechselt wird. Um mich herum ist es wuselig. Geschäftige Verkäufer preisen Postkarten, Pullover aus Alpakawolle, Lose, Souvenirs und Süßigkeiten an. Ein Schuhputzer zeigt auf meine völlig verdreckten Wanderstiefel, doch ich lehne freundlich seine Dienste ab. Am Himmel wechseln sich strahlender Sonnenschein und düstere Gewitterwolken im Minutentakt ab.

Ich stehe auf und schiebe meinen schlafenden Sohn durch die schmalen Gassen. Das Manövrieren des Buggys über das unregelmäßige Kopfsteinpflaster verlangt mir einiges ab. Auch die steilen Steigungen und zahlreichen Treppen verursachen erneute Kurzatmigkeit bei mir. Aber mittlerweile hat sich mein Körper sehr gut an die Höhe adaptiert.

An der nächsten Kirche sitzen ein paar indigene Frauen in traditioneller Kleidung mit einem Lama auf den Stufen. Für ein paar Soles können Touristen sich gemeinsam mit dem Lama fotografieren lassen. Ich bin gerade heilfroh, dass mein Sohn schläft und ich nicht in die Bredouille komme, tief in die Tasche greifen zu müssen für ein grinsendes Cusco-Lama-Erinnerungsbild. Ich schlendere vorbei an zahlreichen Cafés, Restaurants und Läden. In einem Fenster erblicke ich ein Schild, das ein anstehendes Ayuasca-Seminar bewirbt. Der Trend aus dem Amazonas, bei dem zahlungskräftige Touristen die Möglichkeit haben, sich in einer Zeremonie unter Einnahme der halluzinogenen Liane Ayuasca auf eine bewusstseinserweiternde Reise zu begeben, ist also mittlerweile auch in Cusco angekommen. Ich weiß nicht genau, was ich darüber denken soll – zumal ich schon von einigen Fällen gelesen habe, bei denen Teilnehmer während der Zeremonie gestorben oder auf andere mit einem Messer losgegangen sind.

Ich lasse die Innenstadt hinter mir und folge einer schmalen Gasse, die steil nach oben führt. Mit aller Kraft stemme ich mich gegen den Buggy, damit er mir nicht runterrollt. Ich bin ordentlich am Schnauben und Hecheln – dafür werde ich an der nächsten Ecke mit einem wunderschönen Ausblick übers wuselige Dächermeer der Kolonialstadt und die majestätischen Berge reichlich belohnt. Nur die wirren Stromleitungen stören ein wenig das phänomenale Panorama.

Ich schnaube weiter die Straße hinauf, die immer steiler wird, und erreiche die Kirche San Cristóbal aus dem 16. Jahrhundert. Vorm Eingang ist ein Kamerateam zugange. Ein Mann ist als Inka-Herrscher verkleidet. Er trägt einen bunten Wickelrock, um seine Schultern ist ein rotes Tuch geknotet und sein Kopf ist von einer mit Federn verzierten Haube bedeckt. Um seinen Hals trägt er ein auffälliges Sonnenamulett. Zwei Assistenten richten großflächige Reflektoren auf ihn, die sein Gesicht in ein goldiges, mystisches Licht tauchen. Da ich die Männer bei ihrer Arbeit nicht stören möchte, schlängle ich mich an ihnen vorbei, setze mich auf die Mauer und genieße den wunderschönen Ausblick auf Cusco, der meine Schockverliebtheit noch mal steigert.

«Bist du nicht Gabriela», höre ich plötzlich eine männliche Stimme hinter mir sagen. Verdutzt drehe ich mich um und kann meinen Augen kaum trauen. Tatsächlich! Hinter mir steht Klaus aus Berlin, den ich an meinem ersten Morgen im Hostel in Quito kennengelernt habe. Ich kann es nicht fassen, dass wir uns knapp zehn Wochen später und 3.000 Kilometer entfernt erneut begegnen. Innerhalb der nächsten Minute lassen wir im Affenzahn Revue passieren, was wir auf unserem Trip alles so erlebt haben. So viele spannende Abenteuer und Begegnungen! Doch eine Frage brennt mir gerade besonders auf der Seele: «Warst du schon in Machu Picchu? Und wie war das Wetter?»

«Oh, ja. Vor drei Tagen und es hat die ganze Zeit in Strömen geregnet. Aber der Besuch hat sich trotzdem gelohnt. Machu Picchu ist schon etwas ganz, ganz Besonderes».

Oh je! Diese Antwort hatte ich befürchtet, zumindest den Part mit dem Wetter. Nun gut, strömender Regen im Februar – also zum Höhepunkt der Regenzeit – ist leider nichts Ungewöhnliches. Und auch wenn mir viele andere Backpacker zuvor dasselbe erzählt haben, will ich gerade die Hoffnung nicht aufgeben, dass ich in ein paar Tagen das sagenumwobene Machu Picchu bei Sonnenschein erleben darf. Obwohl ich weiß, dass die Chancen sehr, sehr schlecht stehen.

22. Kapitel

Dem Himmel so nah

«Die Wahrscheinlichkeit, dass die drei Regenbogenberge nicht komplett mit Schnee bedeckt sind und wir sie sehen können, steht 50:50», erklärt unser Tour-Guide Raúl. Eine besondere Spannung erfüllt den Van, mit dem wir uns gleich zu einem spektakulären Naturphänomen begeben werden, das noch vor wenigen Jahren völlig unbekannt war.

«Und wie hoch ist die Wahrscheinlichkeit, dass es in Strömen regnet?», frage ich leicht verzweifelt. Raúl lacht und sagt, dass das nur die Berggeister wissen würden und dass er hoffe, dass sie uns heute wohlgesonnen sind; auf seiner gestrigen Tour waren sie es leider nicht.

Ich blicke aus dem Fenster. Der wolkenbehangene Himmel über Cusco sieht bedrohlich aus. Inbrünstig hoffe ich, dass die rabenschwarzen Wolken keine unheilbringenden Vorboten für unsere heutige Tour sind, auf der es auf 4.900 Meter geht. Zugegeben! Ich habe einen Heidenrespekt vor der Höhe, doch gleichzeitig wollte ich schon immer wissen, wie es sich anfühlt, dem Himmel so nah zu sein. Selbstverständlich habe ich auch Bedenken wegen meines Sohnes. Doch als er vor ein paar Tagen in einem Souvenirshop eine Postkarte mit einem niedlichen Alpaka auf einem farbenfrohen Berg gesehen hatte, stand sein Plan fest. Jegliche Widerrede meinerseits verlief ins Leere. Denn mein kleiner Abenteurer wollte unbedingt auf den Rainbow Mountain – das war für ihn genauso klar wie das Amen in der Kirche. Für mich stand allerdings fest, dass der Rainbow Mountain Vinicunca, der auf der touristischen Karte erst vor Kurzem entdeckt wurde und doch mit seinen markanten bunten Gesteinsschichten binnen kurzer Zeit insbesondere auf Instagram eine glorreiche Berühmtheit erlangte, für uns beide auf keinen Fall in Frage kam. Denn eine fünfstündige Wanderung bis auf 5.200 Meter ist für mich definitiv ein paar Nummern zu groß. Doch zum Glück habe ich eine Alternative gefunden: den Palccoyo, der *nur* 4.900 Meter hoch und vom Parkplatz in einer 45-minütigen Wanderung zu erreichen ist.

Die Fahrt dorthin ist nichts für schwache Nerven! Die Straße schlängelt sich in vielen Kurven an steilen Abhängen entlang. Deswegen schließe ich lieber die Augen, döse noch ein wenig vor mich hin und vertraue voll und ganz auf den souveränen Fahrstil unseres Tour-Guides Raúl, der auch gleichzeitig der Fahrer ist.

Wir verlassen die geteerte Straße und begeben uns auf eine mit Schlaglöchern übersäte Schotterpiste. An Schlaf ist jetzt nicht mehr zu denken. Wir werden ordentlich durchgerüttelt. Gegenstände fliegen durch den Bus. Ich kralle meine Finger in die Sitzlehne und bilde mir dabei ein, auf diese Weise mehr Halt zu haben.

Es geht immer höher und höher. Auf den Feldern arbeiten Bauern. Schafherden weiden auf Wiesen, die entlang der Berge terrassenförmig angelegt sind. Plötzlich muss Raúl scharf bremsen. Wir kommen zum Stehen und beobachten aufgeregt, wie eine Alpaka-Herde unseren Weg kreuzt. Voller Entzücken verdrehen alle ihre Köpfe und greifen in Windeseile zu ihren Kameras. «*Bienvenido al Alpaka-Dreamland*», grinst Raúl – und in der Tat kommt es mir so vor, als ob wir gerade in eine Traumwelt abtauchen, die nicht real zu sein scheint.

Raúl muss erneut auf die Bremse treten. Diesmal versperren uns Gesteinstrümmer den Weg. Unser Tour-Guide macht sich mit zwei anderen Fahrern an die Arbeit, diese wegzuräumen, damit die Autos wieder passieren können. Ich nutze den unfreiwilligen Zwischenstopp, um ein paar Fotos von der Umgebung zu machen. Ich steige aus und wenn ich es nicht besser wüsste, würde ich denken, dass mir meine Augen entweder einen Streich spielen oder ich gerade bei Alice im Wunderland auf Stippvisite bin. Denn der Fluss, der an einem steilen Berghang entlangfließt, hat eine leuchtende Apricot-Farbe.

Raúl erklärt uns, dass diese sonderbare Färbung durch die Regenbogenberge kommt.

Unsere Fahrt geht weiter. Wir passieren ein kleines Dorf, das lediglich aus ein paar einfachen Häusern besteht – und noch vor wenigen Jahren völlig abgeschottet und autark lebte. Ein kleines Mädchen mit einem Alpakababy auf dem Arm beäugt aufmerksam unser Auto. ‹Was sie wohl über uns denkt?›, frage ich mich. Auch wenn die Bewohner sich sicherlich mittlerweile an den Anblick von Touristen gewöhnt haben, wirken wir bestimmt wie Menschen aus einer völlig anderen, fernen Welt auf sie.

Auf dem Parkplatz öffnet Raúl schwungvoll die Tür des Vans. Schon bei den ersten Atemzügen merke ich den krassen Unterschied: Die Luft hier ist wesentlich reiner, aber auch um einiges dünner als in Cusco. Bereits nach ein paar Metern habe ich das Gefühl, als ob jemand meine Lunge zusammenpressen würde. ‹Ruhig weiteratmen›, ermahne ich mich. Nicht hyperventilieren und bloß nicht in Panik verfallen. Ich erinnere mich daran, dass Raúl für den Notfall ein mobiles Sauerstoffgerät dabeihat – dieses kleine Hintertürchen in Form von O^2 beruhigt meine Nerven gerade ungemein.

Direkt am Eingang erwartet uns der erste Regenbogenberg. Obwohl er größtenteils von Schnee bedeckt ist, können wir seine unterschiedlichen Farbtöne in den schillerndsten Nuancen erkennen: Rot, Gelb, Ocker, Grün, Grau. Die kontrastreiche, streifenförmige Anordnung sieht sehr skurril aus. Raúl erklärt uns, dass die unterschiedlichen Farben durch die Mineralien der verschiedenen Sedimente der Berge, die im Licht reflektieren, entstehen. Obwohl ich den Zusammenhang nicht gänzlich begreife, bin ich mächtig beeindruckt. Insbesondere als uns Raúl auffordert, unsere Handys in den Flugmodus zu stellen, da die magnetischen Strahlen der Berge diese schädigen können. Wir schalten also schnell die technischen Goldstücke aus und lauschen Raúls weiteren Anweisungen.

«Von hier aus sind es etwa 45 Minuten zu den zwei weiteren Regenbogenbergen. Lasst euch beim Laufen Zeit und vergesst nicht, viel zu trinken, da der Körper auf dieser Höhe schnell dehydrieren kann».

Raúl tröpfelt eine intensiv riechende Flüssigkeit in unsere Handflächen. Ich erkenne sofort die Flasche, es ist dieselbe Blütenessenz, die gestern der Schamane verwendet hat. Laut Raúl soll sie gegen Höhenkrankheit helfen und uns auf unserem Weg beschützen. Wir atmen die Flüssigkeit tief ein und reiben unsere Stirn mit ihr ein.

Am Rand des beginnendes Pfads sehen wir aufgetürmte Steine, die die Berggeister, *Apus* genannt, milde stimmen sollen. Auch wir suchen ein paar Steine zusammen, türmen sie auf und bitten dabei die Apus, uns zum Berg Zutritt zu gewähren und auf der anstehenden Wanderung zu begleiten.

Bereits nach ein paar Metern will mein Sohn nicht mehr laufen. Obwohl ich versuche, ihn umzustimmen, muss ich ihn schlussendlich in die Trage nehmen. Von den anderen Teilnehmern ernte ich respektvolle Blicke, die man auch leicht mit Mitleid verwechseln könnte.

Ich gehe ganz langsam, Schritt für Schritt. In meinem linken Fuß spüre ich einen stechenden Schmerz – das noch nicht gänzlich auskurierte Andenken vom Treppensturz vor vier Wochen im Amazonas. Deswegen lege ich immer wieder eine Pause ein – und fühle mich dabei, als ob ich in Watte eingepackt wäre. Alles um mich herum wirkt so unwirklich. Ich zwinge mich weiter und rede mir ein, dass es nicht mehr weit ist.

Vollkommen erschöpft, aber überglücklich komme ich beim Ausblick an, wo bereits ein Mann mit zwei Alpakas steht, die sofort gegen ein paar Soles zum Shootingstar werden. Ich befreie meinen Sohn aus der Trage. Raúl meint, dass wir jetzt optional noch zum steinernen Wald hinaufwandern können. Ich erhebe meinen Blick und schrecke sofort vor dem steilen Aufstieg zurück. Doch als Raúl verkündet, dass er hier unten auf uns warten wird, wittere ich meine große Chance.

«Kann ich meinen Sohn bei dir lassen?»

«Ja, klar».

Mein Sohn, dem die Höhe kaum zu schaffen macht, hat nichts dagegen, dass ich ihn kurz alleine mit Raúl zurücklasse. Beide klatschen ab und beginnen, sich gegenseitig mit Schneebällen zu bewerfen.

Gemeinsam mit den anderen gehe ich im Zickzack weiter den Berg hinauf. Der Weg ist zwar nicht besonders lang, dafür hat es aber die Steigung in sich. Unser lautes Keuchen wird vom dröhnenden Sausen des Windes übertönt. Die letzten Meter sind am anstrengendsten. Meine Beine fühlen sich wie Pudding an. Ich mobilisiere meine letzten Kräfte, gehe noch ein paar Schritte und erreiche den Gipfel, der knapp 100 Meter höher als die höchste Bergspitze der Alpen am Mont Blanc ist.

Der Panoramablick auf die marmorierten Berge, deren bunte Farben durch die dünne Schneedecke scheinen, und die dahinterliegenden Gletscher ist unbeschreiblich. ‹Fast schon überirdisch›, denke ich – und wundere mich mittlerweile nicht mehr, dass die Menschen in dieser Gegend zwischen Himmel und Erde an Berggeister glauben. Kein Foto und Video könnte diese vollkommene Schönheit adäquat wiedergeben. Dessen werde ich mir gerade bewusst und lege deswegen meine Kamera zur Seite. Ich bewundere die gänzliche Perfektion der Natur, lausche dem pfeifenden Wind, atme die klare Luft ein, die einen metallischen Geschmack auf meiner Zunge hinterlässt. Ich gehe in die Hocke und fasse den Schnee an, der sofort das Blut in meinen Fingern gefrieren – und doch ein wonnig warmes Aufwallen durch meine Adern aufsteigen lässt. Was für eine Glückseligkeit! Zu erfahren, wie es sich anfühlt, dem Himmel so nah zu sein.

MACHU PICCHU

23. Kapitel

Gänsehaut

Meine Augen müssen sich zuerst an die Dunkelheit gewöhnen, doch nach einem kurzen Moment kann ich die Umrisse eines Tempels erkennen. Aus dem Inneren höre ich Gesang, der dumpf und mystisch klingt. Ich überquere eine kleine Plaza, erklimme ein paar hohe Steinstufen und bleibe vorm Eingang des Tempels stehen. Sein Gemäuer besteht aus großen, unregelmäßigen Granitblöcken, die perfekt zusammengesetzt sind. Vorsichtig lasse ich meine Finger über die raue, kühle Oberfläche streichen und lausche dabei der melodischen Tonfolge, die immer schneller wird.

Ich betrete einen kleinen Raum, der wie eine Höhle aussieht, und erkenne eine gerade und eine halbkreisförmige Steinwand mit zwei Fenstern; eins zeigt nach Norden, das andere nach Osten. Mehrere Männer in traditioneller Kleidung stehen um einen in Fels gehauenen Altar versammelt. Keiner bemerkt meine Anwesenheit. Wie in Trance blicken sie alle zu einem Priester, der um eine Schüssel mit Kokablättern tanzt. Er stampft dabei kräftig in den Sand und wirbelt Staubwolken auf, die sich zuerst zu bizarren, düsteren Tiergestalten formieren und dann in einen nebulösen Schleier verwandeln, der die Luft zum Atmen raubt. Das rhythmische Stampfen des Priesters vermischt sich mit den Klängen der Trommeln und Rasseln zu einer Kakophonie, die immer bedrohlicher klingt. Von draußen höre ich einen Donnerschlag, der so fürchterlich laut ist, dass ich mir die Ohren zuhalten möchte. Doch wie in Schockstarre stehe ich völlig bewegungslos in der hintersten Ecke der Höhle und blicke wie im Delirium ebenfalls zum Priester, der ganz plötzlich aufhört zu tanzen und aus dem Fenster schaut.

«Ich sehe von Osten eine Gefahr auf uns zukommen, die schon bald die ganze Welt in tiefe Schatten hüllen und in Angst und Schrecken versetzen wird. Diese verhängnisvolle Gefahr wird sehr viele Opfer fordern und alle Menschen für lange Zeit in die Dunkelheit stürzen. Lasst uns gemeinsam den Gott *Tayta Inti* anrufen, damit er uns aus der Finsternis wieder ins Sonnenlicht führt. Lasst uns die Berggeister von Machu Picchu preisen, dass sie uns in dieser düsteren Zeit beistehen».

Wie aus einem Munde fangen die Männer an zu singen. Dabei stampfen sie mit schweren Schritten auf den Boden, flehen laut «ihr Berggeister von Machu Picchu steht uns bei». Doch ihre schwermütigen Schreie werden von den Trommeln und Rasseln verschluckt. Es donnert erneut. Ich fühle einen elektrisierenden Schlag durch meinen Körper strömen. Ich zucke zusammen, schnappe nach Luft. Ich will fliehen, doch der Eingang ist mit einem Felsen versperrt. Im ersten Moment sieht es so aus, dass ich hier gefangen bin, dass ich nicht mehr wegkomme. Doch dann erblicke ich, wie eine Eidechse durch einen kleinen Spalt im Felsen verschwindet. Ich folge ihr und quetsche mich durch die winzige Lücke hindurch.

Am Himmel wird ein roter Luftballon durch die Luft gewirbelt und vom Regen gepeitscht. Vorm Eingang hat sich Wasser angesammelt. Die Pfütze, die von Sekunde zu Sekunde größer wird, sieht unüberwindbar aus. Die Eidechse blickt mich an. Ihr schuppiger Körper wirkt wie erstarrt, doch in ihren Augen sehe ich, dass sie sich gerade bereit macht für einen Sprung. ‹Ich muss ebenfalls springen. Sofort! Ich darf nicht zögern, denn sonst schaffe ich es nicht mehr zurück nach Hause›, schießt es mir durch den Kopf. Ich blicke noch einmal zum Himmel, der rote Luftballon ist verschwunden. Ich nehme Anlauf und folge dem Reptil …

Ich schrecke hoch und öffne die Augen. *Wo bin ich?* Ich ringe nach Luft und höre, wie kräftige Regentropfen laut gegen die Fensterscheibe trommeln. Mein Puls rast. Allmählich besinne ich mich: Ich befinde mich in einem Hotel in Aguas Caliente, auch Machu Picchu Pueblo genannt, mein Sohn schläft friedlich neben mir, und ich habe gerade nur schlecht geträumt. Ich blicke auf die Uhr, es ist 3.07 Uhr. Ich höre Orlandos Stimme aus dem Amazonas, die mir zuflüstert: *Unsere Träume sind die andere Seite der Wirklichkeit*. Doch ich bin viel zu durcheinander und müde, um meinen Traum zu deuten. Obwohl ich ein wenig Angst habe, dass ich weiterträume, sobald ich die Augen schließe, muss ich schnell wieder einschlafen. Denn in knapp eineinhalb Stunden klingelt mein Wecker.

***

Es ist extrem früh, und trotzdem ist der Frühstücksraum bereits voll. Mein Sohn und ich setzen uns an einen kleinen Tisch direkt am Fenster und zwingen uns etwas Obst und Brot rein. Es fühlt sich an, als ob es noch mitten in der Nacht wäre, doch die Dunkelheit vor der Fensterscheibe lichtet sich allmählich. Ich blicke nach draußen und sehe, dass die Straße überflutet ist. Es hat die ganze Nacht über geregnet, und auch jetzt schüttet es wie aus Eimern. Ich gebe mich geschlagen, begrabe meinen aller-, allerletzten Hoffnungsschimmer, die imposante Ruinenstadt Machu Picchu bei Sonnenschein zu erleben, und bitte meinen Sohn trotz früher Stunde, noch einen Joghurt zu essen, damit er genügend Energie fürs anstehende Abenteuer hat.

Beim Verlassen des Frühstücksraums bietet mir ein Kellner Regenponchos aus Plastik an, die wie Duschvorhänge aussehen. Ich kenne solche Ponchos aus Südostasien und normalerweise finde ich die Dinger furchtbar, da sie schnell kaputtgehen und unnötigen Plastikmüll produzieren. Doch heute greife ich eifrig zu und nehme dankend zwei Stück mit.

Etwas ungeduldig warten wir in der Hotellobby auf unseren Guide, der uns durch Machu Picchu führen wird. Ich blicke mich im Spiegel an und muss mir ein lautes Auflachen verkneifen. Ich sehe mit dem unvorteilhaften Plastik-Poncho im Duschvorhang-Südostasien-Style über meiner Regenjacke und meinem Rucksack extrem albern aus. Auch die anderen Gäste in der Hotellobby tragen einen und sehen nicht minder komisch aus. ‹Das ist wohl der heutige Einheitslook in

Machu Picchu›, denke ich belustigt, um mich ein wenig von der sintflutartigen Untergangsstimmung vor der Tür abzulenken.

Pünktlich um 5.30 Uhr verlassen wir mit unserem sympathischen Guide Carlos das Hotel. Vor uns liegt ein straffer Zeitplan voller Gänsehautmomente in der Wolkenstadt der Inka. Gemeinsam laufen wir zum Bus, der sich mühselig die kurvenreiche Straße durch die unwegsame Bergwelt neun Kilometer hinauf hochkämpft bis zur Pforte der wichtigsten Sehenswürdigkeit Perus, die sogar zu den modernen sieben Weltwundern zählt. Unsere Tickets, Reisepässe und der kleine Rucksack werden am Eingang akribisch geprüft, denn die Reglementierungen für einen Besuch in Machu Picchu sind sehr strikt: Es sind weder größere Gepäckstücke noch sperrige Gegenstände, wie zum Beispiel Regenschirm oder Selfiestick, erlaubt. Essen ist strengstens untersagt. Große Wasserflaschen sind verboten. Die Besucher dürfen sich ausschließlich vorwärtsbewegen und keinen Schritt zurückgehen. Toiletten befinden sich nur am Eingang beziehungsweise am Ausgang. Wer zwischendurch mal eine Pipipause einlegen will, muss die Anlage ein für alle Mal verlassen und darf nicht mehr ins verlorene Inkareich zurückkehren. Und sobald das Ticket gescannt ist, tickt die Uhr – dann bleiben einem exakt vier Stunden und keine Minute länger, die sagenumwobene Ruinenstadt zu erkunden. Ich nicke brav alle Vorschriften ab, passiere die Schranke und betrete ehrfürchtig die letzte Wirkungsstätte der Inka.

Gleich beim Eingangstor folgen wir einem schmalen Pfad durch den Urwald, überwinden zahlreiche steile Stufen und bleiben auf einer großflächigen Anlage stehen. Carlos zeigt in die Richtung, wo man *normalerweise* das bekannteste Postkartenmotiv Perus sehen kann: den dreizackigen Berg mit seinen Ruinen, der das Panoramabild der verlorenen Stadt dominiert. Doch außer einem dichten Nebelschleier kann ich rein gar nichts erkennen. Ich muss mich mächtig zusammenreißen, um mir meine enorme Enttäuschung nicht anmerken zu lassen, doch offensichtlich entgleiten mir meine Gesichtszüge, denn Carlos versucht mich aufzumuntern.

«Gerade in der Regenzeit kann sich das Wetter hier schlagartig ändern». Beim Anblick der düsteren Regenwolke fällt es mir allerdings ziemlich schwer, Carlos' Worten Glauben zu schenken. Doch er soll tatsächlich recht behalten …

Im Gegensatz zu mir macht mein Sohn keinen Hehl daraus, dass er total enttäuscht ist. Er meckert rum, hat keinen Bock und möchte sofort ins warme, trockene Hotel zurück. Ich kann ihn sehr gut verstehen, denn seitdem wir gemeinsam zuhause in Deutschland ein Kinderbuch über das Reich der Sonnenkinder gelesen hatten, wollte mein Sohn unbedingt die rätselhafte Stadt Machu Picchu, die einst von einem mächtigen Inkakönig erbaut wurde, mit eigenen Augen sehen.

Ziemlich niedergeschlagen und desillusioniert steigen wir eine Zickzacktreppe weiter empor und bleiben an der Hütte des Verwalters des Grabfelsens stehen, von wo aus man bei einigermaßen klarer Sicht den besten Ausblick auf die Anlage hat. Immerhin hat sich der strömende Regen in einen Sprühregen verwandelt, und ich kann in dem zähen Wolkenvorhang – der zugegebenermaßen diesem bedeutungsträchtigen Ort eine geheimnisvolle, unergründliche Atmosphäre verleiht – einige wenige Ruinenumrisse erahnen.

Wir gehen ein paar Meter vorwärts und Carlos erklärt mir, dass wir jetzt genau gegenüber vom weltberühmten Berg, der nicht Machu Picchu heißt, wovon viele Besucher fälschlicherweise ausgehen, sondern Huayna Picchu, stehen. Der Berg Machu Picchu, nach dem die archäologische Stätte benannt wurde und der übersetzt so viel wie *alter* oder *hoher Berg* bedeutet, thront hinter uns. Ich kneife meine Augen zusammen und erkenne tatsächlich die kegelförmige dreigezackte Silhouette des zuckerförmigen Berges Huayna Picchu. ‹Was für ein Glück!›, denke ich ganz demütig, denn damit hatte ich nicht mehr gerechnet.

Nach ein paar Minuten gebe ich Carlos ein Zeichen, dass wir weitergehen können, doch er hält mich mit den Worten «Lass uns noch eine Weile abwarten» zurück. Ich richte also meinen Blick erneut nach vorne – in der Hoffnung, dass noch ein größeres Wunder geschieht und die Apus die Regenfront verjagen – und lausche dabei aufmerksam Carlos' wundersamen Geschichten über Machu Picchu.

«Wir befinden uns auf 2.430 Höhenmetern. Archäologen gehen davon aus, dass die Stadt Anfang des 15. Jahrhunderts errichtet wurde, also zu einer sehr späten Phase der Inka-Kultur. Da es jedoch keine überlieferten Schriften gibt, stehen noch heute Historiker und Wissenschaftler vor vielen ungelösten Rätseln – so wissen sie beispielsweise nicht eindeutig, zu welchen Zwecken dieser Ort diente. Es gibt Vermutungen, dass die Ruinenstätte einst die königliche Sommerresidenz war. Andere gehen davon aus, dass es sich um einen Verwaltungssitz oder eine wichtige Pilgerstätte handelte. Ich selber glaube, dass dieser Ort ein kulturelles Zentrum gewesen ist, an dem gelehrt wurde und die obersten Priester Zeremonien abhielten. Welche Vermutung auch immer der unbekannten Wahrheit – die die Inka leider auf immer und ewig mit ins Grab genommen haben – über das mysteriöse Reich am nächsten kommt, Fakt ist, dass die außerordentliche Qualität der Steinmetzarbeiten und Verzierungen ein sicheres Indiz dafür ist, dass Machu Picchu der wichtigste Ort des Inka-Imperiums war. Ohne Metallwerkzeuge, Wagen und Mörtel errichtete das Andenvolk ein Areal aus insgesamt 216 Häusern, die aus aufeinandergeschichteten, exakt in Form gebrachten Steinen bestehen, und über 3.000 steile Treppen, steinerne Fluchten und Pfade. Der Komplex lässt sich grob in vier Sektionen unterteilen: Wohnräume, Werkstätten, landwirtschaftliche Nutzflächen und spirituelle Orte, wie zum Beispiel der Sonnentempel oder Berggipfel des Huayna Picchus auf 2.720 Höhenmetern. Leider können wir gerade wegen der Wolken den großen begrünten Hauptplatz nicht sehen, der das Zentrum bildet. Wir werden aber gleich runtergehen, und dann zeige ich euch die wichtigsten Gebäude».

Wie faszinierend! In meiner Fantasie male ich mir aus, wie dieser Ort vor rund 600 Jahren ausgesehen hat. Vor meinem inneren Auge sehe ich genau an dieser Stelle mächtige Herrscher stehen, die voller Stolz auf ihr Reich hinunterschauen. Priester, die in Zeremonien die Götter anrufen und mit Opfergaben – zum Teil menschlichen – den Berggeistern huldigen. Bauern bewirtschaften die angrenzenden Ackerflächen, und Frauen tragen die Erzeugnisse zum Markt. Kinder spielen auf dem zentralen Platz. Jugendliche lernen in der Schule,

Sternenbilder zu deuten, anhand des Verlaufs der Sonne einen exakten Kalender, der sogar die Schaltjahre berücksichtigt, zu bestimmen und entwickeln aus dem einfachen Zählsystem ein ausgeklügeltes Dezimalsystem …

«Doch das imposante Reich fand ein jähes Ende», führt Carlos seine Schilderung fort. «Als das Oberhaupt Machu Picchus erfuhr, dass wilde, bärtige Männer mit Booten aus dem Osten gekommen waren und im Jahr 1532 durch eine blutrünstige Intrige das Reich des Königs Atahualpa im Norden im heutigen Cajamarca eingenommen hatten und sich jetzt auf dem Weg nach Cusco befanden, gab er den Befehl, seine Stadt auf dem abgelegenen Hochplateau umgehend zu verlassen, da er nicht wollte, dass dieser heilige Ort in die Hände der weißen Barbaren fiel. Binnen ein paar Tage verließen die Herrscher und Bewohner fluchtartig Machu Picchu und gründeten etwa 30 Kilometer Luftlinie entfernt eine neue Stadt namens Vilcabamba – der letzte Zufluchtsort der Inka, wo sie noch etwa 40 Jahre lebten, bis das gesamte Reich kläglich niederging und von den spanischen Konquistadoren unterjocht wurde. Mit dem Untergang des Inka-Imperiums ging auch das Wissen um die Existenz von Machu Picchu fast gänzlich verloren. Denn im Laufe der folgenden Jahrhunderte wussten nur ein paar Auserwählte, dass es mal eine prachtvolle Stadt in den Bergen über den Wolken gegeben hatte.

1911 begab sich dann der amerikanische Historiker Hiram Bingham auf die Suche nach der verlorenen Stadt Vilcabamba, die aufgrund der unzugänglichen Lage im Dschungel von den Spaniern nie gefunden wurde. Jedoch entdeckte er auf seiner Expedition zufällig und mithilfe eines Kindes die völlig überwucherten Ruinen der alten Inka-Stadt, die übrigens erst nach der Wiederentdeckung Machu Picchu benannt wurde, da der ursprüngliche Name ebenfalls unbekannt ist».

Genau in dem Moment, als Carlos seine wundersamen Geschichten über das rätselhafte Reich beendet, geschieht etwas, woran ich nicht mehr zu glauben gewagt habe. Wie aus heiterem Himmel kommt ein kräftiger Wind auf und innerhalb von ein paar Sekunden verjagt er die dunklen Wolken. Die Sonne kommt hervor und plötzlich erstreckt sich vor uns ein Panorama, das mir sofort Tränen in die Augen treibt. Ich bin völlig ergriffen und zutiefst berührt. Auch wenn ich nicht der Typ bin, der vorzugsweise von Magie und Mystik spricht, muss ich mir gerade eingestehen, dass sich dieser Moment verdammt mystisch und magisch anfühlt! Ich habe Gänsehaut am ganzen Körper. Und all meine Zellen sind gerade frenetisch am Jubeln und feiern ein emotionales Feuerwerk. Sprachlos stehe ich da und betrachte voller Demut und Dankbarkeit die bewaldeten zackigen Felswände, die wie sanftmütige Riesen über ihre terrassenförmige Stadt wachen. Unter ihnen bahnt sich in schwindelerregender Tiefe der wilde Fluss Urubamba seinen Weg durch eine unwegsame Dschungellandschaft.

Dieser Ort ist so perfekt, dass er schon fast unwirklich erscheint. Und obwohl ich unter normalen Umständen um esoterische Weisheiten gerne einen großen Bogen mache, bilde ich mir gerade sogar ein, dass ich ganz deutlich seine Energie spüren kann. Kein Wunder, dass die Inka unter allen Umständen verhindern wollten, dass ihre Feinde diese heilige Gegend finden. Und es verwundert mich keineswegs, dass Machu Picchu nicht nur zu den wunderschönsten Sehenswürdigkeiten Südamerikas zählt, sondern sogar eins der modernen sieben Weltwunder ist.

Die Uhr tickt! Leider muss jeder wundervolle Moment – möge er noch so magisch und mystisch sein – irgendwann zu Ende gehen. Carlos erinnert mich daran, dass unsere verbleibende Zeit in Machu Picchu langsam abläuft. Schweren Herzens nehme ich Abschied von diesem Anblick, den ich in seinen unterschiedlichsten Wetter-Facetten bewundern durfte, und gemeinsam steigen wir hinab in die Ruinenstadt, von der nahezu 60 Prozent im Originalzustand erhalten sind.

Mein Sohn läuft völlig aufgedreht umher. Die Energie Machu Picchus scheint auch auf ihn übergeschwappt zu sein. Seine unkontrollierte Rastlosigkeit erinnert mich an die Zeichentrick-Figur Speedy Gonzalez – die schnellste Maus von Mexiko. Seine schlechte Laune hat sich gemeinsam mit der tiefhängenden Wolkendecke verflüchtigt. Völlig aufgeregt zeigt er mir zahlreiche Details vom

Königreich, das er bereits in seinem Kinderbuch voller Faszination erforscht hat.

Unser Rundgang führt uns vorbei am Sonnentempel, der einen sonderbaren Grundriss hat. Denn das Gemäuer des Tempels, in dem der Sonnengott Tayta Inti angebetet wurde, besteht aus einer geraden und einer halbkreisförmigen Steinwand. Ich blicke hinunter und sehe im Inneren einen in Fels gehauenen Altar, der ein schauriges Gefühl in mir hervorruft.

Wir passieren weitere Altäre, an denen einst Priester zu Ehren der Götter Tribute zollten, das Mausoleum der Könige, mehrere Zeremonialbäder, den berühmten Tempel der drei Fenster und machen auf der großen begrünten Heiligen Plaza, dem Herzstück Machu Picchus, eine kleine Verschnaufpause, um die imposante Szenerie und das wuselige Gedränge der Besucherströme auf uns wirken zu lassen. Anschließend gehen wir weiter zur Sakristei, von wo aus eine Treppe zur wichtigsten Errungenschaft der Inka, dem auf einem kleinen Hügel gelegenen *Intihuatana,* was so viel wie «der Ort, an dem die Sonne angebunden ist» bedeutet, führt. Das Steinkonstrukt besteht aus mehreren kleineren Felsen und einem großen quaderförmigen Felsblock. Carlos erklärt mir, dass die Inka die Schatten, die dieser Felsblock im Sonnenlicht wirft, zur astronomischen Zeitbestimmung verwendet hatten. Ich bin von der Präzision völlig verblüfft – doch was mir Carlos als nächstes erzählt, haut mich fast aus den Latschen, weil es an ein astronomisches und mathematisches Wunder grenzt.

«Das Faszinierende an dieser Konstruktion ist, dass der Felsblock an den zwei Daten der sogenannten Tagundnachtgleiche – also am 21. März und 23. September – im Sonnenlicht keinen Schatten wirft. Damit haben die Inka bereits vor mehreren Jahrhunderten bewiesen, dass an diesen beiden Kalendertagen Tag und Nacht exakt auf die Sekunde gleich lang sind».

Wir laufen weiter zu einem anderen Platz, wo am unteren Ende ein labyrinthartiges Gefängnis liegt. Carlos macht mich hier auf eine ganz besondere Figur aufmerksam, die zu seinen persönlichen Favoriten gehört: der gemeißelte Kopf eines Kondors, dessen ausgestreckte

Flügel die Silhouette der Felsen dahinter bilden. Mit diesem beeindruckenden Detail verabschiedet sich Carlos von meinem Sohn und mir und lässt uns unsere verbleibenden Minuten in Machu Picchu in staunender Zweisamkeit verbringen.

Pünktlich um zehn Uhr verlassen mein Sohn und ich das verlorene Reich der Inka, denn unsere Zeit ist abgelaufen. Ich bin mir sicher, dass ich dieses beeindruckende Erlebnis ein Leben lang in meinem Herzen tragen werde und mich bis ins hohe Alter an den gemeinsamen Fotos mit meinem vierjährigen Kind vorm surrealen Panorama Machu Picchus erfreuen werde. Und ich bin so unendlich dankbar, dass ich trotz Bedenken und Zweifel diesen heiligen Ort, der zweifelsohne touristisch völlig überrannt ist, besucht habe.

Kaum haben wir den Ausgang hinter uns gelassen, verabschiedet sich auch die Sonne, und tiefhängende, dunkelschwarze Wolken bedecken den Himmel. Hinter den Bergen vernehme ich einen lautstarken Donner. In ein paar Minuten fängt es an zu regnen, dessen bin ich mir sicher.

Doch bevor wir in den Bus flüchten, müssen wir noch eine obligatorische Sache erledigen: den Machu-Picchu-Stempel in unseren Reisepässen verewigen. Während ich zuschaue, wie mein Sohn voller Enthusiasmus gleich mehrere Stempel in seinen Reisepass drücken möchte und ich ihn nur durch gutes Zureden davon überzeugen kann, die Seiten für die kommenden Visastempel freizulassen, wird mir ganz warm ums Herz und ich spüre zugleich eine sanfte Wehmut. Zweifelsohne, obwohl ich es nicht erwartet habe, hat mich das südamerikanische Land Peru absolut verzaubert. Es hat mich beeindruckt, fasziniert, berührt, zum Staunen, Taumeln, Lachen und Weinen gebracht, und es hat sich tief in meinem Herzen einen ganz besonderen Platz gesichert. Doch so langsam ist der Zeitpunkt gekommen, *«adiós Perú»* zu sagen. Denn genau in 36 Stunden geht unser Bus in die bolivianische Stadt Copacabana am Titicacasee. Ein Ort, auf den ich mich besonders freue, da ich schon seit meiner Kindheit davon träume, dorthin zu fahren.

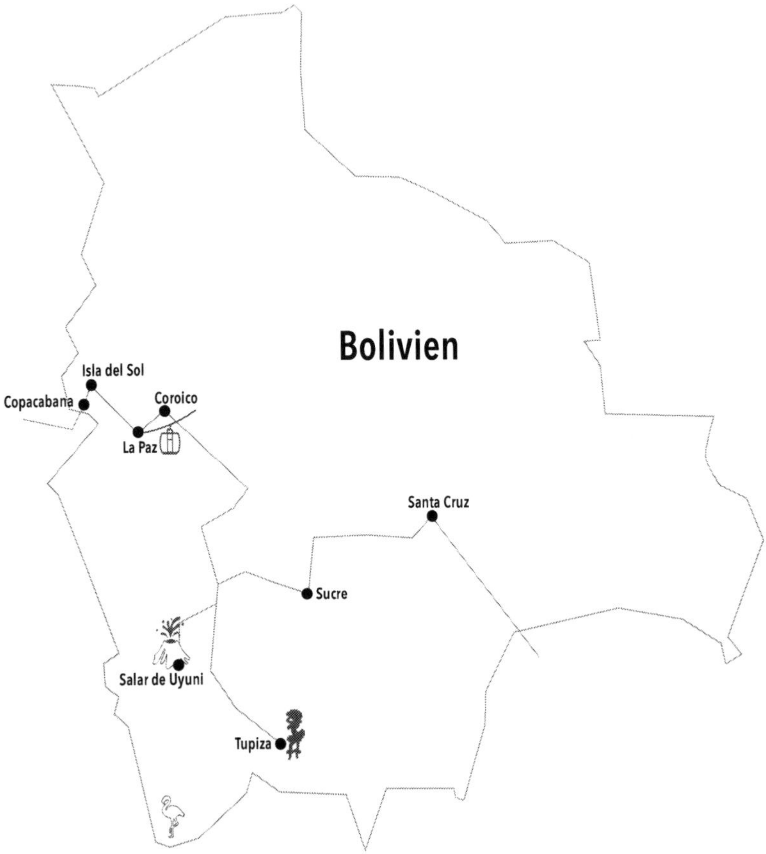
Bolivien
Isla del Sol
Copacabana
Coroico
La Paz
Santa Cruz
Sucre
Salar de Uyuni
Tupiza

BOLIVIEN

Scheißegal, einfach den Moment genießen! Denn man weiß nie, was morgen passiert.

TITICACASEE

24. Kapitel

Im wahren Copacabana

Bei Copacabana denken sicherlich die meisten unter euch an den weltberühmten Stadtteil in Rio de Janeiro mit seinen kilometerlangen Stränden, an denen tanzende Beach-Schönheiten in knappen Bikinis bei Sambamusik mit einem Caipirinha in der Hand das Sinnbild der brasilianischen Lebensfreude verkörpern. So ist es auch mir früher ergangen. Doch es gibt noch einen anderen Ort, der den gleichen Namen trägt. Er liegt in Bolivien auf 3.820 Metern am Titicacasee, an dem Kokablätter kauende Frauen bunte Schulterdecken aus Lamawolle und traditionelle Überröcke mit bis zu zehn Unterröcken tragen. Die Einwohner am höchstgelegenen schiffbaren Binnensee der Welt nehmen sogar für sich in Anspruch, dass *ihr* Copacabana in den Anden das Original und somit der Namenspatron für den mondänen Stadtbezirk an der brasilianischen Küste sei. Handfeste Beweise für diese Behauptung gibt es zwar keine. Doch in Südamerika, wo Legenden und Glaube gegenüber Rationalität und Vernunft meistens die Oberhand gewinnen, kommt es keineswegs auf eine stichhaltige Beweisführung an.

«Viel wichtiger ist es, dass eine Geschichte gut klingt, denn dann findet sie auch aufmerksame Zuhörer und bleibt in Erinnerung», an diesen Satz eines Bootsführers am Titicacasee muss ich rückblickend oft denken, denn er versinnbildlicht den Wesenskern vieler Menschen in Südamerika. Ob die Geschichte nun der Wahrheit oder den lebhaften Phantasiebildern entspricht, spielt für sie eher eine untergeordnete Rolle.

«Ich weiß, dass es keinen Beweis dafür gibt, dass die Brasilianer unseren Namen geklaut haben», führt der Bootsführer weiter aus. «Aber es gibt auch keinen dafür, dass sie es nicht getan haben. Und genau deswegen sind wir überzeugt, dass unser Ort das *wahre* Copacabana ist, denn das klingt in unseren Ohren um einiges besser».

Ich muss zugeben, dass dieser kleine Diskurs auch meine Anschauungsweise maßgeblich beeinflusst hat. Denn seitdem denke ich bei «Copacabana» eben nicht an kilometerlange Strände und tanzende Beach-Schönheiten, sondern an einen unbeschreiblich schönen Sonnenuntergang, der die spiegelglatte Oberfläche des tiefblauen Sees in einem betörenden Licht erscheinen lässt. An den Ausblick auf schneebedeckte 6.000er, weidende Lamas, Frauen mit langen geflochtenen Zöpfen und schwarzen Hüten, die an eine britische Melone erinnern. An die Plaza vor der Kathedrale, auf der jeden Sonntag freudig lärmende Menschen ihre Autos, Busse, Lastwagen und Jeeps bei Weihrauchnebel segnen lassen, in der Hoffnung, dass das heilige Wasser sie vor einem Unfall in den Bergen beschützen möge. An die Kirche mit der *Virgen Morena,* der schwarzen Jungfrau, die bei Ankunft der Missionare im 16. Jahrhundert von dem indigenen Volk der Aymará aus dunklem Holz geschnitzt worden war. An den kleinen Jungen mit dem Kaugummi auf der Stirn – und selbstverständlich auch an den Geburtsort der Sonne, wo ich erfahren habe, wie es sich anfühlt, wenn Traumvorstellung und Realität sehr weit auseinanderklaffen.

***

Um 8.45 Uhr kommen wir im *wahren* Copacabana an. Der Pick-up, der uns bei Minustemperaturen am Grenzübergang aufgelesen hat, hält direkt im Zentrum des Kleinods an, wo im Gegensatz zu seinem Namensvetter ganztägige Siesta-Stimmung zu herrschen scheint. Dick eingemummelt in Winterjacken, Schal, Mütze und Handschuhen klettern mein Sohn und ich von der Ladefläche, lassen uns das Gesicht von unseren ersten Sonnenstrahlen auf bolivianischem Boden wärmen und checken anschließend in der erstbesten familiengeführten Pension direkt am Plaza Central ein.

Puh! Ich kann meine Aufregung kaum in Schach halten, denn gerade geht für mich ein ganz großer Kindheitstraum in Erfüllung.

Seit meinem fünften Geburtstag, an dem ich ein Bilderbuch über das Andengewässer mit dem äußerst lustig klingenden Namen *Titicaca* geschenkt bekommen habe, träume ich davon, zum größten Süßwassersee Südamerikas zu fahren. Doch es sollten noch weitere 36,5 Jahre vergehen, bis mein Traum aus Kindheitstagen Realität werden sollte. Und nun ist der Tag da – und der *Lago Titicaca*, der mit seiner Fläche von rund 8.400 Quadratkilometern 15,5 Mal so groß wie der Bodensee ist, befindet sich nur ein paar Gehminuten von unserem Zimmer entfernt.

Doch als wir durch die kleinen Gassen Copacabanas schlendern, verwandelt sich meine anfängliche Euphorie schnell in ernüchternde Erkenntnis. Statt romantisierter Ursprünglichkeit und Idylle, wie ich sie mir in meiner Phantasie ausgemalt habe, dominieren Ramschläden und halbfertige Zweckbauten das Stadtbild. Das Seeufer ist von unzählig vielen Motorbooten gesäumt, gestrandete Backpacker verteilen verschiedene Flyer von Bars mit Happy Hour, Moonlight Raves und Ayahuasca Zeremonien (– ich überlege, ob letzteres der Grund dafür sein könnte, dass sie immer noch an diesem Ort sind?), und mir drängt sich der Eindruck auf, dass sich hier mehr entdeckungswillige Reisende, Schmuckverkäufer aus aller Herren Länder und selbstvergessene Neo-Hippies mit schmalem Geldbeutel tummeln als Einheimische, die den Ausländern argwöhnisch mit großer Distanz begegnen.

Während mein Sohn auf einem Hügel mit fieberhaftem Enthusiasmus Zahlen schreiben lernt, blicke ich hinunter auf den Sehnsuchtsort meiner Kindheit und schwanke zwischen Freude und Frustration, zwischen Euphorie und Enttäuschung. Aufmerksam wandern meine Augen den halbmondförmigen Schwung der Bucht, der durchaus an den 3.500 Kilometer entfernten Strand Rio de Janeiros erinnert, auf und ab. Unten am See sehe ich eine Frau, die im eisigen Wasser ihre Kleidung wäscht. Neben ihr brettert ein Boot mit schrillem Motorgeratter los, während Fischer am Ufer ihre Netze zum Trocknen ausbreiten. Ich spüre die Höhensonne auf meiner Haut, die ordentlich Power hat. Schlagartig wird es warm, und mit dem Anstieg des Thermometers ziehen immer mehr Touristen ihre T-Shirts aus und legen sich ins Kiesbett, während die einheimischen Männer gerademal drei Zentimeter den Reißverschluss ihrer Daunenweste runterziehen. Ich widerstehe dem Impuls, ebenfalls nackte Haut zu zeigen, ziehe nur meine Jacke aus und beobachte weiterhin die zwei Parallelwelten, die unterschiedlicher nicht sein könnten. In meiner Magengegend verspüre ich ein Unbehagen, doch ich versuche es zu unterdrücken – und freue mich stattdessen auf unseren morgigen Besuch auf der Isla del Sol, wo einst die Kinder der Sonne vom Himmel hinabgestiegen waren, um das Inkareich zu gründen.

Am nächsten Morgen verstaue ich unser Gepäck in der hintersten Ecke der Rezeption, verabschiede mich vom Besitzer mit den Worten: «Wir sehen uns in drei, vier Tagen; vielleicht bleiben wir auch länger weg, wenn es uns gefällt«, und laufe mit einem kleinen Rucksack zum Hafen, von wo aus in ein paar Minuten unser Boot auf die Sonneninsel geht.

Die Überfahrt ist stürmisch, und der frostige Wind des *Altiplanos* pfeift durch die Ritzen ins Bootsinnere. Mein Sohn und ich kuscheln uns aneinander, hauchen den dampfenden Atem in unsere eiskalten Hände und genießen aus dem Fenster den Ausblick auf das tiefblaue Wasser eingerahmt von der spektakulären Andenlandschaft, den Wolken, die jeden Moment im See zu versinken drohen, und der Wasserhose in der Ferne, die wie ein tosender Kreisel über die Oberfläche tanzt. Doch bereits nach ein paar Minuten prasseln die ersten Regentropfen gegen die völlig verkratzte Scheibe, und ich hoffe inbrünstig, dass der Kapitän eine bessere Sicht genießt als wir es tun.

Gerade als ich die Augen schließen möchte, um mich unweigerlich dem Wellengang hinzugeben, fängt der Bootsführer an, die Passagiere, die größtenteils aus den Nachbarländern Chile und Argentinien kommen, davon zu überzeugen, dass das *wahre* Copacabana auf 3.820 Höhenmetern liegt. Seine lebhafte Geschichte klingt so mitreißend, dass alle ihm zunicken und anfangen zu lachen. Doch am lautesten lacht der waschechte *Copacabaner* selber, der sich auf äußerst sympathische Weise über seine eigenen Witze beömmelt, was mich wiederum zum Grinsen bringt. Mir fällt auf, dass er der erste

Bolivianer hierzulande ist, den ich mit einem fröhlichen Gesichtsausdruck erlebe.

Zwei Stunden später erspähe ich am Horizont die Isla del Sol, die mitten auf dem See liegt. Mittlerweile hat sich das Unwetter verzogen, und als ob sie dem Namen ihrer Insel alle Ehre machen wollen, kämpfen sich die ersten Sonnenstrahlen durch den wolkenverhangenen Himmel.

Am Ufer fängt uns sofort ein ernsthaft dreinblickender Mann ab und fragt mich in gebrochenem Spanisch, ob wir ein Zimmer suchen. Ich bejahe und folge ihm schnaufend die steile Treppe hinauf, die vor 700 Jahren von den Inka erbaut wurde. Wir überwinden knapp 200 Höhenmeter, und mit jeder Stufe ringe ich zunehmend um Atem, hechle hinterher und kann dennoch nicht Schritt halten. Doch der Rundumblick der überwältigenden Landschaftskulisse auf dem gegenüberliegenden bolivianischen Festland entschädigt für die atemraubende Plackerei. Die schneebedeckte Königskordilleren mitsamt dem 6.368 Meter hohen Berg Illampú, der von den Einheimischen «der Gott der Stürme« genannt wird, erstreckt sich vor uns nahezu wie eine fantastische Erscheinung.

Es ist wohl dieses überwältigende Panorama, das bei der Zimmerwahl meine Sinne trübt. Ähnlich wie im Amazonas in Peru, kurz bevor ich die Treppe runtergestürzt war, werfe ich nur einen flüchtigen Blick ins Zimmer und sage der Besitzerin, dass wir es erstmal für eine Nacht nehmen, da ich auf dieser Insel eh keinen Komfort erwarte und es mir besonders wichtig ist, bei einer Familie zu wohnen, um mein Geld direkt bei der lokalen Bevölkerung zu lassen. Ich zähle die *Bolivianos* passend ab und habe zugleich das ungute Gefühl, dass sie mir völlig zügellos aus den Händen gerissen werden. Die *Cholita,* wie die traditionell gekleideten Frauen sich selber nennen, verstaut das Geld umgehend in ihrem geschichteten Rock, dreht sich wortlos um und lässt mich ohne eine weitere formelle Nettigkeit alleine auf ihrer Terrasse stehen. Ich blicke ihr noch kurz hinterher, bestaune das bunte Muster auf ihrem traditionellen Überrock, der aus mehreren Metern Stoff besteht und allen Frauen, egal welchen Alters, eine einheitliche äußerst rundliche Figur verleiht. Mir fällt ihr landestypischer schwarzer Bowler-Hut auf, den ich zuvor noch nie in Südamerika gesehen habe, und ich muss sogleich an seine Herkunftsgeschichte denken: Vor etwa 100 Jahren irrte sich ein italienischer Hutmacher in der Adresse und versendete aus Versehen aberhunderte Bowler nach Bolivien. Da jedoch die Männer die Kopfbedeckung mit der schmalen Krempe nicht tragen wollten, überzeugten seine cleveren Geschäftsleute vor Ort die indigenen Frauen davon, dass diese ein angesagter Modetrend aus Europa seien.

Die Besitzerin verschwindet in ihrer bescheidenen Hütte. Ich blicke an mir herunter, mustere meine figurbetonte Sportlegging, die einzige lange Hose in meinem Gepäck, und schäme mich plötzlich für meinen unpassenden Kleidungsstil. Mich beschleicht das Gefühl, dass ich hier in der Unterkunft – und generell auf der gesamten Insel – nicht unbedingt willkommen bin, sondern dass es insbesondere mein Geld ist, an dem die Bewohner echtes Interesse zeigen.

«*Huhu, huhuu … huhu, huhuu*», ruft mein Sohn über den See und hält dabei seine behandschuhten Finger an die Mundwinkel. «*Huhu, huhuu* … Mama, ich rufe die Vögel hierher». Sein Tirilieren wird von dem Gezwitscher und Flügelgeflatter der Vögel untermalt, die auf seine Lockrufe zu reagieren scheinen.

Wir setzen unsere Wanderung fort, passieren am steilen Berghang jahrtausendalte Terrassen, auf denen Bauern vor allem Kartoffeln, Mais und Saubohnen anbauen. In ihren Gesichtern sehe ich, wie hart das Leben hier auf fast 4.000 Höhenmetern ist. Jeden Morgen, bevor sie mit ihrer Arbeit beginnen, beten die Männer und Frauen zu ihrer Gottheit Pachamama, der heiligen Mutter Erde, und bringen ihr Opfer dar. Meist sind es Kokablätter, die in ihrer Kultur eine spirituelle Bedeutung haben. Sie graben die ledrigen Laubblätter in der Erde ein und fragen Pachamama um Erlaubnis, an der Natur Veränderungen vornehmen zu dürfen.

Tripptrapp. Tripptrapp. Ich gehe aus dem Weg, um dem vorbeilaufenden Esel Platz zu machen. Wir schlendern weiter an Zypressen, Eukalyptuswäldern, Kakteen und einfachen Steinhäusern vorbei, vor denen Schweine grunzen, Lamas grasen und aufgeplusterte Hähne krähen. Kinder lugen neugierig aus den Türen hervor, und sobald ich sie mit einem freundlichen «*buenas*» grüße, verschwinden sie völlig verstört im Hausinneren. Auch die Erwachsenen wenden sich von uns ab, als ob es ihnen unangenehm wäre, uns zu begegnen – *den dekadenten Europäern in ihrer unangemessenen Kleidung*. Aus Verlegenheit wende ich meinen Blick zum tiefblauen See, dessen Wasser in der Sonne so dermaßen schimmert, dass er fast schon unwirklich erscheint.

Erneut schwanke ich zwischen Freude und Frustration, zwischen Euphorie und Enttäuschung. Einerseits bin ich überglücklich, diesen Ort kennenlernen zu dürfen und fühle mich von der bildschönen Landschaft dieser völlig anderen Welt in den Bann gezogen. Andererseits werde ich den Eindruck nicht los, ein unwillkommener, fremder Eindringling zu sein.

Allerdings habe ich auch Verständnis für die ruppige distanzierte Art der Indios gegenüber den *Weißen*, da vor allem in der Vergangenheit Diskriminierung und Rassismus in Bolivien – dem Land mit dem höchsten Anteil an indigenen Menschen in ganz Südamerika – eine gewaltige Rolle spielte. Noch vor wenigen Jahren wurde diesen Leuten der Zutritt zu bestimmten Restaurants, Cafés, Taxis und sogar einigen öffentlichen Bussen verweigert. *Unvorstellbar!* Generationenlang durften sie sich weder auf dem zentralen Platz in La Paz, dem Plaza Muriollo, noch in wohlhabenden Vororten aufhalten. Jahrhundertelang war die Kluft zwischen den armen Indios und den europäischstämmigen *Bolivianos* unüberwindbar.

Doch mit dem Amtsantritt des indigenen Präsidenten Evo Morales begann in Bolivien eine neue Ära, die das Selbstbewusstsein der Aymará, Quechua und anderen indigenen Völker, die zusammen etwas mehr als die Hälfte der bolivianischen Gesamtbevölkerung ausmachen, an die Oberfläche brachte. Evo Morales, früher ein einfacher Kokabauer, der aufgrund seiner ethnischen Herkunft selber jahrzehntelang Diskriminierung und Rassismus erfahren hatte, stärkte die Rechte der Indios und verlieh ihnen eine souveräne, unüberhörbare Stimme.

Nach dem bezaubernden Sonnenuntergang am Cerro Chequesani, dem höchsten Punkt der Insel, kehren mein Sohn und ich in eine einfach Stube für ein Abendessen ein. Die Besitzerin ist zwar wenig kommunikativ, doch zumindest ist sie nicht abweisend – und ich bilde mir sogar ein, ein kleines Lächeln in ihrem sonnengegerbten Gesicht zu erkennen. Ganz selbstverständlich gesellt sich mein Kleiner zu ihrem Jungen, der sich gerade im Fernsehen einen Kinderfilm anschaut. Der kleine Junge, auf dessen Stirn ein Kaugummi über einer Platzwunde klebt, mustert ihn erstmal etwas argwöhnisch, doch dann rückt er zur Seite und macht meinem Sohn auf der abgewetzten Couch Platz. Ein paar Minuten später schallt ihr gemeinsames gellendes Lachen durch den ganzen Raum – und auch die Besitzerin und ich müssen grinsen. Wir nicken uns freundlich zu und fast wie aus einem Munde sagen wir *«ay, los niños»*.

Als wir später in unsere Unterkunft zurückkehren, spüre ich in meiner Magengegend erneutes Unbehagen. Obwohl ich ursprünglich vorhatte, ein paar Tage auf der Isla del Sol zu verbringen, um mehr Lokalkolorit zu schnuppern, fälle ich den Entschluss, morgen mit der ersten Fähre die Insel zu verlassen und noch etwas Zeit in Copacabana zu verbringen, um von dort aus weitere Ausflüge zu unternehmen.

Obwohl ich ziemlich traurig bin, fühlt sich meine Entscheidung richtig an. In der Ferne bewundere ich die schneebedeckten Bergriesen, während mein Sohn seine ganze Aufmerksamkeit einem neuen Spielgefährten zuwendet: dem Jungen der Besitzerin, die uns nicht ganz so wohlgesonnen ist; doch das stört den Nachwuchs keineswegs. Laut quiekend laufen die beiden Wildgewordenen auf der Terrasse umher, spielen Fangen und lachen sich dabei scheckig. Ich wende mich von der Bergkulisse ab und beobachte die zwei Halbwüchsigen, die unterschiedlicher nicht sein könnten, deren Lachen sich jedoch zu einem unbedarften Mischmasch aus Gekicher und Gegacker vereint, sodass ich kaum das Lachen meines eigenen Kindes ausmachen kann. Die Mutter versucht immer wieder, ihren Sohn rabiat ins Haus zu ziehen, da sie höchstwahrscheinlich nicht möchte, dass die beiden Kinder miteinander spielen. Doch der Junge mit den schwarzen glänzenden Haaren lässt sich von seiner Mutter nicht beirren, büxt immer wieder aus, um mit meinem Sohn noch eine Runde über die Terrasse zu rasen – und noch eine und noch eine …

Am nächsten Morgen fühle ich mich hundsmiserabel. Die Nacht in unserem Zimmer, das definitiv das furchtbarste unserer gesamten Südamerikareise ist, war einfach nur schrecklich. Und sobald ich den Kopf aus meiner Zimmertür rausstrecke, fragt mich die Besitzerin, wann wir die Unterkunft verlassen würden. Obwohl es noch früh ist und die Fähre erst in eineinhalb Stunden übersetzt, packen mein Sohn und ich die Sachen und machen uns sogleich auf den Weg zum Bootsanleger.

Als wir gerade die ersten Stufen der *Escalera del Inca* hinabsteigen, hören wir hinter uns eine aufgeregte Kinderstimme.

«Adiós, adiós amigo«, sagt der kleine aufmüpfige Junge zu meinem Sohn, der sich zu ihm umdreht, ihm ebenfalls zuwinkt und *«adiós amigo,* tschüss mein Freund« antwortet.

Als später das Boot von der Isla del Sol ablegt, bin ich extrem frustriert und enttäuscht von den Begegnungen an dem Sehnsuchtsort meiner Kindheit. Doch mit jeder Welle, die das Boot zum Schaukeln bringt, verfliegen zunehmend meine negativen Emotionen – als ob der Titicacasee meine brodelnde Beklommenheit besänftigen und aus mir solange raustreicheln möchte, bis sie sich einfach aufgelöst hat.

Vroom, vroom. Gerade als wir am Plaza Central in Copacabana ankommen, startet der Busfahrer seinen Motor und fährt im Schritttempo los.

«Willst du mit nach La Paz?«, schreit er mir entgegen, um seinen krächzenden Motor zu übertönen. Ich zögere, eigentlich hatte ich ja vorgehabt, noch länger am Titicacasee zu bleiben …

«Mein Gepäck ist hier in der Unterkunft. Ich brauche drei Minuten, um es zu holen. Kannst du solange warten?«

«Claro que sí».

Ich sprinte los, schnappe mir meinen Rucksack von der Rezeption, und einen kurzen Augenblick später befinden sich mein Sohn und ich ganz unerwartet in der hintersten Sitzreihe im Bus nach La Paz. Ich lasse die letzten Impressionen des Titicacasees vorbeiziehen und gebe mich einem überbordenden Glücksgefühl, das mich plötzlich übermannt, hin.

‹Oh, du wunder-, wunderschöner Lago Titicaca, danke für diese intensive, prägende Erfahrung. Danke, dass ich dich und deine Menschen kennenlernen und mir ein eigenes Bild machen durfte. Und wer weiß, vielleicht werden wir uns eines Tages wiedersehen. Irgendwann, wenn ich bereiter sein werde, mich auf dich einzulassen …› Bei diesem Gedanken muss ich ein wenig schmunzeln – und plötzlich kommt mir die Kinderstimme des aufmüpfigen Jungen wieder in den Sinn – *«adíos, adíos amigo»* –, der mir bewusst gemacht hat, was für ein unbeschreiblich schönes Gefühl es doch ist, wenn dir Menschen beim Verlassen eines Ortes zuwinken!

LA PAZ

25. Kapitel

Labyrinth der Widersprüche

Falsch! La Paz ist nicht die Hauptstadt Boliviens. Diesem Irrtum können Unkundige (zu denen ich ebenfalls einst zählte) leicht erliegen, denn schließlich befindet sich in La Paz sogar der Regierungssitz des Landes. Dennoch, die bolivianische Hauptstadt ist laut der Verfassungsurkunde das weniger bekannte, pittoreske Sucre – meiner Meinung nach die schönste Hauptstadt Südamerikas (!), die knapp 700 Kilometer weiter südöstlich im ehemals florierenden Silbergebiet liegt. Das ist auch die Begründung, warum La Paz mit seiner Höhenlage von 3.200 bis 4.100 Metern zwar die höchstgelegene Metropole der Welt ist, den Titel der «höchsten Hauptstadt der Welt« allerdings Quito in Ecuador überlassen muss.

Auf den ersten Blick ist La Paz ein einziges Chaos, das an den Wänden eines abgründigen Kessels klebt. Überall wimmelt es von drängelnden Fußgängern, laut schreienden Straßenverkäufern, vorbeihuschenden Taschendieben, beschwörenden Schamanen und hupenden Minibussen. An jeder Ecke lauern als Zebras verkleidete Menschen, die den Verkehr regeln, rauchende Grillkarren, an denen sich die *Peceños*, wie die Bewohner von La Paz genannt werden, die Bäuche mit pikanten *Saltañas* und zuckrigen, fetttriefenden *Churros* vollschlagen, exzentrische Tänzer, die auf ihre sexuelle Orientierung aufmerksam machen, und gepflasterte Gassen, in denen Kochtöpfe, Kabel, Klobrillen, Kinderspielzeug, Kanarienvögel und illegale Kopien von DVDs und Computersoftware angeboten werden.

Die Eindrücke der Stadt prasseln auf mich ein. Sie kommen, ohne zu gehen. Sie drängen sich auf, um zu bleiben. Ich sehe die buntgemusterten Tücher und Decken, die an den Marktständen vom Wind herumgewirbelt werden. Ich betrachte die verspiegelten Fensterscheiben der mondänen Bankgebäude, durch die das Innere verborgen bleibt, die runden Verkaufsstände mit aufgetürmten Zigaretten, Chips und Zeitungen und die zerklüfteten Felsen der Anden im Hintergrund. Hoch über meinem Kopf schwebt das größte urbane Seilbahnnetz der Welt. Tuschelnde Paare okkupieren stundenlang Bänke, auf deren Lehnen eingeritzte Herzen die ewige Liebe versprechen. Ich entdecke Vogelnester im Wirrwarr der oberirdischen Stromleitungen und leuchtende Graffitis von stolzen Cholitas an tristen Wänden.

Oh nein, La Paz ist definitiv nicht am Reißbrett entworfen worden. Wie ein widerspenstiger Lausebengel läuft die Stadt überall dorthin, wohin es ihr beliebt. Lediglich die zwei Hauptstraßen im Stadtzentrum versuchen ein wenig Ordnung in das Gewirr der überquellenden Straßen und Gassen zu bringen, die tiefhinab fallen und hochhinauf steigen.

In den hochgelegenen Stadtteilen dominieren Lärm, Gestank und Müll. Schuhputzer vermummen aus Scham wie Bankräuber ihre Gesichter mit Skimasken; nur die dunkle Haut um ihre Augen gibt einen Hinweis auf ihre ethnische Herkunft. Sie wollen nicht erkannt werden, da sie aufgrund der niederen Tätigkeit gesellschaftlich gemieden und teilweise sogar verhöhnt werden – viele von ihnen sind Kinder, deren Familien auf die Einnahmen ihrer maskierten Sprösslinge angewiesen sind. Je höher sie wohnen, desto karger ist ihre Behausung. Desto eingepferchter ist ihr Lebensraum und desto nichtiger der eigene Lebenstraum.

Wer es sich leisten kann, wohnt lieber in den vornehmen tiefergelegenen Gegenden. Da ist nicht nur die Luft sauerstoffreicher und die Haut der Bewohner heller, sondern das Leben läuft auch wesentlich gediegener und geordneter ab. Hier zieren prächtige Villen, luxuriöse Hochhäuser und pompöse Einkaufszentren das Straßenbild, und sowohl trendige Boutiquehotels als auch sündhaft teure

Restaurants sprießen wie Pilze aus dem Boden.

Und über diesem undurchdringlichen Labyrinth der Widersprüche, über diesem Gewirr der Uneinigkeit wacht das allmächtige Wahrzeichen der Stadt: der 6.439 Meter hohe Berg Illimiani. Auf meiner Erkundungstour durch La Paz mache ich ihn zu meinem treuen Begleiter, bleibe immer wieder stehen, um seine unterschiedlichen Farben und Kleider zu betrachten. Morgens ist er in einem sanften Gold geschmückt, in melancholischem Violett läutet er die Abenddämmerung ein, und in zartem Weiß durchleuchtet er die dunkle Nacht, während ihm abertausende funkelnde Lichter wie Glühwürmchen zu Füßen liegen. Manchmal umtanzen Wolken seinen Gipfel, manchmal verhüllt er sich gänzlich im Nebelmeer oder Hagelsturm. Und bei aufkommendem Wind präsentiert er sich wieder allen Menschen – egal, welcher Hautfarbe – in seiner erhabenen Gestalt.

Das Leben in dieser Hochebene, die zwischen den ausgestreckten Armen der Andenkette liegt, ist definitiv kein Zuckerschlecken – weder für die Bewohner noch für die Besucher. Doch je länger ich mich diesem chimärenhaften Sammelsurium hingebe, desto mehr spüre ich den einzigartigen Sog der nicht offiziellen höchsten Hauptstadt der Welt, die übellaunig und aufreizend gleichermaßen ist. Obwohl ich am Anfang meiner Reise davon ausgegangen war, dass mir dieser abgründige Moloch nicht gefallen würde, packt mich auf einmal die Neugier, immer tiefer ins urbane Geschehen einzutauchen. Mir viel Zeit für La Paz zu lassen, um seine hässlichen Konturen und bittersüßen Makel besser zu verstehen.

Was für ein Tag! Was für ein Kulturschock! Ich bin geschafft und müde von all den Reizen und Slapsticksituationen des Alltagslebens dieser Andenstadt. Ich könnte mir gerade keinen besseren Ort als das kuschelige Riesenbett unseres luxuriösen Hotels vorstellen, das uns ein wenig für das schreckliche Zimmer auf Isla del Sol entschädigen soll. Doch bevor ich in den wohlduftenden flauschigen Daunendecken versinken werde, müssen mein Sohn und ich unbedingt noch etwas essen.

Kurz vor unserem Wohlfühl-Domizil, das sich in der unmittelbaren Nähe des Hexenmarktes befindet, biege ich rechts ab und kehre in das erstbeste Straßenrestaurant ein. Das Lokal ist leer. Hinter dem Tresen steht eine Cholita, die uns sofort herzlich anlacht und willkommen heißt. Ich folge ihr an einen Tisch, den sie in Windeseile für uns eindeckt und sogar mit Blumen schmückt, und betrachte dabei ganz fasziniert die leuchtenden Farben und Muster ihres geschichteten Rocks und Schultertuchs, die noch vor ein paar Jahren ein Symbol der Unterdrückung waren.

Bevor Evo Morales im Jahre 2006 Präsident wurde, galt das Wort «Cholita» als ein niederträchtiges Schimpfwort für indigene Frauen. Doch ironischerweise fingen die Aymará- und Quechua-Frauen irgendwann an, sich selber voller Stolz Cholitas zu nennen und ihre traditionelle Kleidung würdevoll zur Schau zu stellen. Im Laufe der Jahre ist die öffentliche Stimme der Cholitas, mit der sie in Bolivien lautstark ihre Gleichberechtigung fordern, immer selbstbewusster und politischer geworden. Auf YouTube gibt es sogar rappende Cholitas, deren wortgewandte, sozialkritische Videos millionenfach angeklickt werden.

Eliana, die Besitzerin des Straßenrestaurants, ist anders als die Frauen, denen ich bis jetzt in Bolivien begegnet bin. Das wird mir sogleich bewusst. Sie ist offen, interessiert und extrem redselig. Ich bemerke, wie sie sprungbereit in der Ecke lauert, und kaum habe ich das Besteck auf meinem leeren Teller abgelegt, sprintet sie auch schon an unseren Tisch, stellt das Geschirr lediglich zur Seite, schnappt sich einen Stuhl, setzt sich direkt neben mich und fragt neugierig, welche Orte wir bis jetzt in Bolivien besucht haben. Ich berichte ein wenig und kann es kaum abwarten, *ihr* gleich Fragen zu stellen. Denn ich brenne darauf, von ihr zu erfahren, was sie über den ehemaligen Präsidenten Evo Morales, der insgesamt 14 Jahre an der Macht war, denkt, und wie sie und ihre Familie die gewaltsamen Proteste nach der angeblich manipulierten Wahl Ende Oktober 2019 erlebt hatten.

«*Ay*, Evo Morales! Er war einst unser ganz, ganz großes Idol», seufzt Eliana wehmütig. «Er war vom einfachen Kokabauern zum ersten indigenen Präsident unseres Landes aufgestiegen – und er hatte eine neue Verfassung geschaffen. Unter ihm wurde Bolivien von einer Republik zu einem plurinationalen Staat, in dem alle Ethnien unseres Landes gleichgestellt wurden. Zudem ging es uns wirtschaftlich weitaus besser als zuvor, denn während Morales' Vorgänger den größten Teil des erwirtschafteten Geldes in den USA anlegten, investierte er in die Zukunft unseres Landes. Er schuf neue Arbeitsplätze, baute Krankenhäuser und mehrspurige Landstraßen, die Wirtschaft wurde stabiler, und mit der Verstaatlichung der Erdgasindustrie hatte seine Regierung satte Einnahmen, mit denen Morales soziale Reformen durchführen konnte und Fördermittel für Alte, Kinder, Jugendliche und alleinstehende Mütter finanzierte. Somit gelang es ihm, die Armutsquote um die Hälfte zu senken. Und wir verdienten deutlich mehr Geld, das nicht nur zum nackten Überleben reichte, sondern unser Leben um Welten verbesserte. Schau dir mein kleines Restaurant in dieser prädestinierten Lage an. Vor Morales hätte ich mir ein eigenes Lokal niemals leisten können, doch der Präsident ermöglichte mit seinen Reformen, dass wir uns etwas Eigenes aufbauen konnten. Zuvor habe ich 30 Jahre lang als Verkäuferin auf dem Markt in El Alto gearbeitet – und jetzt stehe ich hier. Dafür bin ich Morales sehr, sehr dankbar. Zweifelsohne ein großer Verdienst, der ihn allerdings nicht zum Präsidenten auf Lebzeiten macht, denn Morales hätte spätestens nach seiner dritten Amtszeit den Posten für einen anderen freimachen sollen. Weißt du, wenn jemand in Lateinamerika zu lange an der Macht bleibt, entsteht schnell Korruption und Vetternwirtschaft – das ist bei uns ein wohlbekanntes Problem.

Wie sollte es auch anders kommen, irgendwann begann Morales überheblich, autoritär und zunehmend machohaft zu werden. Trotz seiner eigenen Herkunft fing er an, andere indigene Völker zu unterdrücken, wie zum Beispiel die Yungas aus der Tiefebene. Zuletzt hatte er sogar im Amazonasgebiet Waldrodungen angeordnet, um sich selbst zu bereichern, und einen äußerst umstrittenen Straßenbau genehmigt. Seine korrupte und machtgierige Art wurde ihm zum

Verhängnis. In unseren Augen hatte er schon längst seine Glaubwürdigkeit verloren. Wir wurden immer enttäuschter und enttäuschter und fühlten uns von unserem einstigen großen Idol verraten … *Ay*, Morales hätte als der größte Präsident in die Geschichte unseres Landes eingehen können, doch er hatte den Zeitpunkt, die politische Bühne mit Würde und Applaus zu verlassen, verpasst. Stattdessen ignorierte er, dass die Mehrheit der Bolivianer in einem Volksentscheid gegen seine erneute Kandidatur gestimmt hatte. Unbeirrt trat er zum vierten Mal zur Wahl an, aus der er laut der Landeswahlkommission angeblich als eindeutiger Sieger hervorging. Doch wir trauten dem Ergebnis nicht, warfen ihm Manipulation vor und fingen an zu protestieren«.

Die darauffolgenden Wochen sollten zu den gewaltsamsten und blutigsten Tagen der bolivianischen Geschichte gehören. Die Proteste eskalierten, es kam zu bürgerkriegsähnlichen Zuständen, bei denen dutzende Menschen verwundet wurden oder gar ihr Leben verloren …

«Zuerst gingen wir auf die Straße, um Neuwahlen zu fordern. Jedoch wendete sich das Blatt sehr schnell. Die rechtsradikale Partei witterte ihre Chance, das Machtvakuum zu nutzen und die politische Führung an sich zu reißen. Gemeinsam mit dem Militär marschierten sie ein, setzten Morales Familienhaus in Brand, zwangen ihn zum Rücktritt und bildeten eine Übergangsregierung mit der selbsternannten Präsidentin Jeanine Añez an ihrer Spitze. Als Morales ins Exil nach Mexiko ging, kam es zu blutigen Ausschreitungen, bei denen sich die Anhänger beider politischer Lager gegenüberstanden und Gefechte lieferten: Busse wurden angezündet, Straßenblockaden errichtet, Läden geplündert, Wohnhäuser in Brand gesetzt … Du kannst dir nicht vorstellen, wie furchtbar es war. Meine zwei Söhne gingen jeden Tag zum Regierungssitz, um gegen den Militärputsch zu protestierten. Ich bin fast umgekommen vor Angst, da das Militär, das von der Übergangspartei eingesetzt wurde, mit Gewalt gegen die Demonstranten vorging. Sie wurden mit Schlagstöckern niedergeprügelt und blutüberströmt einfach auf der Straße liegengelassen. Es kam sogar mehrmals vor, dass die Sicherheitskräfte wahllos in

Menschenmengen schossen und dabei Leute töteten. In diesem Moment wurde mir klar, dass nicht nur unsere Kinder, sondern auch wir Alten auf die Straßen gehen mussten, um uns auf nationaler und internationaler Ebene Gehör zu verschaffen. Ich schloss mich mit meinen Nachbarinnen zusammen, und gemeinsam nahmen wir ebenfalls an den Demonstrationen teil. So wurde ich an einem Tag Zeuge eines schrecklichen Blutbads in meinem Distrikt El Alto, in dem mehr als 30 Menschen vom Militär erschossen wurden. Als die Maschinengewehre losgingen, konnte ich mich noch rechtzeitig in Sicherheit bringen. Doch ich musste mitansehen, wie unschuldige Menschen von einer Sekunde auf die andere aus dem Leben gerissen wurden. Unter ihnen war mein Neffe, er war gerade mal 16 Jahre alt … Glaube mir, diese Bilder werden mich mein ganzes Leben verfolgen».

Ich lasse sie laufen, die Tränen, denn ich weiß nicht mehr, wie ich sie zurückhalten soll. Obwohl ich die gewalttätigen Tumulte in Bolivien aufmerksam in den Nachrichten verfolgt habe, blicke ich jetzt aus einer anderen Perspektive auf die politischen Geschehnisse. Plötzlich sehe ich Elianas schmerzverzerrtes Gesicht in der Masse, die den unnötigen Tod ihres Neffen beklagt, der viel zu jung aus dieser Welt scheiden musste. Ich sehe Anhänger der rechten Partei, wie sie demonstrativ die mehrfarbige plurinationale Flagge *Wiphala*, das Symbol der indigenen Bewegung, zu Boden werfen, auf ihr rumtrampeln und anschließend verbrennen. Ich sehe, wie Eltern weinend ihre Kinder zu Grabe tragen, während die selbsternannte Präsidentin Añez, die vor allem mit ihren blonden Haaren und heller Haut auffällt, vehement verleugnet, dass es je zu einem Massaker gekommen war und eine Untersuchung verweigert …

Zwei Wochen später nach zähen Friedensverhandlungen kehrte das Land mit dem Versprechen der Neuwahlen in seinen Alltag zurück. Doch die Zukunft der indigenen Bevölkerung in Bolivien steht aktuell an einem Scheidepunkt. Werden sie ihren langen holperigen Weg zur Gleichberechtigung fortsetzen können? Oder droht Bolivien das gleiche Schicksal wie dem Nachbarland Brasilien mit seinem äußerst religiösen rechtsradikalen Staatschef Jair Bolsonaro an der Macht?

Eliana und ich verabschieden uns wie gute Freundinnen voneinander – und ich frage sie zum Abschluss, wie sie eigentlich die Zukunft ihres Landes sieht.

«*Ay*, ich glaube fest daran, dass wir eines Tages mit einem neuen Präsidenten an der Spitze Morales' Spuren vertiefen werden. Denn wir dürfen niemals unseren Traum der Gleichberechtigung aufgeben. Das sind wir sowohl den Gefallenen als auch unseren Enkelkindern schuldig«.

26. Kapitel

Zauberparfüm gegen Diebe

Vorm Eingang des Hexenladens hängen Tücher, Wollpullover, Rucksäcke, Schmuck und Schlüsselanhänger – nichts ungewöhnliches, der übliche Touristenkram halt. Doch als ich mich ein paar Schritte nähere, entdecke ich im Kerzenrauch getrocknete Lama-Föten an einem Kleiderbügel baumeln.

«*Pasa, pasa*», fordert mich die rundliche Verkäuferin in einer beschwörenden, flüsternden Intonation auf. Ich ducke meinen Kopf, um die Lama-Föten nicht zu berühren, und folge ihrer Einladung.

Im Ladeninneren geht es sofort ans Eingemachte: In den Regalen liegen Schlangenfleisch für eine besondere Opfergabe an Pachamama, zerstoßene Haiknorpel gegen Rückenleiden, bunte Käfer und getrocknete Eidechsen für die Zubereitung von Zauberpulver, Räucherstäbchen gegen den bösen Blick, Schlangengift gegen Falten, pulverisierte Hundezunge zur Dämonenaustreibung – und noch mehr Lama-Föten in den unterschiedlichsten Entwicklungsstadien starren mich aus ihren leeren Augenhöhlen an.

«Das ungeborene Lama wird vor dem Hausbau verbrannt und die Asche wird dann für das Fundament verwendet. So hält das Haus länger, und den Bewohnern bringt es Glück», erklärt mir die Verkäuferin und nimmt dabei ein nahezu ausgewachsenes Lama-Fötus mit Fell vom Haken. Mit weit aufgerissenen Augen nicke ich und wende dann hastig meinen Blick vom pelzigen Ungeborenen ab.

Auf der anderen Seite können sich meine Augen erstmal wieder entspannen. Die Figur eines dicklichen Mannes grient mich an. Sie ist behangen mit fotokopierten Einhundert-Dollar-Scheinen, einem Plastikherz mit Initialen, einer Tüte mit Lollis und zahlreichen Pompoms. Zwischen seinen strahlend weißen Zahnreihen steckt eine Zigarette, und zu seinen Füßen liegt ein Taschenrechner.

«Das ist ein *Ekeko*. Er ist der andine Gott des Überflusses und der Freude. Wir stellen ihn bei uns zuhause auf und bringen ihm immer wieder etwas mit. So wird der Ekeko bei Laune gehalten. Er hört sich dann die Probleme an und erfüllt uns unsere Wünsche. Wenn du zum Beispiel einen neuen Wagen haben möchtest, dann legst du ein Spielzeugauto vor seine Füße. Schnaps mag er am allerliebsten, mit einem Gläschen erfüllt er dir jeden Wunsch. Aber unverheiratete Frauen sollten sich keinen Ekeko ins Schlafzimmer stellen, da er sehr eifersüchtig werden kann und verhindert, dass sie einen Mann kennenlernen».

Ich laufe weiter den schmalen Gang entlang und bleibe vor einem Regal mit aberhunderten Verpackungen stehen, deren Bilder mich sofort an die *Bravo-Love-Stories* aus meiner frühen Jugend erinnern, die meine beste Freundin und ich uns mit hochroten Köpfen heimlich angeschaut haben. Engumschlungene Pärchen mit theatralischer Mimik in eindeutigen Positionen und bunte Schriftzüge geben Hinweis darauf, zu welchen Zwecken das Zauberpülverchen eingesetzt werden kann: «Entfachen der Liebe», «Schnelle Hochzeit», «Verführen», «Komm zu mir», «Die Auseinanderbringerin» – und auch für den «Super Po» gibt es ein Zaubermittel, sogar mit einer verbesserten Formel! Ich betrachte das Bild «Folge, folge mir» etwas genauer: Ein Mann steht direkt hinter einer Frau im String-Bikini und gibt ihr einen Klapps auf ihr ausgestrecktes Gesäß, das sie ihm lustvoll entgegenräkelt – selbstverständlich hat die Frau blonde Haare und helle Haut. Ich stelle mir vor, wie junge bolivianische Männer mit hochroten Köpfen heimlich zu dieser Wunderschachtel greifen, nicht nur wegen des versprochenen Zaubers, sondern insbesondere wegen des anrüchigen Bildes, das im konservativen Bolivien fast schon pornographisch anmutet und sicherlich ein paar extra Vaterunser in der nächsten Messe erfordert.

Die Verkäuferin erzählt mir, dass sie selber eine Hexe ist und zeigt mir zwei Kerzen in einer undefinierbaren Tiergestalt.

«Wenn dich dein Ehemann betrügt, dann ritze ich in die Kerzen eure Initialen ein, beschwöre sie, und dann zündest du sie in der

Kirche an. Am Tag danach wird dein treuloser Mann auf immer und ewig zu dir zurückkommen».

«*Ay, que bien*», nicke ich ihr freudig zu und gehe weiter, da ich größtes Vertrauen zu meinem Strohwitwer im fernen Deutschland habe.

Im nächsten Regal stehen kleine Flaschen mit durchsichtigen Flüssigkeiten. Auf einem Etikett lacht mich *Don Dinero* im Dandy-Stil an, der mir charmant mit einem Bündel Zwanzig-Dollar-Scheine zuwinkt. Die Verkäuferin verrät mir, dass Don Dinero bei ihren Kunden besonders beliebt sei, da er mit seinen außergewöhnlichen Kräften das Geld vermehrt. Ich entgegne ihr erneut «*ay, que bien*«, nehme das Fläschchen in die Hand und betrachte verdutzt das Preisschild. 65 Bolivianos, also rund acht Euro, fordert Don Dinero für seine monetären Dienste – eine stolze Summe in Bolivien, für die die meisten Menschen mindestens einen ganzen Tag schuften müssen.

Meine Augen wandern auf der Suche nach einem passenden Mittelchen das Regal ab, da ich der freundlichen Hexe, die laut ihrer eigenen Aussage auch die dunkle Zauberkunst beherrscht, etwas abkaufen möchte. Nicht unbedingt, weil ich die Befürchtung habe, dass sie mich ansonsten verfluchen könnte, sondern weil ich mich für ihre geduldige Auskunftsfreudigkeit revanchieren will. Als ob sie meine Gedanken lesen könnte, zeigt sie auf eine kleine Flasche links unten mit der Aufschrift «Beschützer».

«Das ist ein Zauberparfüm, das dich gegen Diebe und andere böse Menschen beschützt. Außerdem hilft es gegen Höhenkrankheit».

Das Verkaufsargument mit der Höhenkrankheit überzeugt mich am ehesten, weil es für meinen Sohn und mich bald in die Wüste auf 5.000 Meter geht. Vorsichtig drehe ich die Kappe ab und schnuppere am Inhalt, der wider Erwarten nicht abstoßend, sondern eher leicht blumig riecht. Auf Anweisung tröpfle ich die Flüssigkeit in meine Handflächen und verreibe sie, damit sie ihren Zauber entfachen kann.

Beim Bezahlen murmelt die Verkäuferin noch einen beschwörenden Singsang in meine Richtung, den ich als ihren Segen interpretiere. Ich verstaue das Zauberparfüm im Vorderteil meines Rucksacks, drehe mich um, zwinkere dem grinsenden Ekeko mit den falschen Dollarnoten um den Hals zu, ducke meinen Kopf, um den baumelnden Lama-Föten an der Türschwelle auszuweichen, und verlasse den *Mercado de Hechicería,* den Hexenmarkt.

Vor der nahegelegenen Iglesia de San Francisco, deren Fassade mit Zimtäpfeln, Pinienzapfen, tropischen Vögeln und anderen Motiven aus der Natur verziert ist, lege ich erstmal eine kurze Pause ein, um mir einen Überblick zu verschaffen und unsere weitere Sightseeing-Tour zu planen. Während mein Sohn mit anderen Kindern vorm Kircheneingang Tauben jagt, hole ich meinen Südamerikareiseführer aus meinem Rucksack hervor und schlage die Seite mit der La-Paz-Karte auf. Obwohl ich alleine beim Gedanken, gleich mit der Seilbahn in schwindelerregender Höhe über der Hauptstadt zu schweben, megaschwitzende Hände bekomme, ist klar, dass ich dieses Highlight auf keinen Fall verpassen darf. ‹Ist halt wie U-Bahn-Fahren! Nur, dass du über den Dächern schwebst und den Paceños ins Wohnzimmer schauen kannst›, versuche ich mich selber zu beruhigen. Allerdings sieht das meine Höhenangst ganz anders – doch bevor diese so richtig aufmucken kann, wird sie bereits im Keim erstickt.

«Kann ich dir weiterhelfen?»

Ich drehe mich zur Seite und sehe eine junge Bolivianerin.

«Oh, ja. Ich würde gerne heute mit dem *Teleférico* fahren. Hast du eine Ahnung, an welcher Station ich anfangen und was ich mir dabei alles anschauen sollte?»

Sie nimmt meinen Reiseführer in die Hand und zeichnet mit einem Kugelschreiber in die Karte einen Rundkurs mit mehreren Punkten ein, die sie mit den Begriffen *Línea Roja, Línea Azul, Línea Plateada, Línea Amarilla* und *Línea Celeste,* die Farben der einzelnen Linien, ergänzt.

«Du gehst hinter der Kirche die Straße Figuerora etwa einen Kilometer hoch und beginnst an der Station *Taypi Uta* mit der Roten Linie. Du musst unbedingt ganz nach oben in den Distrikt El Alto, denn da findet heute der größte Markt der Welt statt, wo auch unsere *Cholitas Luchadoras,* weibliche Wrestler in traditionellen Röcken, kämpfen werden. Die sind so klasse und unsere absoluten Vorbilder! Nach El Alto fährst du mit der Roten. Von dort aus nimmst du die Silberne, anschließend die Violette und fährst danach mit der Gelben bis zur Station *Chuqui Apu*, da hast du einen fantastischen Ausblick auf die Berge – vorausgesetzt, dass es nicht regnet oder gar schneit. Zum Abschluss steigst du in die Hellblaue ein und endest an der Station *Prado*, die ebenfalls etwa einen Kilometer von hier entfernt auf der anderen Seite liegt», dabei zeigt sie nach unten in die entgegengesetzte Richtung.

Ich muss mir eingestehen, dass mir bei der Línea Celeste, also der Hellblauen, erneut ganz schummrig wird, da ihre Bedeutung auch mit *himmlisch* oder gar *göttlich* übersetzt werden könnte. Oh Mann, wie tief da wohl der Abgrund sein wird? Nun gut, ich ahne es bereits!

Während meine Gedanken immer noch um die Begriffe «hellblau», «himmlisch» und «göttlich» kreisen, folge ich der steilen Straße hinter der Kirche und bleibe an der nächsten roten Ampel stehen. Plötzlich höre ich hinter mir eine aufgeregte schrille Stimme.

«Du bist gerade beklaut worden. Dein Rucksack ist auf. Da, der Dieb … er läuft gerade über die Straße!»

Obwohl ich alle Worte auf Anhieb verstehe, fällt es mir zugegebenermaßen schwer, dem Zusammenhang in mein Bewusstsein Eintritt zu gewähren. *Ich ausgeraubt? Wie kann das möglich sein? Ich habe doch gar nichts gemerkt …* Im Augenwinkel nehme ich eine vorbeihuschende Person wahr, die über die rote Ampel sprintet und sogleich im Gewusel verschwindet. Mir kommt es so vor, als ob ich mich in Zeitlupe zu dem älteren Mann hinter mir umdrehen würde, der wild fuchtelnd auf meinen Rucksack zeigt, den ich auf dem Rücken trage.

‹*Mierda*. Scheiße! Scheiße!! Scheiße!!!›, schießt es mir mit einer trompetenden Blitzgeschwindigkeit durch den Kopf. Jetzt ist die Botschaft in meinem Gehirn angekommen! Hatte ich mir nicht geschworen, immer meinen Rucksack vorne zu tragen? So wie es mir der Taxifahrer Gabriel an meinem ersten Tag in Quito und zig andere Menschen geraten haben? Verdammt! Ich nehme den Rucksack von meinen Schultern, um nachzuschauen, was alles fehlt.

In der Tat ist der Reißverschluss komplett aufgezogen. Der Dieb hat sich wohl von hinten an mich angeschlichen, den Rucksack aufgemacht, reingegriffen und alles mitgenommen, was er mit einer raschen Handbewegung schnappen konnte – ohne, dass ich irgendwas gemerkt habe. Wie erschreckend! Doch ich stelle fest, dass sich der Verlust GLÜCKLICHERWEISE in Grenzen hält: Bis auf die Federtasche von meinem Sohn, das Mensch ärgere dich nicht Spiel, Memory-Karten und eine leere Fototasche ist noch alles da. *Puh!* Im ersten Moment fällt mir ein Felsbrocken vom Herzen und ich freue mich so sehr, dass ich meinen Geldbeutel mit Kreditkarte (!) und andere Wertsachen ganz weit unten im Rucksack unter einem Halstuch vergraben habe, so wie ich es sicherheitshalber immer tue. Doch im zweiten Moment fühle ich einen dicken Kloß im Hals, weil ich meinem Sohn gleich erklären muss, dass der Dieb ausgerechnet *seine* Spielsachen geklaut hat.

«Oh nein, ein Dieb hat …», höre ich mich stammeln, doch im gleichen Moment werde ich unterbrochen, und ich kann kaum glauben, was ich da sehe. Ein Unbekannter kommt über die Straße auf mich zu – und was hält er in seinen Händen? Tatsächlich! Unsere entwendeten Sachen. Einfach unvorstellbar! Er hatte die Situation mitbekommen, war dem Dieb hinterhergerannt, der wohl nach einer schnellen Prüfung seine geklaute Beute als für nicht besonders üppig erachtet und weggeschmissen hatte, und daraufhin hat der Verfolger alles von der Straße aufgelesen und uns zurückgebracht. Ich bin völlig geschockt und gerührt zugleich! Genau in dem Moment, in dem ein böser Mensch unseren Weg kreuzt, springt ein guter Unbekannter völlig uneigennützig für uns in die Bresche …

Obwohl der Diebstahl für uns glimpflich ausgegangen ist, sitzt der Schock sehr tief – und leider wird er mich den ganzen Tag durch La Paz weiterhin begleiten. Ganz ehrlich, ich könnte mir selber in den A*** treten und ärgere mich so sehr über meine eigene Nachlässigkeit. Denn in lateinamerikanischen Großstädten seinen Rucksack hinten zu tragen – was sogar die meisten Einheimischen nicht tun – gleicht praktisch einer Einladung an alle Menschen, die es mit ihrem eigenen Karma nicht ganz so eng sehen, sich zu bedienen. Ganz klar sehe ich die Schuld vor allem bei mir, und ich frage mich, ab welchem Zeitpunkt auf meiner Reise ich begonnen habe, so leichtsinnig mit meinen Sachen umzugehen – und das, obwohl mein oberstes Gebot immer ist, vorsichtig und wachsam zu reisen …

Völlig niedergeschlagen fixiere ich die Enden des Reißverschlusses mit einem Karabinerhaken und setze den Rucksack vorne auf. Im Gegensatz zu mir scheint mein Sohn allerdings blendende Laune zu haben, da er es total aufregend findet, dass ein *echter* Dieb seine Federtasche und sein heißgeliebtes Mensch ärgere dich nicht Spiel geklaut und ein guter Mann es ihm zurückgebracht hat. Noch Monate später wird er immer wieder die *La-Paz-Dieb-Story* seinen Freunden und Kitaerziehern enthusiastisch erzählen – und zudem die Situation mit seinen Legomännchen nachspielen, allerdings mit der kleinen Änderung, dass der Dieb von der Polizei gefasst wird und ins Gefängnis wandert. Doch bei mir ist meine anfängliche Neugier, immer tiefer ins Geschehen dieser Stadt einzutauchen, gänzlich verschwunden. Am liebsten würde ich mich jetzt in meinem komfortablen Hotelzimmer verkriechen und die kuschelige Daunendecke über meinen Kopf schlagen, doch Liegenbleiben ist auch keine Option – das ist zumindest mein eigenes Motto. Also setze ich unsere Erkundungstour fort – obwohl ich mich den ganzen Tag kaum trauen werde, meine Kamera oder mein Handy für ein Foto zu zücken und in den meisten Passanten weitere Diebe vermute.

27. Kapitel

Wrestler in traditionellen Röcken

Dieser Moment, wenn sich die Schiebetüren schließen und die Kabine aus der Station im Schritttempo rausfährt, ist für mich noch erträglich. Doch in jener Sekunde, in der ich bereits sehe, wie sich das umlaufende Seil gen Himmel emporhebt, spüre, wie die Kabine hin- und herpendelt und sich dann unter mir unaufhaltsam der Abgrund auftut – *oh ja,* in jener Sekunde denke ich immer wieder aufs Neue: *Das war's! Aus und vorbei!* Selbstverständlich weiß ich, dass die Wahrscheinlichkeit Millionär zu werden um einiges höher ist, als dass ausgerechnet meine Kabine in die Tiefe stürzt. Doch mit solchen rational fundierten Argumenten darfst du einem Betroffenen, der an Akrophobie leidet, keineswegs kommen. Das Kernproblem bei der Höhenangst besteht nicht in der *Höhe* an sich, sondern in dem Umstand, dass du dir selber einredest, dass du jeden Moment das *Gleichgewicht* verlieren wirst und dabei in die Tiefe stürzt – egal, wie realistisch oder unrealistisch dieser Fall auch sein mag. Dementsprechend müsste es eher Fallangst statt Höhenangst heißen. So viel zur Theorie! Und jetzt zur Szene, in der die Kabine die Station Taypi Uta verlässt …

Ich kralle meine Finger in den Sitz, schließe die Augen und reiße sie wieder auf, da ich mir den Ausblick doch nicht entgehen lassen möchte. Mein Körper spielt verrückt: Schweißperlen bilden sich auf der Stirn, die Hände zittern und ein unangenehmes Druckgefühl macht sich in meiner Brust breit. Jetzt wäre eigentlich der Moment, in dem mich mein Sohn mit seiner altbewährten rhetorischen Frage ‹Mama, hast du Angst?› aufzieht. Ich lausche, doch in der Kabine bleibt es still. Statt sich über mich lustig zu machen, schaut sich mein Kleiner völlig fasziniert das Meer an Dächern unter uns an. Auf den

Balkonen flattert die Wäsche im Wind. Fahrzeuge, die sich unten durch den dichten Verkehr winden, sehen wie winzige Spielzeugautos aus. Und die majestätische Bergkette, die La Paz einkesselt, rückt immer näher und näher. Ich halte den Atem an, atme wieder aus und merke, wie sich das Gefühl des drohenden Gleichgewichtsverlustes mit dem Ausatmen allmählich verflüchtigt. Jetzt schwappt die Faszination meines Kindes auch auf mich über. Die einzigartige Vogelperspektive auf dieses urbane Wirrwarr und Gewusel lässt mich die Entfernung zum Boden tatsächlich vergessen. Obwohl ich immer noch patschenasse Hände habe und mein Herz gewaltig am Rasen ist, gestehe ich mir ein, dass die Fahrt mit der Seilbahn – ein glanzvolles Erbe von Morales – die eindrucksvollste Weise ist, die bolivianische Metropole zu entdecken.

Der Bau des größten städtischen Seilbahnnetzes der Welt wurde vom Präsidenten Evo Morales initiiert und von der österreichischen Baufirma Doppelmayr durchgeführt. Die erste Linie, Línea Roja, die La Paz mit dem Distrikt El Alto auf 4.100 Höhenmetern verbindet, wurde im Jahr 2014 eröffnet. Bis heute sind neun weitere Linien auf einer Gesamtstrecke von 33 Kilometern hinzugekommen, und insgesamt nutzen 300.000 Fahrgäste täglich dieses Transportmittel, das nahezu emissionsfrei ist, da der notwendige Strom zum größten Teil aus der Wasserkraft gewonnen wird.

Vor dem Bau der Seilbahn erstickte La Paz im Abgas und Stau. Für relativ kurze Strecken benötigten Autofahrer mehrere Stunden – und die einzige Route nach El Alto führte über eine marode Straße, die immer verstopft war, sodass die Bewohner El Altos, die überwiegend indigener Abstammung sind, kaum die Möglichkeit hatten, nach La Paz zum Arbeiten, für Besuche oder andere Aktivitäten zu fahren. So löste die nachhaltige und umweltschonende Errungenschaft nicht nur die gravierende Verkehrsproblematik, sondern veränderte auch das Gesicht der inoffiziellen Hauptstadt Boliviens. Während noch vor ein paar Jahren in der Regel die indigenen Menschen *oben* und die Nachfahren europäischer Einwanderer *unten* lebten und arbeiteten – und kaum miteinander in Berührung kamen –, begegnen sich die verschiedenen Kulturen heute ständig und überall. Auf ihrem Weg zur Arbeit, zu Familienangehörigen, Freunden und Bekannten, zu kulturellen Angeboten und Partys, zur Universität und selbstverständlich auch zum spektakulären Freiluftmarkt.

Nach knapp zehn Minuten, 2,3 Kilometern und 400 überwundenen Höhenmetern ist die Seilbahnfahrt mit der Roten Linie vorbei, und wir sind mitten im Herzen von El Alto. Obwohl mein Puls immer noch weit über dem Normalwert liegt, gebe ich zu, dass die Fahrt spektakulär war – insbesondere der letzte Abschnitt, auf dem man sieht, wie die Gebäude entlang der zerklüfteten Felsen gebaut sind, und farbenprächtige Hauswände mit diversen Graffitis von Menschen und dem Schriftzug «*sonríe*, lächle» die graue Tristesse durchbrechen.

An der Station *Jach'a Qhathu* (wie gut, dass ich an dieser Stelle den Namen nicht aussprechen muss) steigen wir aus und befinden uns direkt auf dem *Feria El Alto*, der neben dem *Chatuchak Market* in Bangkok zum größten Freiluftmarkt der Welt zählt und sich auf einer gigantischen Fläche, die so groß wie Gibraltar ist, erstreckt.

Sogleich als mein Sohn und ich das Gebäude verlassen, werde ich von ein paar Bolivianern gewarnt, dass ich extrem aufpassen soll, da es in El Alto *muchos, muchos ladrones y gente mala,* sehr viele Diebe und schlechte Menschen, gibt. *Na super!* Meine Laune hat soeben zum wiederholten Mal in Bolivien ihren Tiefpunkt erreicht. Ich umklammere fest meinen Rucksack vor der Brust und kann mich einfach aus der verstörenden Gefühlslage, an der nächsten Ecke ausgeraubt zu werden, nicht befreien. Doch direkt am Eingang des Marktes wird meine Angst vorerst etwas zerstreut, denn das, was ich da sehe, ist womöglich einzigartig auf der Welt – und die Message dahinter beeindruckt mich total.

Volkstümliche Musik schrillt aus den überdimensional großen Lautsprechern. Ein frenetischer Jubelschrei geht durchs Publikum, als eine indigene Wrestlerin in einem grellen orangefarbigen traditionellen Rock, der *Poyerá,* erscheint. Triumphierend hebt sie ihre Arme in die Luft. Die Menschenmasse applaudiert heftig. Mit stolzer Miene wirft sie ihren Melonenhut zur Seite, nimmt das Schultertuch mit Aymará-Symbolen ab, und steigt siegessicher in den Ring, wo sie bereits von einer anderen *Cholita Luchadora* in einem grünen gefalteten Rock erwartet wird. Ohne lange zu fackeln gehen beide aufeinander los. Die Cholita im orangen Rock springt auf ihre Kontrahentin zu, diese weicht mit einer Schulterrolle aus, die andere dreht sich um, packt sie an den Haaren und wirft sie mit voller Wucht zu Boden. *Rumms.* Ein langgezogenes Raunen geht durchs Publikum. Die am Boden liegende Wrestlerin benötigt ein paar Sekunden, bis sie sich berappelt und wieder auf den Beinen steht. Doch dann geht sie mit ordentlich Karacho und Caramba zum Gegenangriff über. Mit mehr überzogener Theatralik und weniger schauspielerischem Können nimmt sie Anlauf, schnappt die Cholita im orangen Rock kräftig am Nacken, drückt sie in die Seile, hebt sie hoch und wirft sie aus etwa einem Meter zu Boden. *Autsch.* Der Ringrichter beobachtet aus der Nähe die Kampfdarbietung, in der zahlreiche Unterröcke durch die Luft wirbeln, und zählt an. Doch als sich die vermeintliche Gewinnerin mit erhobener Siegesfaust zum tosenden Publikum dreht, wendet sich das Blatt. Die Cholita im orangen Rock rafft sich auf, mobilisiert ihre Kräfte, nimmt Schwung und stürzt sich mit ihrem gesamten Körpergewicht gegen ihre Gegnerin, die völlig ausgeknockt liegenbleibt. Der Kampf ist entschieden. Die Siegerin steigt in die Seile und reißt ihren rechten Arm kreischend in die Luft, während das Publikum so dermaßen laut am Toben und Trampeln ist, dass es mich nicht wundert, wenn der Beifallssturm sogar im unteren La Paz zu hören ist.

Wenngleich ich weiß, dass Wrestling ein choreografierter Showsport ist, sieht der Kampf dennoch äußerst schmerzhaft aus – und nicht mal für eine beachtliche Summe Geld würde ich mich diesen Kraftpaketen versuchsweise in den Weg stellen wollen. Zu posieren und bejubelt zu werden gehören zweifellos genauso zum Cholita-Wrestling-Geschäft wie blaue Flecken, Gehirnerschütterungen, Bänderrisse, Brüche oder dauerhafte Rückenschäden. Und nur weil die bolivianischen

Wrestlerinnen ihren traditionellen Rock tragen, bedeutet es noch lange nicht, dass ihr Sport weniger technisch anspruchsvoll oder gefährlich ist als der der Profi-Wrestler in den USA. Denn für die inszenierten Aktionen – oft auch gegen männliche Gegner – benötigen die Cholitas Luchadoras jahrelanges Training, damit sie sicher und einigermaßen glaubwürdig ausgeführt werden können.

Obwohl die Frau in der orangen Poyerá bereits vorm Kampf als Siegerin feststand, beobachte ich, wie stolz sie auf sich selber ist. Sie strahlt und grinst, und ihr Leuchten in den Augen wird um einiges vergnügter, als sie ihr Baby in den Arm nimmt und es liebevoll auf die Stirn küsst.

Ich muss zugeben, dass ich als Kind ein ganz großer Fan von Wrestling war und mir nachts oft heimlich Kämpfe mit dem damals weltberühmten US-amerikanischen Aushängeschild Hulk Hogan angeschaut habe. Doch bereits ein paar Jahre später wandelte sich meine Wrestling-Euphorie in ein ungläubiges Kopfschütteln. Ganz ehrlich, wie kann man so doof sein, einstudierte Kämpfe zu vollführen, die mehr Machogehabe als Profisport sind, und dabei bleibende physische Schäden oder gar sein Leben zu riskieren? Diese Frage drängte sich mir immer wieder auf, wenn ich zufällig beim Durchzappen über solche Inszenierungen im Fernsehen stolperte. Doch die Cholitas Luchadoras, wörtlich übersetzt die indigenen kämpfenden Frauen, haben meine Ansicht auf *ihren* Sport wesentlich verändert. Denn ich finde es sehr imponierend, wie viel Mut, Kraft, Willen, Disziplin und Durchsetzungsvermögen diese Cholitas aufwenden, um nicht nur in einer Männerdomäne zu brillieren und sich einen Namen zu machen, sondern vor allem, um mit sämtlichen Vorurteilen aufzuräumen. Ihr Message ist laut und provokant: «Hey, schaut mich an, ich trage unseren traditionellen Rock mit Stolz, ich bin stark, selbstbewusst und mit hartem Training und dem Glauben an mich selber kann ich alles erreichen». Und ja, ihre Botschaft ist so gar nicht gender- und gesellschaftskonform – und wenn wir mal ehrlich sind, würden auch bei uns im fortschrittlichen Deutschland Mütter, die in Röcken wrestlen, große Aufmerksamkeit auf sich ziehen. Oder? Mich haben die wundervollen Cholitas Luchadoras auf jeden Fall erreicht

– und ich hoffe, dass ihre selbstbewusste Stärke in vielen Teilen der Welt ein Echo findet.

***

Warum ist es dem Online-Giganten Amazon bis jetzt nicht gelungen, in Bolivien Fuß zu fassen? Nun, es gibt sicherlich mehrere Gründe für dieses Phänomen, aber einer davon liegt mit Gewissheit zweimal die Woche in El Alto auf der Straße. Ob Boxhandschuhe, Autoteile, Toiletten, Sportgeräte, Schrauben, Muttern, Bohrmaschinen, Besen, Waschbecken, Koffer, Fahrradreifen, Waschseife, Kochtöpfe, Kugelschreiber, Macheten, Zimmertüren, Gaskocher, Kleidung, Lebensmittel oder gebrauchte medizinische Geräte – auf dem Freiluftmarkt gibt es so ziemlich alles, was man fürs Alltagsleben benötigt und noch weitaus mehr.

Ich quetsche mich durch die Menschenmassen, staune nicht schlecht über den enormen logistischen Aufwand, der für den Auf- und Abbau vonnöten ist – und obwohl ich auf meinen Reisen lokale Märkte über alles liebe, weil man hier die wahre Seele eines Landes findet, verspüre ich ein Unbehagen in meiner Magengegend. Erneut schwanke ich zwischen Freude und Frustration, zwischen Euphorie und Enttäuschung. Auch wenn ich versuche, die schönen und aufregenden Details zu entdecken, kann ich meine Begegnung mit dem Dieb vor ein paar Stunden einfach nicht vergessen. Ich bin misstrauisch, übervorsichtig, verängstigt – und die verschlossenen Gesichter der Menschen, die uns skeptisch anschauen, hellen meine Stimmung nicht unbedingt auf. Selten in meinem Leben habe ich so eine enorme Diskrepanz zwischen mir und meinem Umfeld gefühlt wie heute. Und obwohl ich finde, dass La Paz zu den faszinierendsten Metropolen der Welt gehört und ich mir eigentlich sehr viel Zeit gönnen wollte, diese Metropole zu entdecken, wird mir in diesem Moment bewusst, dass ich nur noch eine Sache tun kann, um meinen Blickwinkel auf Bolivien zu retten: so schnell wie möglich La Paz hinter mir lassen; das Labyrinth der Widersprüche, welches auch meine aktuelle emotionale Verfassung widerspiegelt.

TUPIZA

28. Kapitel

Das Leben ist ein Karneval

Als wir am nächsten Morgen in La Paz in den Bus steigen, herrscht ein ungeheuerliches Unwetter. Eisregen, Schneegriesel, Graupel und Hagel donnern im Wechsel auf die Stadt herunter – und man könnte meinen, dass der Regengott *Apu Illapu* heute zur Bestform im Wettstreit gegen den Sonnengott *Inti* aufläuft. Doch als wir vier Stunden später aus dem *Microbus* im Yungas, einer Übergangszone zwischen den Anden und dem Amazonas, aussteigen, empfängt uns eine völlig andere Welt. Die Atmosphäre im Dorf Coroico ist herrlich entspannt, die Bewohner sind aufgeschlossen und lächeln uns an, die Aussicht auf die bewaldeten Schluchten ist gigantisch, und die Temperaturen sind mollig warm, sodass wir uns sofort in unserem Pool an einem dschungelbehangenen Hügel mit Blick auf die schneebedeckten Königskordilleren abkühlen.

‹Hier lässt es sich auf jeden Fall aushalten›, denke ich – und ich könnte mir gerade keinen besseren Ort vorstellen, um mich von meinem Bolivien-Tief zu erholen und meine Akkus wieder aufzuladen. Allmählich stellt sich bei mir das Gefühl ein, in Bolivien endlich angekommen zu sein. Und so passiert es, dass wir statt zwei geplanten Tagen eine ganze Woche in diesem Dorf die Seele baumeln lassen und enge Kontakte zu den Kindern und Erwachsenen knüpfen. Wir genießen die entspannte Zeit – und am liebsten würde ich noch einige weitere Wochen an diesem idyllischen Fleck, umgeben von Kaffeeplantagen und Obstgärten mit Zitrusfrüchten, verweilen wollen. Doch als in Coroico die Vorbereitungen für den anstehenden Karneval, eins der wichtigsten Feste in ganz Lateinamerika, beginnen, wird mir bewusst, dass ich zeitlich ganz schön in die Bredouille komme. Mittlerweile hinke ich meinem Reiseplan ziemlich hinterher, und womöglich werde ich auch die nächste Woche nicht mehr wegkommen. Denn ich habe zuvor nicht daran gedacht, dass während der fünf Karnevalstage auf dem gesamten Kontinent Ausnahmezustand herrscht. Alles dreht sich um Straßenfeste, Umzüge, Kostüme, Musik und Tanzdarstellungen – und Reisen ist kaum möglich, da die meisten Fahrer es bevorzugen, den Karneval und das Leben zu feiern, als Geld zu verdienen. Auch wenn ich mich jetzt hier an Ort und Stelle entscheiden sollte, noch vorm offiziellen Karnevalsbeginn am Samstag weiterzufahren, wird es ein schwieriges Unterfangen, weil die Busse, egal in welche Richtung und an welchen Ort, wochenlang im Voraus ausgebucht sind, da viele Bolivianer die Feiertage nutzen, um ihre Familien und Freunde zu besuchen. *Puh!* Hierbleiben oder weiterziehen? Die Entscheidung fällt mir nicht leicht. Dennoch lasse ich mich auf das Wagnis ein, *irgendwie* ins 900 Kilometer entfernte Tupiza im Südwesten Boliviens an der argentinischen Grenze zu kommen, von wo aus ich eine mehrtägige Tour in die Salzwüste *Salar de Uyuni* unternehmen möchte. Wenngleich ich weiß, dass die Wahrscheinlichkeit *sehr, sehr, sehr* hoch ist, dass bereits am Busbahnhof in La Paz unsere Weiterreise zu Ende sein wird und wir in der Stadt der Cholitas Luchadoras und Diebe unfreiwillig stranden werden.

Es ist Freitag in der Früh, und unsere Reise mit vielen unbekannten Hindernissen hat gerade erst begonnen. Bereits auf der Fahrt nach La Paz drängt sich mir das ungute Gefühl auf, dass das Glück uns keineswegs hold sein wird. Ich muss meinen Sohn plus das Handgepäck auf den Schoss nehmen, da der Microbus zum Bersten voll ist und dann doch noch zwei weitere Personen und ein Huhn reinpassen. Sobald wir Coroico hinter uns lassen, übernimmt Apu Illapu wieder das Kommando am Himmel. Erdrutsche versperren die Straße, sodass der Bus nur sehr mühselig und holperig vorankommt. Und bei unserer Ankunft in La Paz gesteht mir der Fahrer, dass er *aus Versehen* den heißgeliebten Buggy meines Sohnes im Bahnhof von

Coroico hat stehen lassen. *Was?* Ich kann kaum glauben, was mir da zu Ohren kommt. Bitte noch mal …

«Du hast den Buggy AUS VERSEHEN stehen lassen? Wie kann denn so etwas passieren?»

«*Sí*. Ich wollte ihn ganz zum Schluss auf dem Dach verstauen und dann habe ich ihn einfach vergessen».

Ganz ehrlich, so mal unter uns – es kommt äußerst selten vor, dass ich jemanden anschreie, aber genau das ist einer der raren Momente, in dem ich einfach nur losbrüllen will. Und zwar extrem LAUT! Trotz des starken Impulses reiße ich mich am Riemen, schlucke meinen Groll herunter, verabschiede mich auf immer und ewig von unserem Buggy, der hoffentlich einem anderen Kind in Coroico noch gute Dienste leisten wird, und mache drei Kreuze, dass der Fahrer nicht *aus Versehen* meinen Rucksack hat stehen lassen.

Da die Uhr tickt, springe ich umgehend ins nächste Taxi, um schnell zum anderen Bahnhof, von wo aus die Fernbusse fahren, zu gelangen, aber bereits nach den ersten Metern weiß ich, dass ich mir das *Schnell* ganz schnell abschminken kann. Die ersten Karnevalsumzüge sind bereits im Gange, und der Verkehr steht nahezu still. Beim Gedanken, dass mein Sohn und ich jetzt voraussichtlich für mehrere Tage in La Paz stranden werden, schnürt sich mir die Kehle zu, denn ich will nur noch raus aus dieser Stadt!

Um den Bahnhof stehen aberhunderte, nein, ich korrigiere, abertausende Leute. Keine Chance! Dennoch denke ich: ‹Egal, jetzt oder nie!› – und habe so gar keine Ahnung, woher der vermeintliche Optimismus kommt. Ich umfasse ganz fest die Hand meines Sohnes, damit er mir nicht abhanden kommt, stelle wohlwollend fest, was für eine Entlastung es ist, nur noch meinen Rucksack und nicht den Buggy schleppen zu müssen, drängle mich mit ausgestreckten Ellenbogen durch die Menschenmasse, schaue auf die Anzeigetafeln der unterschiedlichen Busunternehmen und registriere missmutig, dass alle das Gleiche sagen. *No hay boletos*. Ausverkauft! *So ein Mist*!!! Trotzdem bleibe ich an einem beliebigen Schalter stehen und frage nach, ob sie noch Tickets für heute nach Tupiza hätten. Der Mann schaut mich an, schüttelt vehement den Kopf, blickt sich dann vorsichtig nach beiden Seiten um, bückt sich zu mir nach vorne und wispert in einem geheimnistuerischen Ton, dass er aber für uns eine andere Möglichkeit hätte. Ich bin ganz Ohr. *Und welche wäre das?* Mein Sohn und ich dürften in der Fahrerkabine im Gang auf dem Fußboden mitreisen. Ich bin ziemlich perplex, da mir nicht ganz klar ist, was genau er damit meint, dennoch willige ich ohne zu überlegen, wie die 15-stündige Fahrt vonstatten laufen könnte, sofort ein.

«*Vale*, wann fährt der Bus?»

«In drei Minuten».

Ich weiß gar nicht, wie mir geschieht. Doch einen kurzen Moment später ist mein Geldbeutel um 40 Euro schmaler, und mein Sohn und ich finden uns bei den zwei Busfahrern in der Kabine wieder. Doch wir sind nicht allein. Denn im Vorderteil, der *eigentlich* ausschließlich für die beiden Männer vorgesehen ist, sitzen drei weitere Passagiere auf Bierkisten, und mein Kind und ich beziehen den winzigen Gang direkt neben der Schlafkoje, der knapp 50 Zentimeter breit und 1,50 Meter lang ist.

Eh ich unsere Fleecedecke auf dem Boden ausgebreitet habe, verlassen wir auch schon den Bahnhof von La Paz mit zwei breit grinsenden Busfahrern, die mit ihren inoffiziellen Sitz- und Fußboden-Plätzen ihr monatliches Gehalt, das etwa 200 Euro beträgt, ordentlich aufpoliert haben. Und ich bin überglücklich, dass Fortuna uns in dieser scheinbar ausweglosen Situation doch noch ein Hintertürchen geöffnet hat.

***

Laute Trommeln und Trompeten reißen mich aus dem Schlaf. Völlig orientierungslos öffne ich die Augen. Ich muss wohl eingeschlafen sein. Es dauert einen kurzen Moment, bis ich mich wieder gesammelt habe. Ich schlage die Decke auf und gehe ans Fenster unseres Hotelzimmers. Gleißende Sonnenstrahlen knallen mir mit voller Wucht ins Gesicht. Obwohl wir uns nach der Busfahrt, die wider Erwarten recht gemütlich und vor allem nett war, nur kurz erholen wollten, haben wir mehrere Stunden geschlafen. Unten auf der Straße steppt bereits der Bär, und es ist mir ein Rätsel, wie mein Sohn und ich bei dieser ohrenbetäubenden Musik so seelenruhig schlafen konnten. Direkt unter unserem Fenster zieht gerade eine Tanztruppe vorbei, die von einem lärmenden Orchester und frenetischem Jubel begleitet wird. Im Gleichschritt schreiten die Tänzerinnen laut singend durch die Stadt und schwingen dabei so übermutig ihre Hüften, dass ihre geflochtenen Zöpfe immerzu durch die Luft herumwirbeln. Und ihre in mühevoller Detailarbeit handgefertigten Kostüme schillern besonders anmutig in der Sonne, als ob sie mit ihrer puren Schönheit die Geister und Dämonen der Winterzeit verjagen wollen.

Flink ziehen wir uns an, um dem rauschenden Spektakel beizuwohnen. Vorm Hoteleingang begrüßt uns eine Truppe Reiter mit Pauken und Posaunen. Sowohl die Männer als auch Pferde sind mit gelben Blumen prachtvoll geschmückt. Die Zuschauer werfen freudetaumelnd ein Gemisch aus Blütenblättern, Getreide und Konfetti in die Luft, um so Pachamama zu huldigen und sie um Wohlstand zu bitten. Anschließend wird die Ehrerbietung mit einem kräftigen Schluck aus der Schnapsflasche besiegelt und ein paar Tropfen auf dem Boden verschüttet, damit heute auch Mutter Natur ihre hochprozentige Freude hat.

Wir schlendern weiter durch die Straßen Tupizas, in denen die überschäumende Lebensfreude bereits an der nächsten Ecke auch auf mich überschwappt – obwohl ich ein bekennender Faschingsmuffel bin. Doch diese ausgelassene, fröhliche Atmosphäre, die kein Morgen zu kennen scheint, bringt sogar mein norddeutsches Karnevals-Stimmungsbarometer ordentlich in Wallung.

Zweifelsohne, meine Sinne sind absolut überfordert. Egal ob jung oder alt, arm oder reich, Kinder oder Greise, Katzen oder Hunde – überall wird gesungen, gefeiert, gejohlt, getanzt und später auch gelallt. Die Straßen gleichen einem Hexenkessel und die aufgeladene Gefühlslage einem brodelnden Kochtopf. Die Musik ist so laut, dass sie sicherlich noch einige Tage später in meinen Ohren nachhallen wird. Die Bewegungen sind so dynamisch, dass der Asphalt unter meinen Füßen bebt. Die Menschen lachen so lebensfroh, als ob all ihre Probleme, Sorgen und Nöte weit, weit entfernt wären. Freudestrahlend blicken sie in meine Kamera und präsentieren dabei voller Stolz ihre reichverzierten Masken, Kopfbedeckungen und Kostüme, die sicherlich ein halbes Vermögen gekostet haben. Vor lauter Farben, Fröhlichkeit, Details und Ausgelassenheit weiß ich nicht, wohin ich als erstes schauen soll. Und kaum ist eine Tanzgruppe an uns vorbeigezogen, folgt schon die nächste. Frauen und Männer in traditionellen Kleidern nehmen am Umzug genauso teil wie dunkle Dämonen, federbedeckte Fabelwesen, glänzende Gottheiten und unheimliche Unterweltbewohner. Bolivianische Schönheiten wackeln in ihren extrem kurzen Röcken so heißblütig mit den Hüften, dass sie sicherlich auch im freizügigen Rio de Janeiro schmachtende Männerblicke auf sich ziehen würden. *Dios Momo,* Gott des Spaßes und der Ironie, dessen mythologische Figur einst von den spanischen Konquistadoren auf den südamerikanischen Kontinent gebracht wurde, tanzt mit *Allapamama,* der Fruchtbarkeitsgöttin der Inka, so elektrisierend, dass ihre zahlreichen Brüste unaufhörlich hin- und herschaukeln. Und als Frauen verkleidete Männer stolzieren in glamourösen Outfits, bei denen sicherlich sogar das Make-up der Travestiekünstlerin Olivia Jones vor Neid erblassen würde, umher.

Doch auch am Straßenrand geht es heiß her: Von ihren Klappstühlen aus verfolgen die Zuschauer euphorisch bejubelnd das schillernde Spektakel. Bier und andere alkoholische Getränke befeuchten literweise die krächzenden Kehlen, und hin und wieder werden auch den Apus großzügig ein paar Schlucke spendiert. Sowohl Kinder als auch Erwachsene werfen laut jauchzend Wasserbomben, spritzen mit Wasserpistolen und Schaum. Warum sie sich gegenseitig ausgerechnet mit Schaum, der von der Konsistenz Rasierschaum ähnelt, einsprühen, kann mir auf Nachfrage keiner so recht erklären – vielleicht tun sie es, weil es ihnen einfach Spaß macht. Ich kann zwar diesen Spaßfaktor nicht nachempfinden, vor allem nicht, wenn man den höllisch brennenden Schaum in die Augen bekommt, allerdings kommt mir womöglich meine eigene norddeutsche Faschingsmuffel-

Art in die Quere, um diese karnevaleske Belustigung gänzlich zu verstehen.

Als wir den *Plaza de la Independicia,* Platz der Unabhängigkeit, im Stadtzentrum erreichen, scheint die Party für heute ihren Höhepunkt zu erreichen. Aus den Bässen ertönt wohl die bekannteste lateinamerikanische Karnevalshymne der kubanischen Sängerin Cecilia Cruz. Und alle tanzen und grölen mit: «*La vida es un carnaval*».

Alle, die denken, das Leben sei gemein,
sollen wissen, dass das nicht stimmt.
Das Leben ist etwas Wunderbares,
man muss es einfach leben.
Ay, man sollte nicht klagen,
denn das Leben ist ein Karneval,
und es ist schöner zu leben,
wenn man singt.

Von hinten tippt mir jemand auf die Schulter. Ich drehe mich um und schaue dem Tod direkt ins Gesicht. Sein Antlitz ist mit weißer Farbe angemalt, die Augen sind rabenschwarz umrandet, durch die Lippen verlaufen mehrere dunkle Striche, so als ob sie zugenäht wären. Der Mann im pechschwarzen Anzug mit einem Skelett vorne drauf fordert mich lachend zum Tanzen auf. Zuerst ziere ich mich, weil ich keine besonders gute Tänzerin bin, doch dann denke ich: ‹Scheißegal, einfach den Moment genießen! Denn man weiß nie, was morgen passiert›.

Nie hätte ich gedacht, dass mein erster Tanz auf dieser Südamerikareise auch gleichzeitig mein letzter war. Doch nicht nur für mich sollte es der letzte Tanz sein, sondern auch für die meisten Menschen um mich herum. Denn dieser berauschende Karneval sollte das letzte große Fest auf dem gesamten Kontinent für sehr, sehr lange Zeit bleiben.

SALAR DE UYUNI

29. Kapitel

Dieser Moment auf dem weltgrößten Spiegel

Santos flucht. Wie im Kanon ächzt auch der Motor, jault kurz auf und verstummt kläglich – mitten im abgelegensten Winkel der Welt. Ohne Handyempfang und nur mit einem Reservekanister Benzin. ‹Na Prost Mahlzeit! Dabei sind es noch vier Tage bis zur Salzwüste Salar de Uyuni. Ob wir da jemals ankommen werden?›, frage ich mich. Santos startet den Motor: einmal, zweimal und ein drittes Mal … doch wie ein sturer Esel verweigert unser schwerbeladener Jeep die Weiterfahrt. Santos flucht erneut; diesmal um einiges lauter und weiter unter der Gürtellinie, obwohl seine Frau mit ihrem dreiwöchigen Baby Jasmina direkt neben ihm sitzt. Es hilft nichts! Wir müssen einen unfreiwilligen Stopp einlegen.

«Das bekomme ich schon hin», bekräftigt Santos, unser Fahrer, Guide, Koch und jetzt auch Kfz-Mechaniker in einer Person. Sein Gesichtsausdruck entspricht zwar nicht unbedingt seiner Aussage, aber ich bin trotzdem zuversichtlich gestimmt, denn wenn ich eins gelernt habe auf meinen vielen Reisen, dann ist es, Vertrauen zu haben – nicht vordergründig ins Universum, sondern insbesondere ins Können und Wissen der Menschen vor Ort.

Bewaffnet mit Zange, Schraubendreher und Inbusschlüssel verschwindet Santos unterm Auto. Das bolivianische Pärchen Silvia und Elias nutzt den Zwischenstopp in der Hochebene des Altiplanos für eine Pipipause hinter dem skurrilen Bergrücken, der aussieht wie ein schlafender Drache, und mein Sohn sprintet auf die andere Seite zum Fluss, um sich die Lamas mit den bunten Wollfransen an den Ohren aus der Nähe anzuschauen.

Mit ölverschmierter Jacke startet Santos nach einer halben Stunde erneut den Motor, und siehe da, er schnurrt wieder wie ein sanftes Kätzchen. Die Fahrt mit unserem altersschwachen Jeep zur größten Salzpfanne der Welt, die mit ihrer Fläche von knapp 11.000 Quadratkilometern zwölf Mal so groß wie Berlin und sogar vom Weltraum aus sichtbar ist, kann weitergehen.

Wir müssen uns sputen, wenn wir unser Tagesziel von 360 Kilometern durch eins der rausten Wildnisgebiete Südamerikas erreichen wollen. Da wir heute insgesamt 2.000 Höhenmeter überwinden werden, gibt Santos eine Runde Kokablätter aus. Ich schiebe eine Handvoll in meine rechte Backentasche und reiche die Tüte mit den blassgrünen Blättchen, die Energie spenden, den Hunger nehmen und die dünne Luft erträglicher machen sollen, nach hinten zu Silvia und Elias. Während unser Kokaaustausch in vollem Gange ist und mein Sohn neben mir ein Bild von einer Lama-Mama und ihrem Baby malt, beobachte ich, wie die Natur vorm Fenster ihr Gesicht und ihre Konturen verändert. Wir lassen die zerklüftete Wildwest-Landschaft Tupizas mit ihren roten Felsen, meterhohen Kakteen und unergründlichen Schluchten endgültig hinter uns und fahren begleitet von scheuen Vicuñas (eine nicht domestizierte Lama-Art) und rockigen Panflötenhits der bolivianischen Charts durch eine sandige baumlose Landschaft mit grotesken Grasbüscheln, zartbunten Bergen und schneebedeckten Vulkanen, durch die ein eiskalter Wind zieht, der sich jede Nacht wie eine Decke über die Gipfel legt und alle Bäche und Flüsse gefrieren lässt.

Unser nächster Halt auf 4.200 Höhenmetern ist die Ruinenstadt San Antonio de Lipez, welche von den Einheimischen ausschließlich *Pueblo Fantasma,* Dorf der Geister, genannt wird. Der Ausblick ist phänomenal und unglaublich zugleich. Ich muss mich in den Arm zwicken, um zu spüren, dass ich tatsächlich an so einem pittoresken Ort stehe und nicht nur ein grandios illustriertes Märchenbuch aufgeschlagen habe.

Gemeinsam mit meinem Sohn, Silvia und Elias steigen wir hinab ins verlassene Dorf der Geister, in dem vor geraumer Zeit

150.000 Menschen gelebt haben sollen. Ein junger Mann nimmt uns in Empfang und erklärt, was es mit diesen geheimnisvollen Ruinen auf sich hat.

«Vor über zwei Jahrhunderten war dieser Ort eine florierende Stadt, in der die Einwohner schiere Reichtümer aus den Minen herausholten. Doch mit dem glänzenden Silber und den kostbaren Bodenschätzen gaben sie sich nicht zufrieden. Sie wollten noch reicher und reicher werden – und so schlossen sie eines Tages einen Pakt mit dem Teufel. Der Teufel hielt seinen Teil des Vertrages ein und machte die Minenarbeiter zu den wohlhabendsten Leuten weit und breit, doch als er sah, dass sie sich an ihren Teil der Abmachung nicht hielten, schickte er Verderben und Unheil über die Stadt. Die Männer starben auf grausame Weise bei ihrer Arbeit, Frauen und Kinder erkrankten scharenweise – und wenn die Sonne unterging und die Nacht hereinbrach, zogen grausame Dämonen durch die Stadt, deren verzerrte Gesichter so furchteinflößend aussahen, dass die Bewohner bei Sonnenaufgang erblindet waren. Vollbeladen mit Silber flüchteten die Überlebenden aus der Stadt, doch weil sie sich aufgrund der schweren Last nur langsam im feindseligen Hochplateau vorwärtsbewegen konnten, holte bei Einbruch der Nacht *Mama Pichana* – die Frau des Teufels – die Geflüchteten ein und sie fielen ihrer Rache zum Opfer. Bis auf zwei Kinder, die es bis zur nächsten Stadt geschafft hatten, erlitten alle einen qualvollen Tod».

Die Körpersprache des jungen Mannes spricht Bände: Seine Augenbrauen sind hochgezogen, Augenlider angespannt, Stirn gerunzelt, Fäuste geballt und aufgeregt wippt er von einem Bein aufs andere, als ob er sich bereitmacht, um jederzeit weglaufen zu können, falls Mama Pichana hinterm Berg erscheinen sollte. Ich zweifle keine Sekunde daran, dass er vom Wahrheitsgehalt seines eigenen Schauermärchens zutiefst überzeugt ist.

«Noch heute kommen die Minenarbeiter nur tagsüber in diese Umgebung, und spätestens, wenn die Sonnenstrahlen die Landschaft in goldenes Licht einhüllen, eilen sie zurück in ihre weit entfernten Dörfer, da sie Angst vor den Dämonen haben, die in dieser Gegend leben», fährt er fort.

«Hast du denn hier schon mal einen Geist gesehen?», frage ich nach.

«Oh, ja! An einem Tag habe ich nachmittags noch eine Touristengruppe durch die Ruinenstadt geführt und dabei die Zeit vergessen. Als die Gringos weggefahren waren, machte ich mich eiligst auf den Heimweg, doch aus den Ruinen stiegen bereits dunkle Schatten herauf, deren Arme nach mir greifen wollten. Ich bin gerannt und gerannt und schaffte es zum Glück noch rechtzeitig zum Auto. Seitdem verlasse ich das Pueblo Fantasma spätestens um 15 Uhr – und auch wenn mir ein Ausländer 100 Dollar oder mehr bieten würde, ihn in der Abenddämmerung durch die Stadt zu führen, würde ich das niemals, niemals in meinem Leben tun».

Die monotone scheppernde Melodie der Schotterpiste begleitet uns auf der Weiterfahrt durch den unwirklichsten Flecken unseres Planeten. Die Sonne am Himmel ist mittlerweile ein erhebliches Stück gewandert, und es bleibt uns maximal noch eine Stunde, bevor die surreale Landschaft in der nächtlichen Dunkelheit verschwindet und mutmaßliche Dämonen ihr Unwesen treiben. Durch die Türritzen dringt eine Eiseskälte herein, und nur etwas missmutig lasse ich mich beim nächsten Stopp von Santos überreden auszusteigen. Ich ziehe meine Kapuze ganz weit ins Gesicht und mit Ach und Krach gelingt es mir, die Autotür gegen den pfeifenden Wind zu stemmen, der unaufhörlich am Jeep rüttelt. Ich gehe ein paar Schritte und werde plötzlich von einer Ehrfurcht ergriffen, die mir schlagartig durch Mark und Bein geht. Zweifellos habe ich in meinem Leben schon sehr viele Orte gesehen und erlebt, die mir sowohl den Atem als auch die Sprache geraubt haben, doch dieser Moment auf 4.855 Höhenmetern mit Blick auf den eingeschneiten Vulkan Uturuncu ist an Vollkommenheit und Schönheit nicht zu überbieten – denke ich zumindest, doch in den kommenden Tagen werde ich noch zahlreiche weitere Orte sehen, vor denen ich ehrfürchtig stillstehen werde, weil sie mir so wunderschön und perfekt erscheinen, als ob sie von einer göttlichen Hand gemalt wären.

***

Obwohl wir kein Thermometer parat haben, schätzt Santos, dass es draußen höchstens MINUS zehn Grad sind. Im Haus, in dem wir übernachten, gibt es weder eine Heizung noch Strom, die Wände sind dünn und durch die undichten Fenster dringen Geräusche der gespenstischen Nacht herein. Nur der Ofen im Essraum strahlt geborgene Wärme aus, die allerdings nicht bis zu den Schlafräumen reicht. Als mein Sohn und ich uns komplett angekleidet im Schlafsack einmummeln und die drei Extradecken bis zur Nasenspitze hochziehen, bete ich, dass ich heute Nacht nicht aus dem Bett raus muss, um auf die Toilette zu gehen. Doch mit großer Verlässlichkeit treibt mich alleine der Gedanke an eine volle Blase bereits wenige Stunden später in die bittere Kälte aufs Plumpsklo, wo ich im Schein der Taschenlampe meinen Atem gefrieren sehe, und eine unheimliche Geräuschkulisse außerhalb der rissigen Steinwände ein unfassbares Gefühl der Beklommenheit in mir emporsteigen lässt.

Am nächsten Morgen bin ich schon lange vor Santos' frühem Weckruf wach, denn ich habe mich mehr durch die Nacht gebibbert, als dass ich wirklich geschlafen hätte – im Gegensatz zu meinem Sohn, der immer noch friedlich vor sich her schnarcht und kuschelig warm ist.

Als ich im Badezimmer in der hintersten Ecke wider Erwarten einen Dusch-Schlauch entdecke, entscheide ich mich trotz einstelliger Temperaturen unter den eiskalten Wasserstrahl zu springen, da ich mir nicht sicher bin, ob ich die nächsten Tage nochmal die Gelegenheit bekommen werde zu duschen (– definitiv eine weise Entscheidung, wie sich herausstellen soll, denn meine nächste Dusche werde ich erst vier Tage danach in der bolivianischen Hauptstadt Sucre genießen können; zum meinem Leidwesen ebenfalls kalt).

Später am Frühstückstisch erzähle ich Santos, Silvia und Elias von meiner Waschaktion und ernte dafür anerkennende Blicke. Ganz ehrlich, ich habe selber keine Ahnung, wie ich mich überwinden konnte. Dafür bin ich jetzt aber frischgeduscht und trotz durchgezitterter

Nacht hellwach und voller Tatendrang, sodass ich Santos und seiner Frau beim Aufladen gleich zur Hand gehe. Nach zehn Minuten sind unser Gepäck, Essensproviant für die nächsten drei Tage, Gaskocher, Schlafsäcke und Benzinkanister fest auf dem Dach verschnürt, und unsere Gruppe ist startklar. Aber vorher muss Santos noch eine große Tüte Kokablätter kaufen, da wir heute tatsächlich die 5.000 Höhenmeter-Marke knacken werden.

Gerade als ich mich auf der durchgesessenen Rückbank einigermaßen gemütlich eingerichtet habe, machen wir auch schon den ersten Halt vor einem Steinhaus mit zerbrochenen Fensterscheiben. Aus der Entfernung vernehmen wir ein angenehmes weiches Brummen, das sich freudig und zufrieden anhört – und ich mir durchaus vorstellen könnte, dieses zuhause in Dauerschleife zum Entspannen als Alternative zum Walgesang zu hören. Als wir die Mauer erreichen, starren uns aberhunderte Augenpaare an. Ich weiß nicht, ob ich mich irre, aber immer, wenn ich Lamas sehe, werde ich das Gefühl nicht los, dass sie am Grinsen sind – sowie auch diese Lamaherde hier, die uns Neuankömmlinge sofort neugierig mustert. Ihre Augen sind leuchtend und aufgeweckt und die Laute, die sie von sich geben, klingen so vertraut und ähneln einem seligen Brummen von Menschen, das mein Sohn sogleich imitiert – und in der Tat scheinen ihm die Lamas prompt zu antworten. Hin und wieder mischt sich unter ihr Brummen ein schafsähnliches Blöken und ein munteres Glucksen, das sich anhört, als ob eine Person mit der Zunge am Gaumen schnalzt.

Vor allem meinem Sohn fällt es schwer, sich von den grinsenden Vierbeinern zu trennen, deren Vorfahren bereits vor zwölf Millionen Jahren den amerikanischen Kontinent bevölkert haben, und die es überhaupt ermöglichten, dass sich Menschen vor drei Jahrtausenden in diesen abgelegenen Landstrichen ansiedeln konnten. Wenn es nach meinem kleinen Tierliebhaber ginge, würde er noch viele weitere Stunden an der Mauer stehenbleiben, um mit den sympathischen Wollknäueln zu kommunizieren – und ich bin mir sicher, wenn ihn jemand vor die Wahl stellen würde: jeden Tag *unbegrenzt Netflix oder Lamas beobachten,* dass ihm die Entscheidung keineswegs schwerfallen würde.

Während sich in meinem Kopf das zufriedene Brummen der Lamas mit der monotonen scheppernden Melodie der Schotterpiste und den rockigen Panflötenhits der bolivianischen Charts zu einem einheitlichen Soundtrack formieren, wechselt erneut die Landschaft ihr Gesicht und ihre Konturen. Wir verlassen die felsigen Höhenzüge, passieren rauchende und erloschene Vulkane, farbenprächtige Lagunen, an denen Flamingos ihr rosa Federkleid in der Sonne wärmen, Fontänen spritzende Geysire und brodelnde schwefelhaltige Schlammlöcher, die einen beißenden Geruch nach verfaulten Eiern verströmen, und reisen schließlich durch ein sandiges Hochplateau.

«*Mira, el Desierto de Salvador Dalí.* Schaut, da ist die Wüste von Salavador Dalí», ruft Santos und zeigt mit seinem rechten Finger auf abstrakte Felsen im Wüstensand. *Wahnsinn!* So etwas habe ich noch nie gesehen! Die Felsen sehen tatsächlich wie gemalt aus und schimmern im Sonnenlicht in den unterschiedlichsten pastelligen Rosa- und Violettnuancen: von altrosa, puderrosa, korallenrosa, goldrosa, graurosa bis hin zu blassviolett, fliederviolett, perlviolett und veilchenviolett mit perfekt inszenierten weißen Tupfern, die dem Meisterwerk fast schon einen übernatürlichen Pinselstrich verleihen. Überwältigt laufe ich durch diese unglaubliche Landschaft, in der Wirklichkeit und Phantasie zu verschwimmen scheinen, und habe das Gefühl, dass ich durch ein Gemälde des surrealistischen Künstlers Salvador Dalí lustwandeln würde.

Gegen Mittag heißt es: Raus aus dem Jeep, runter mit den verschmutzten Klamotten, rein in den Bikini und ab ins Wasser – zumindest für mich und meinen Sohn, denn das bolivianische Pärchen ziert sich ein wenig, bei den kalten Temperaturen Badesachen anzuziehen, und Santos verschwindet mal wieder bewaffnet mit Zange, Schraubendreher und Inbusschlüssel unterm Auto.

Der eisige Wind scheucht mich geschwind in die natürlichen knietiefen Thermalquellen, die mit ihrem 30 Grad warmen Wasser auf 4.000 Höhenmetern eine echte Wohltat sind. Doch nach etwa zehn Minuten taucht Santos mit völlig verdreckten Händen auf und bittet mich, mein Wellnessbad zu beenden – zum einen, weil der Kreislauf

auf dieser Höhe bei dem extremen Temperaturwechsel schnell kollabieren kann, und zum anderen, weil wir heute wie auch an den folgenden zwei Tagen noch eine Menge weiterer Naturphänomene auf dem Programm haben.

***

Wir erreichen den Salar de Uyuni in der Abenddämmerung. Abrupt endet die monotone scheppernde Melodie der Schotterpiste. Santos schaltet die Musik aus – und wir lauschen einem völlig neuen Geräusch: dem zarten Knacken und Knirschen der Salzwüste. Kaum zu glauben, dass diese Region vor 40.000 Jahren mit einem gewaltigen See bedeckt war, der im Laufe der Zeit völlig austrocknete und eine gigantische Salzkruste hinterließ, die an manchen Stellen bis zu 120 Meter dick – und die ganz große Hoffnung Boliviens ist. Denn in diesem Salz stecken über neun Millionen Tonnen Lithium: Ein kostbares Alkalimetall, auf das die ganze Welt scharf ist und bereits mit den Hufen scharrt, um sich ebenfalls ein großes Stück vom *Goldgräber-Stimmung-Kuchen* zu sichern. Lithium wird insbesondere für die Herstellung von Handyakkus, wiederaufladbaren Batterien und Autoantrieben in der Elektromobilität verwendet – und mehr als 60 Prozent des Lithium-Weltvorkommens liegen hier auf dem Boden verstreut.

Santos drückt aufs Gaspedal, und wir gleiten übers Salz wie ein Eishockeypuck übers Eis, während er uns erzählt, an welche Legende die hiesigen Bewohner glauben.

«Nicht weit von hier entfernt steht der Vulkan Tunupa. Sie war eine sehr hübsche Frau, die Schmuck trug und gut gekleidet war. Da sie so schön und die einzige Frau in dieser Gegend war, hatte sie sehr viele Liebschaften mit den umliegenden Bergen und Vulkanen. Mit einem Berg namens Cusco bekam sie eines Tages ein Kind. Doch Cusco war sehr eifersüchtig und sagte zu ihr: ‹Du bist untreu, und daher gehe ich mit unserem Kind fort›. Daraufhin wurde die Mutter Tunupa sehr, sehr traurig. Sie weinte tagelang, und da ihre Brust so sehr schmerzte, weil sie ihr geliebtes Baby verloren hatte und nicht mehr stillen konnte, drückte sie aus ihren Brüsten die angestaute Milch, die sich mit ihren Tränen vermischte und den ganzen Salar bedeckte.»

Wir ziehen unsere Gummistiefel an und steigen mitten im Salar aus. Die wabenförmige Salzkruste ist aufgrund der Regenzeit mit einer Wasserschicht bedeckt, die einem endlosen Spiegel gleicht. Während mein Sohn mit seinen Schuhen das darunterliegende Salz, das für die einen das weiße Gold, für die anderen die Erinnerung an eine trauernde Vulkan-Mutter ist, zu großen Haufen ansammelt, laufe ich voller Ehrfurcht über den weltgrößten Spiegel, in dem sich der Himmel in all seiner Pracht und seinen Formationen reflektiert. Am Horizont geht gerade die Sonne unter und mit ihren intensiv leuchtenden Farben verleiht sie dem Naturschauspiel eine dermaßen unwirkliche Anmutung, dass ich kaum glauben kann, diesen unwirklichen Ort zu erleben. Voller Dankbarkeit denke ich: ‹Dieser Moment. Wenn du ganz ehrfürchtig stillstehst. Weil du so ergriffen bist von der Schönheit, die die Welt uns bietet. Wenn du dich vor dieser Landschaft, in der Himmel und Erde miteinander verschmelzen, verneigst. Dieser jetzige Moment ist unbezahlbar und ein kostbares Geschenk, das Mutter Natur mir auf meinen weiteren Lebensweg mitgibt. Ein immer wieder aufflammendes Bild in meinem Herzen, das mich, egal wo ich mich befinden werde, stets daran erinnern wird, wie unfassbar schön dieser zauberhafte Kontinent ist›.

nach Hause
Paraguay
Brasilien
São Paulo
Asunción
Areguá
Caacupé
Encarnación

PARAGUAY

(und 20 Stunden in São Paulo)

Weine nicht, weil es vorbei ist. Sondern lache,
weil du das alles erleben durftest.

ASUNCIÓN

30. Kapitel

Im Herzen Südamerikas

Wie ich auf die ungewöhnliche Idee gekommen bin, meine Südamerikareise ausgerechnet im unbekannten Paraguay zu beenden? Sicherlich liegt es daran, dass ich bereits in jungen Jahren ein gewisses Faible für die sogenannten *Underdogs* entwickelt habe. Während sich die meisten meiner Mitschüler nach dem Abitur in die USA, nach Spanien, Frankreich oder Australien aufmachten, um zwischen der Schulzeit und dem Studium Auslandserfahrungen zu sammeln und eine Fremdsprache zu erlernen, zog es mich ins exotische Mittel- und Südamerika. Auch als Mutter behielt ich mir die Vorliebe für die unbekannten Perlen bei – und bereiste gemeinsam mit meinem Kind beispielsweise Kolumbien, Nordmazedonien, den Kosovo, Albanien, Nicaragua, El Salvador, Georgien, Myanmar, Laos und die Ukraine. Jedoch muss ich zugeben, dass es mir bei der letzten Reiseplanung ähnlich ergangen ist wie dem Großteil der Lateinamerika-Backpacker, auf deren Landkarte das unscheinbare Land Paraguay, das sich in der Mitte des Kontinents befindet und deswegen auch als das Herz Südamerikas bezeichnet wird, ein unbeschriebener, weißer Fleck bleibt. Fakt ist, dass Paraguay – neben Suriname und Guayana – das am wenigsten besuchte Land auf dem südamerikanischen Kontinent ist. Das liegt sicherlich daran, dass Paraguay keinen Zugang zum Meer hat und kaum mithalten kann mit den spektakulären Highlights der anderen Länder. Zwar gibt es im Herzen Südamerikas ein paar Sehenswürdigkeiten, die durchaus interessant sind, aber den Atem werden sie einem vermutlich nicht rauben, wenn man auf seinem Trip bereits Machu Picchu, die Galapagosinseln, die

Wasserfälle von Iguazú, die Salzwüste Salar de Uyuni, den Zuckerhut in Rio de Janeiro, den Amazonas, Cartagena de Indias in Kolumbien, den Perito-Moreno Gletscher in Argentinien, den Torres del Paine Nationalpark in Chile oder Salto Ángel in Venezuela, den höchsten Wasserfall der Welt, besucht hat. Allerdings wartet Paraguay, so wie es bei vielen Underdogs der Fall ist, mit einigen bemerkenswerten Fakten auf, die das Land in einen anderen Blickwinkel rücken.

Die Hauptstadt Asunción, deren Name Himmelfahrt oder Aufstieg bedeutet, wurde 1537 von Pedro Mendoza gegründet und war über 500 Jahre lang die wichtigste spanische Siedlung östlich der Anden, bis ihre Vormachtstellung von Buenos Aires abgelöst wurde. Während sich später im 19. Jahrhundert im gesamten lateinamerikanischen Raum der Widerstand gegen die spanische Krone formierte und der Kampf um die Unabhängigkeit in allen Teilen schreckliches Blutvergießen und unzählige Menschenopfer forderte, erreichte Paraguay im Mai 1811 als erstes südamerikanisches Land die Unabhängigkeit, ohne eine einzige Kanonenkugel abzufeuern. In den 1930er Jahren wanderten mehrere Tausende Mennoniten – eine Glaubensgemeinschaft, die der evangelischen Freikirche angehört – aus Friesland in den Gran Chaco ein und gründeten im Norden des Landes eine deutschsprachige Siedlung mit einer unabhängigen Verwaltung, die noch heute fortgeführt wird.

Doch leider wird die Geschichte Paraguays auch von finsteren Zeiten und traurigen Zahlen überschattet. So ist die Militärherrschaft unter Alfredo Stroessner die längste Diktatur in Südamerika. Der Diktator hielt insgesamt 35 Jahre lang sein Land in Angst und Schrecken – eine grausame Zeit, die von Unterdrückung, Morden, Terror und Menschenrechtsverletzungen gigantischen Ausmaßes gekennzeichnet war. Doch dann kam der langersehnte Sturz. Während in Deutschland 1989 der Fall der Berliner Mauer frenetisch bejubelt wurde, gab es auch in Paraguay einen triftigen Grund zum Feiern: Nachdem sich der Diktator Stroessner ins Exil nach Brasilien abgesetzt hatte und sich somit einer Anklage wegen Menschenrechtsverletzung entzog, fanden im Land die ersten demokratischen Wahlen statt. Ab da an steuerte Paraguay in eine deutlich bessere Zukunft. Im Jahr 2010 war die Volkswirtschaft Paraguays die am drittschnellsten wachsende der Welt, die zudem eine sehr niedrige Inflationsrate aufweist. Dennoch zählt Paraguay neben Bolivien und Guayana zu den ärmsten Ländern Südamerikas. Das liegt einerseits daran, dass Paraguay ein Binnenland ist und somit keinen wirtschaftlichen Nutzen aus dem Zugang zum Meer ziehen kann. Der Hauptgrund allerdings ist, dass die Kluft zwischen den Armen und Reichen extrem auseinanderklafft. Noch vor ein paar Jahren war über 80 Prozent des Landes in Paraguay im Besitz von nur einem Prozent der Gesamtbevölkerung!

Zweifelsohne, Geld beruhigt ungemein – aber Geld alleine macht nicht zwangsweise auch glücklich. So sehen es zumindest die Paraguayer laut einer weltweiten Umfrage des Meinungsforschungsinstituts Gallup. Jedes Jahr zum Internationalen Tag des Glücks befragen Demoskopen repräsentativ ausgewählte Personen, ob sie am Vortag entspannt und fröhlich waren, etwas Interessantes gemacht, gelacht und sich respektiert gefühlt haben. Das Ergebnis: Drei Mal in Folge erreichte Paraguay den höchsten Glücksindex von insgesamt 143 Staaten und konnte sich über den außergewöhnlichen Titel «glücklichste Menschen der Welt» erfreuen. Übrigens, zu den glücklichsten Menschen der Welt gehören auch zahlreiche Deutsche, denn von den insgesamt 6,6 Millionen Einwohnern sind sieben Prozent, also rund 462.000, deutscher Abstammung. Jedoch lockt Paraguay nicht nur Deutsche, sondern auch tausende von Informatikern, Unternehmern und Krypto-Währungen-Nerds aus der ganzen Welt an. Das liegt nicht nur daran, dass die Regierung es Ausländern, die sich niederlassen möchten, relativ einfach macht, eine paraguayische Daueraufenthaltserlaubnis zu bekommen. Sondern insbesondere an der Goldgräberstimmung hinsichtlich des Schürfens von Bitcoins, das im Herzen Südamerikas besonders lukrativ ist, da der Strompreis im Land zu den günstigsten weltweit gehört. So gibt es in Paraguay große Schürfer-Vorbilder, die für das Sichern von gewaltigen Datenmengen, für die enorme Rechenkapazitäten erforderlich sind, mit Bitcoins bezahlt werden, mit denen sie umgerechnet bis zu

90.000 US-Dollar TÄGLICH verdienen. Frei nach dem Motto: «Bitcoins sind wie Goldschürfen, nur besser». Ob diese Goldgräber-Technik-Freaks wohl auch zu den glücklichsten Menschen der Welt zählen?

***

Der Grenzübergang von Bolivien nach Paraguay ist der seltsamste, den ich je erlebt habe. Unser Bus aus Santa Cruz erreicht um drei Uhr in der Früh die verschlossenen Schranken. Draußen herrscht tiefschwarze Nacht. Alle Passagiere sollen ihr gesamtes Handgepäck mitnehmen und aussteigen. Es hilft nichts, ich muss meinen Sohn wecken.

«Wir sind in Paraguay angekommen», sage ich und streichle ihm behutsam über seine Wange. Zuerst bekomme ich ein genervtes Knurren zu hören, doch nach ein paar Minuten hat er sich auch schon wieder beruhigt. Denn mein kleiner Weltenbummler liebt Grenzübergänge – auch mitten in der Nacht –, weil es bedeutet, dass er seinen Reisepass vorzeigen darf und einen neuen Stempel bekommt.

Die bolivianischen Grenzbeamten verrichten ihre Arbeit ziemlich wortkarg, dafür werden am paraguayischen Schalter alle Passagiere mit argwöhnischen Fragen gelöchert, als ob man etwas zu verbergen hätte. Der Bus wird von einer Hundestaffel inspiziert, wir müssen auch unser restliches Gepäck holen und uns in einer Reihe aufstellen. Anschließend geschieht erstmal lange nichts. Mehrere Soldaten stehen uns direkt gegenüber und mustern uns misstrauisch, als ob wir etwas auf dem Kerbholz hätten oder ohne Papiere einreisen wollen – und das, obwohl die meisten der Passagiere paraguayische Staatsbürger sind. Auch wenn ich eine saubere Weste habe und zudem Europäerin bin, fühle ich mich gerade hier im Niemandsland mitten in der Nacht wie eine Illegale oder gar Kriminelle. Sicherlich suchen die Beamten nach Drogen, Waffen oder anderen verbotenen Gütern, so wie es an allen südamerikanischen Grenzen üblich ist. Aber warum sie das in so einer einschüchternden Art tun, weiß ich nicht.

Nach etwa 20 Minuten dürfen die Passagiere einzeln mit ihrem Gepäck vortreten, das akribisch geprüft wird. Ich sehe, wie Shirts, Ladekabel, Unterwäsche, Lebensmittel und andere Dinge durch die Luft gewirbelt werden. Als mein Sohn und ich dran sind, signalisiert uns der Chef, der bis jetzt nur untätig das Geschehen betrachtet und immer wieder von seinen Männern eine Kalabasse mit Tee gereicht bekommen hat, dass wir zu ihm kommen sollen. ‹Höchstwahrscheinlich scheinen die einzigen Europäer im Bus Chefsache zu sein›, denke ich ein wenig amüsiert. Als ich gerade meinen Rucksack öffnen will, damit der Major auch unsere schmutzigen Kleidungsstücke herumschleudern kann, bedeutet er mir, dass ich ihn zulassen soll.

«*¿Donde está el padre del niño?* Wo ist der Vater des Kindes?», fragt er mich in einem autoritären Ton.

«*En Alemania.* In Deutschland», antworte ich knapp und befürchte, obwohl ich alle notwendigen Dokumente dabeihabe, die es mir rechtlich erlauben, alleine mit meinem Kind zu reisen, dass mir jetzt der große Chef Probleme machen könnte. Doch es kommt glücklicherweise anders.

«*Entonces, buen viaje.* Okay, dann gute Reise. Und vergiss nicht, in Deutschland zu erzählen, dass sie uns in Paraguay besuchen kommen sollen.»

Ich bin ziemlich perplex, denn mit dieser Antwort hatte ich nicht gerechnet, da sie so gar nicht zum vorherigen Verhalten der Beamten passt. Ich nicke brav, nehme mir vor, mich seiner Worte zuhause zu entsinnen und steige wieder in den Bus ein.

Mittlerweile ist die Nacht vorbei. Der Himmel ist von intensiven Rot- und Orangetönen durchzogen. Nicht mehr lange und dann geht die Sonne auf. Die Schranken öffnen sich. Der Busfahrer startet den Motor und bringt uns in ein neues Land, das kaum ein Tourist in Südamerika auf dem Zettel hat. Und das genau wegen seiner Unbekanntheit mich auf die ungewöhnliche Idee gebracht hat, unsere Südamerikareise ausgerechnet im unentdeckten Paraguay zu beenden.

Kleefeld. Hohenau. Gnadenheim. Lichtfelde. Blumenort. Karlsruhe. Schönau. Reichenbach. Schönsee ... Auf unserer Fahrt durch den

Gran Chaco sind zahlreiche deutsche Ortsnamen unsere Wegbegleiter – ein Hinweis darauf, dass sich in dieser Region seit mehreren Generationen viele deutschstämmige Mennoniten angesiedelt haben, die Hoch- und sogar Plattdeutsch sprechen. Neben der Tatsache, dass ich 11.000 Kilometer entfernt von meinem eigenen Heimatort an der Elbe auch an Hamburg vorbeifahre, kann ich es gerade kaum glauben, dass wir das Jahr 2020 und nicht 1920 schreiben. Pferdekarren poltern über die Straße. Männer tragen blaue Latzhosen und breitkrempige Strohhüte. Frauen sind in lange Kleider in dezenten Farben gehüllt und tragen weiße Häubchen auf ihrem Haupt. Die ganze Szenerie erinnert mich an die US-Fernsehserie «Unsere kleine Farm» mit dem Schauspieler Michael Landon, die in meinen Kindheitstagen sehr populär war, und die einige Leser unter euch sicherlich in den 80er Jahren ebenfalls auf ihren Röhrenfernsehern verfolgt haben. Weißt du noch damals, als es noch kein Privatfernsehen gab und nach dem gemeinsamen ARD-ZDF-Vormittagsprogramm eine mehrstündige Sendepause folgte, bis es erst am Nachmittag weiterging?

Die vorbeiziehende ausgedörrte Landschaft, in deren Gebüsch sich hin und wieder Jaguare verstecken, besteht überwiegend aus dornigen Buschwäldern und geht allmählich, je näher wir der Hauptstadt kommen, in eine sumpfige Palmensavanne über. Obwohl sich die dünn besiedelte Region des Gran Chacos fast über die ganze westliche Hälfte Paraguays bis nach Bolivien und den Norden Argentiniens erstreckt und über 60 Prozent der Gesamtfläche des Landes einnimmt, leben hier nur drei Prozent der Paraguayer, die auf jeden Fall eins sein müssen: hitzeresistent. Denn im Sommer kann hier das Thermometer durchaus die 50 Grad Marke erreichen. ‹Wie faszinierend doch diese Weite und Landschaft ist›, denke ich – und nehme mir felsenfest vor, am Ende unseres Trips wiederzukommen.

Nach knapp 24 Stunden kommen wir endlich in Asunción an, wo uns eine völlig andere Welt als im Chaco begrüßt. In den schicken Vororten reiht sich eine protzige Shoppingmall an die andere. Dafür wirkt das Zentrum am Ufer des Río Paranás mit seinen original erhaltenen Gebäuden aus der Kolonialzeit schlicht und schön. Fröhliche Menschengruppen tummeln sich an den schattigen Plätzen. Und der sympathische mondäne Charme, den die zahlreichen stylischen Restaurants und Cafés der Hauptstadt verleihen, lässt einen schnell vergessen, dass man sich in einem der ärmsten Länder Südamerikas befindet.

Auch im Hostel, das dem jungen Franzosen Mathis gehört, der mit einer Paraguayerin verheiratet ist, herrscht eine gelassene und unbeschwerte Stimmung. Ich muss zugeben, dass ich davon ausgegangen war, dass ich in Paraguay kaum einen anderen Ausländer antreffen würde, doch hier scheint sich die ganze Backpacker-Szene, die sich auf das exotische Paraguay-Abenteuer eingelassen hat, zu treffen.

Wir bleiben ein paar Tage, um uns zu akklimatisieren und nach den frostigen Temperaturen und extremen Höhen im Süden Perus und in Bolivien an die Hitze im Flachland zu gewöhnen. Ich genieße es in vollsten Zügen, mich mit den Leuten aus den unterschiedlichsten Ländern zu unterhalten und höre ganz aufmerksam zu, wenn sie mir erzählen, welche Sehenswürdigkeiten wir uns in Paraguay anschauen sollen.

Auf keinen Fall den gigantischen Staudamm Itaipú am Río Paraná verpassen, der nach dem Drei-Schluchten-Damm am Jangtsekiang in China der zweitgrößte Stausee der Welt ist, und dessen Generatoren 80 Prozent des benötigten Stroms in Paraguay erzeugen und zusätzlich 25 Prozent des brasilianischen Bedarfs liefern.

Die malerischen Überreste der Jesuitenmission Trinidad im Süden besuchen und abends in der Dunkelheit der atmosphärischen Lichtshow beiwohnen, welche die Geschichte des historischen Ortes in Bildern auf die Mauern der Ruinen wirft.

Im stark gefährdeten Atlantischen Regenwald im Parque Nacional San Rafael die spektakuläre Wildnis entdecken.

Faule Strandtage an der friedlichen Laguna Blanca verbringen.

An der Strandpromenade in Encarnación, der Perle Paraguays, flanieren.

Die Abgeschiedenheit und den Artenreichtum im faszinierenden Sumpfgebiet des Patanals, an der Grenze zu Brasilien, erleben …

In meinem Kopf dreht es sich. So viele Ideen kreisen umher. Und ich wünsche mir noch unzählige weitere Runden auf diesem Karussell, doch uns bleiben nur noch zweieinhalb Wochen, bis unser Flug von Asunción Richtung Heimat abhebt.
«Wie würdest du es finden, wenn ich den Flug umbuche und wir ein paar Wochen später nach Hause kommen?», frage ich abends Lars. Stille. Ich umklammere fest mein Handy. Warte voller Spannung auf seine Antwort, wohlwissend, dass ihm meine Frage gar nicht passt, er sie aber schon längst erwartet hat. Doch dann gibt er ohne zu klagen seinen Segen und stellt die Bedingung, dass wir spätestens zum fünften Geburtstag unseres Kindes an Ostersonntag wieder zuhause sein müssen. Abgemacht! Wow, was für ein großartiges Gefühl. Wenn man plötzlich drei zusätzliche Wochen in Südamerika geschenkt bekommt!!!

Am nächsten Tag habe ich für meinen Sohn eine weitere Überraschung: Wir besuchen das Eisenbahnmuseum am lebhaften Plaza Uruguay. Ein absolutes Highlight für ihn, denn trotz seiner jungen Jahre ist er ein ganz großer Zug-Liebhaber – mindestens genauso wie der ältere Museumswärter, der uns durch den historischen Bahnhof führt, von dem aus 1861 die allererste Zugstrecke in ganz Südamerika errichtet wurde. Der ehemalige Lokomotivführer zeigt uns in den Verwaltungsräumen, von deren Wänden die gelbe Farbe abblättert, viele spannende Dinge aus insgesamt 135 Jahren paraguayischer Eisenbahngeschichte: antike Möbel, Geldschränke, Uhren, Schreibmaschinen, Telegrafen, technische Zeichnungen, Zugtickets, Streckenpläne, Fotos, Fahrtenbücher und vieles mehr. Als wir die ehemalige Abfahrthalle, in welcher der Betrieb von Personenzügen 1996 eingestellt wurde, betreten, jauchzt mein Sohn laut vor Freude. Denn auf dem Gleis steht die erste Lokomotive Paraguays, die früher mit Holz befeuert wurde und laut des Museumswärters immer noch fahrtüchtig ist. Mein Sohn ist Feuer und Flamme, rennt aufgeregt hin und her und schlüpft sofort in die Rolle des Zugführers, während ich sein Fahrgast sein darf. Ich setze mich auf eine antike Bank, auf der Reisende bereits vor über einem Jahrhundert durchs Land gefahren sind, und beobachte meinen kleinen Eisenbahn-Enthusiasten, der stundenlang weiterspielt. Erst als das Eisenbahnmuseum seine Pforten schließt, kann ich ihn aus der alten Bahnhofshalle weglocken. Aber nur mit dem Versprechen, dass wir am Ende unserer Reise noch einmal hierherkommen.

«Versprichst du mir das, Mama?»

«Hoch und heilig! Großes Mama-Indianer-Ehrenwort!!!»

CAACUPÉ

31. Kapitel

Unbegrenzte Freiheit

Etwas orientierungslos laufe ich am Busbahnhof von Asunción herum und suche den Bus nach Caacupé, wo mein Kind und ich uns auf der Ranch *Estancia Aventura* einen ganz großen Traum erfüllen werden. Seitdem wir vor knapp 3,5 Monaten den südamerikanischen Kontinent betreten haben, liegt mir mein Sohn in den Ohren, dass er auf einer Pferdefarm wohnen und jeden Tag reiten möchte. Obwohl ich selber keine besonders gute Reiterin bin und regelrecht in eine betende Schockstarre verfalle, sobald das Pferd mit mir in den langsamen Galopp übergeht, freue ich mich ebenfalls riesig auf unser anstehendes Abenteuer in der Welt der *Gauchos*, Cowboys, die so ganz anders ist als das restliche Südamerika, das wir bis jetzt kennengelernt haben.

«*¿De donde sale el bus a Caacupé?*», frage ich eine junge Frau. Sie zeigt auf eine Treppe, die ins Untergeschoss führt. Beschwingt und in einem besonders leichtfüßigen Schritt laufe ich die Treppe hinunter. Nicht nur, weil ich es kaum erwarten kann, schon in ein paar Stunden auf einem Pferd durch die endlose Grasebene Paraguays zu reiten, sondern auch, weil ich im Hostel in Asunción unsere ganzen Wintersachen gelassen habe und mein Rucksack dadurch mindestens fünf Kilo leichter ist. Was für eine Wohltat nach all der Schlepperei!

Obwohl das kleine verschlafene Dorf Caacupé nur 54 Kilometer von der paraguayischen Hauptstadt entfernt liegt, zieht sich die Busfahrt extrem in die Länge. Mühselig kämpft sich der bunt angemalte Bus mit den viel zu harten Sitzbänken durch den stockenden

Großstadtverkehr und hält gefühlt alle paar Meter an, damit Leute ein- und austeigen können. Verkäufer versuchen, die unterschiedlichsten Waren an den Mann zu bringen – von Taschentüchern über Ladekabel, Klebstoff, Gürtel, Schraubenzieher, Heiligenbilder bis hin zu Kaugummis ist alles dabei. Ich lausche den Gesprächen meiner Sitznachbarn über Fußball, Korruption und die unerträgliche Hitze. An der nächsten Ampel steigt ein älterer Mann ein, der in lautem Singsang Gott bittet, dass er diesen Bus und all seine Insassen beschützen möge. Bevor er nach einer kleinen Geldspende fragt, betet er noch ein Vaterunser, in das mehrere Passanten einstimmen, und am Ende des Gebetes sehe ich, wie mindestens die Hälfte der Passagiere sich bekreuzigt – ebenso der Busfahrer, der an der nächsten Straßenecke in einem kleinen Laden seine Thermoskanne mit Eiswasser auffüllen lässt, um seinen nächsten landestypischen *Tereré* zu schlürfen. Überhaupt fällt mir auf, dass die meisten Paraguayer eine überdimensionale Thermoskanne mit sich schleppen und jede Gelegenheit nutzen, um ihren geliebten Matetee aus einer Kalebasse mithilfe einer *Bombilla*, einem speziellen Trinkhalm, zu genießen. Ähnlich wie in Argentinien, nur, dass die Paraguayer ihren Matetee kalt trinken, was bei den hohen Temperaturen eine willkommene Erfrischung ist. Ich mag diese Eigenart der Paraguayer sehr, die nicht nur viel gesünder als Kaffeetrinken, sondern zudem extrem gesellig ist – und nehme mir vor, gleich bei der nächsten Gelegenheit einen Tereré zu probieren. ‹Vielleicht sollte ich mir sogar eigene Tereré-Utensilien besorgen, um so der paraguayischen Seele ein Stückchen näher zu kommen›, denke ich, während ich spüre, wie mir große Schweißtropfen die Schulterblätter runterlaufen. Kein Wunder, denn das Thermometer im Bus nähert sich gerade der 45-Grad-Marke.

Nach einer 2,5-stündigen Fahrt lässt uns der Busfahrer an einer Tankstelle raus. Die verbleibenden zehn Kilometer zur Pferderanch müssen wir mit einem Taxi zurücklegen.

Der einzige Taxifahrer weit und breit sitzt völlig entspannt im Schatten eines großen Baumes gemeinsam mit ein paar anderen Männern im Cowboyhut und nippt genüsslich an seinem Tereré. *Na klar, was denn sonst!* In aller Gelassenheit trinkt er seinen Tee aus, und erst dann kann die Fahrt über einen holperigen, sandigen Weg beginnen.

Obwohl es gerade ein paar Stunden her ist, dass wir die Hauptstadt verlassen haben, kommt es mir so vor, als ob wir in eine völlig andere Welt abtauchen, die ihrem ganz eigenen althergebrachten Rhythmus folgt. Ochsenkarren rumpeln über die kleinen Feldwege, Leute halten im Schaukelstuhl auf der Veranda ihrer Kolonialhäuser Siesta, stolze Gauchos treiben auf dem Rücken ihrer Pferde die Herden an und werfen hin und wieder ein Lasso, Kinder rennen einem abgewetzten Fußball hinterher, und soweit das Auge reicht, erstrecken sich weitläufige Rinder- und Weideflächen.

Auf der Estancia Aventura angekommen, werden wir gleich von der Besitzerin Kiki, die ursprünglich aus dem Allgäu kommt und vor 25 Jahren gemeinsam mit ihrem damaligen Mann (heute Exmann) und ihren einjährigen Zwillingen nach Paraguay ausgewandert ist, in Empfang genommen. Ich komme aus dem Staunen nicht heraus, was für ein wundervolles und friedliches Paradies sie sich hier mitten in der Wildnis geschaffen hat. Zweifelsohne, ich bin absolut schockverliebt – und so dankbar, ein paar Tage in dieser idyllischen Abgeschiedenheit im Herzen Südamerikas wohnen zu dürfen.

Wir beziehen unser traditionell eingerichtetes Zimmer mit direktem Blick auf die weitläufigen Rinderweiden und einem urigen Schaukelstuhl vor der Tür – und lernen beim anschließenden Mittagessen am Pool einen weiteren Gast kennen: Christian aus Deutschland, der seit zwei Monaten mit seinem Motorrad durch Südamerika fährt, bis jetzt Chile und Argentinien bereist hat und momentan hier auf der Estancia eine einwöchige Auszeit genießt, um sich zu erholen und neue Kräfte für die weiteren zwei Monate zu schöpfen.

«Wohin willst du denn noch fahren», frage ich ihn mit leuchtenden Augen.

«Das weiß ich noch nicht genau. Nach Bolivien auf jeden Fall. Die Sumpflandschaft des Pantanals in Paraguay und Brasilien würde mich ebenfalls reizen. Und vielleicht auch noch in den Süden Perus …? Ach, es gibt so viele spannende Orte in Südamerika, und irgendwie kann ich mich gerade nicht so recht entscheiden», seufzt er in einem leicht resignierten, aber lachenden Ton. Ich muss schmunzeln, denn ich kann seine Luxussorgen sehr gut verstehen. Das nennt mal wohl das beschwerliche Los der Freiheit – nicht zu wissen, wohin einen die eigene Reiselust als nächstes führen soll.

Die Hitze ist extrem. Über dem ausgedörrten Boden flimmert die Luft. Es ist völlig windstill. Kopfüber springe ich ins abkühlende Nass des Pools. Was für eine Erfrischung! Einfach nur herrlich. Dieses kribbelnde Aufeinanderprallen von schwindelnder Überhitzung und fröstelnder Gänsehaut am ganzen Körper verursacht eine wahre Explosion in meinen Zellen. Ich tauche wieder auf, öffne die Augen – und kann kaum begreifen, wo genau ich mich gerade befinde. Vor knapp einer Woche bin ich gemeinsam mit meinem Sohn dick eingemummelt bei eisigem Wind und zweistelligen Minusgraden durch die mit schneeweißem Salz bedeckte wüstenartige Landschaft gewandert. Und jetzt befinde ich mich mehr oder minder in der Mitte des südamerikanischen Kontinents und lechze nach einem Windhauch, der eine heißersehnte Abkühlung verspricht, während das Thermometer auf die 50 Grad zusteuert. ‹Was für unglaubliche Kontraste doch dieser wundersame, zauberhafte Kontinent in sich vereint›, denke ich und hole tief Luft, um erneut unter die Wasseroberfläche zu tauchen.

Nachdem die erdrückende Nachmittagshitze allmählich von einer leichten Brise abgelöst wird, ist es endlich soweit: unser erster Reitausflug steht an. Gemeinsam mit Kiki und Christian schwingen wir uns auf die Pferde, um zuerst die Rinderherde von der Weide einzuholen.

Mein Sohn ist extrem aufgeregt. Kiki reicht ihm einen Cowboyhut mit der brasilianischen Flagge, den er stolz aufsetzt. Er steigt auf einen Holzstamm, setzt den linken Fuß in den Steigbügel, hält sich mit beiden Händen am Sattel fest, schwingt ziemlich gekonnt das rechte Bein über den Rücken seines Pferdes *Chiki* und umklammert dann ganz lässig die Zügel. Ich muss ein wenig lachen, die gelassene

Coolness der paraguayischen Gauchos hat offensichtlich bereits auf ihn abgefärbt.

«*¡Dale, vaca! Dale vaca. ¡Dale!*», ruft Kiki zu den Rindern, die kurz aufschauen, dann unbeirrt in der Wildnis weitergrasen und nicht den Anschein erwecken, dass sie sich beim Festschmaus stören lassen wollen. Sofort bekommt Kiki tatkräftige Unterstützung. «*¡Dale, vaca! Dale vaca. ¡Dale, dale!*», ertönt die kindliche Stimme meines Sohnes. Dabei schwingt er motiviert ein Seil durch die Luft, wie er es zuvor bei den anderen Gauchos gesehen hat. Der neue Job als Rindereintreiber scheint ihm sehr gut zu gefallen.

Wir kommen aus unterschiedlichen Richtungen angeritten, treiben insgesamt 67 Kühe in die Enge und versuchen, sie zum Weidegatter zu jagen. Keine leichte Aufgabe! Doch nach einer Weile setzen sich die Rinder und Kälber muhend in Bewegung und traben in gemächlichem Tempo zurück auf ihre eingezäunte Weide, auf der sie nachts vor wilden Tieren sicher sind.

Nach getaner Arbeit kommt das große Vergnügen, auf das wir uns so sehr gefreut haben. Gemeinsam mit Kiki und Christian reiten wir in der goldenen Abenddämmerung über die endlos weite Steppe. Das gleichmäßige Stapfen der Pferde vermischt sich mit der Geräuschkulisse von laut zirpenden Grillen und kreischenden Vögeln, die uns begleiten. Der aufsteigende Wind raschelt durch das Blätterdach der Bäume. Ab und zu gibt mein Pferd ein zufriedenes Wiehern von sich. Ich lasse mich betören von den Klängen der Natur, vom Rhythmus der Tiere, von dieser unvorstellbaren Weite. Alles um uns herum wirkt so harmonisch. So friedlich. ‹Zweifelsohne, dieser Moment fühlt sich nach unbegrenzter Freiheit an›, geht es mir durch den Kopf – und glücklicherweise habe ich keine Ahnung, dass sich gerade eine gewaltige Bedrohung an uns heranschleicht, die schon bald alle in die Enge treiben und unsere Freiheiten brachial zerschmettern wird.

***

Noch völlig trunken vor Glück und in auf- und abwiegendem Schritt gehe ich ins Esszimmer, wo weitere Gäste aufs Abendessen warten. Es sind vier Deutsche aus dem schönen Schwarzwald, die sich vor 20 Jahren auf ihrer ersten Reise ins Land verliebt, kurzerhand auf Kikis Grundstück mitten im Nirgendwo an einem See ein eigenes Haus gebaut haben und seitdem jedes Jahr in Paraguay Urlaub machen.

Wir verstehen uns auf Anhieb und genießen gemeinsam eine gesellige Zeit mit einigen Flaschen Bier, zahlreichen Anekdoten und herzhaftem Lachen. Kiki erzählt uns, wie sie als kleines Mädchen davon geträumt hat, *irgendwann* eine eigene Pferderanch *irgendwo* auf der weiten Welt aufzubauen. In den neunziger Jahren reiste sie dann mit ihrem damaligen Mann in ein Land, von dem die meisten ihrer Freunde im idyllischen Allgäu noch nie etwas gehört hatten. Ihre wilden Träumereien wurden belächelt, doch Kiki ließ sich von ihrem wagemutigen Plan keineswegs abbringen. Sie kaufte in der Abgeschiedenheit Paraguays ein riesiges Grundstück und wanderte 1995 gemeinsam mit ihrem Mann und ihren einjährigen Zwillingen im Gepäck in ein völlig unbekanntes Land aus. Dort baute sich die Familie nach und nach ein wunderschönes Anwesen auf und schuf ein kleines, traditionell eingerichtetes Hotel, das sich vor allem an deutsche und europäische Touristen richtet. Da jedoch vor 25 Jahren ein Großteil der reisebegeisterten Deutschen nicht unbedingt von der Existenz eines Landes namens Paraguay wusste, musste Kiki in puncto Bekanntheit und Marketing mächtig die Werbetrommel rühren. Sie druckte eigene Postkarten, schrieb gemeinsam mit anderen deutschen Auswanderern einen Paraguay-Reiseführer und lief von Messe zu Messe, um das Land und ihr selbstgeschaffenes Ferienparadies auf die Urlaubsliste der abenteuerfreudigen Deutschen zu bringen. Und tatsächlich kamen bereits nach kurzer Zeit die ersten Buchungen rein. Doch damals verlief die Kommunikation von Deutschland in die südamerikanische Wildnis ein wenig anders, als wir es heutzutage gewohnt sind. Zu jenen Zeiten glichen die schier unbegrenzten Möglichkeiten des Internets einer ausschweifenden Phantasie eines Science-Fiction-Films – und sogar von einem eigenen Telefonapparat konnte Kiki nur träumen. So musste Kiki mehrere Stunden über rumpelige Pseudo-Straßen fahren, um einen Festnetzanschluss zu erreichen, von dem aus sie sündhaft teure Auslandsgespräche führte, um die Ankunftszeit ihrer Gäste am Flughafen von Asunción zu erfahren.

Doch im Laufe der Jahre änderten sich die Dinge: Kiki bekam ein eigenes Telefon und später sogar ein Handy, ihr Mann entschied sich, sein Glück in einem anderen Land zu suchen und verließ das Haus, dafür zogen immer mehr Pferde und Rinder auf der Estancia ein, und ihre beiden Töchter wurden erwachsen und gingen zum Studieren nach München. Kiki blieb in ihrer neuen Heimat alleine mit einer beachtlichen Tierherde zurück und lebte weiter ihren Traum von der eigenen Ranch in der Wildnis Südamerikas, für den sie früher des Öfteren belächelt wurde.

Ich hänge förmlich an den Lippen dieser bewundernswerten Frau. Kikis Geschichten und insbesondere ihr Mut, die eigenen Träume – mögen sie noch so wild und unerreichbar erscheinen – anzupacken und in die Tat umzusetzen, beeindrucken mich zutiefst.

Später im Bett kann ich nicht einschlafen, da mir so viele Bilder und Geschichten durch den Kopf gehen. Eine Weile liege ich da und betrachte das leuchtende Sternenfirmament und den zunehmenden Mond, der beinahe voll ist. Sein Licht, das direkt in mein Bett scheint, ist so intensiv, dass ich mich frage, ob es möglich ist, mitten in der Nacht ohne elektrisches Licht zu lesen. Ich probiere es aus, nehme meinen dicken Südamerikareiseführer zur Hand und fange an, darin zu blättern. Uns bleibt noch ein Monat in Südamerika. Ich fange an, beim hellen Mondschein in meinem Buch zu lesen und lasse mich inspirieren, wohin wir in den kommenden Wochen noch fahren könnten. In Paraguay stehen die Orte Encarnación, Trinidad, Ciudad de Este und die Mennoniten-Kolonie im Chaco, wo wir nochmal reiten können, fest. Vielleicht fahren wir auch in die Sumpflandschaft des Patanals, überlege ich. Auf jeden Fall werden wir Südamerika nicht verlassen, ohne uns die gigantischen Wasserfälle von Iguazú im Länderdreieck sowohl von der argentinischen als auch brasilianischen Seite anzuschauen. Ich stöbere weiter im dicken Wälzer und lese über eine traditionelle Pferderanch in der Pampa Uruguays. *Wow!* Das wäre sicherlich ein weiteres tolles Abenteuer, denke ich und male mir dabei aus, wie wir gemeinsam mit der Gaucho-Familie nachts am Lagerfeuer sitzen. Oder vielleicht doch noch mal an den Strand? In aller Ruhe betrachte ich die Karte von Brasilien und lasse meinen Finger über das größte Land Südamerikas streifen. Der Strandort Florianópolis springt mir ins Auge. Ich greife zu einem Bleistift aus der Federtasche meines Kindes und kreise den klangvollen Ortsnamen auf der Brasilienkarte ein. Oder vielleicht doch noch nach Rio de Janeiro ins *unwahre* Copacabana? Wie auch immer, ich finde Gefallen an dem Gedanken, völlig ungeplant doch noch die Atlantikküste mit den wunderschönen weiten brasilianischen Stränden auf unserer Südamerikareise zu erleben. Lächelnd klappe ich den Reiseführer zu und vertage meine Entscheidung auf später. Denn ich möchte dieses unsagbar schöne Gefühl von unbegrenzter Freiheit noch so lange wie möglich auskosten.

***

Die Tage vergehen wie im Flug – und bei jedem Ausritt gemeinsam mit Kiki und Christian entscheide ich spontan, unseren Aufenthalt auf der Estancia Aventura um eine weitere Nacht zu verlängern. Ich möchte diese unbeschwerte Zeit genießen, festhalten und mich in ihrem ganz eigenen Takt fernab von der Zivilisation verlieren. Vergessen, dass wir schon bald diese friedfertige Enklave verlassen müssen.

Alle genießen das gemächliche Miteinander sehr. Wir verbringen unendlich viele Stunden am Pool, quatschen über unsere weiteren Reisepläne und dass gerade in Deutschland wegen der ansteigenden Corona-Erkrankungen exzessive Hamsterkäufe betrieben werden und es kein Toilettenpapier mehr zu kaufen gibt. In der Tat fällt es uns schwer, die Bilder von leergeräuberten Supermarktregalen daheim, die wir auf Instagram und Facebook sehen, zu begreifen – und ja ich gestehe, wir belächeln dieses Verhalten sogar, das uns in diesem Moment *so typisch deutsch* vorkommt. Denn bis jetzt haben die verheerenden Ausmaße der Infektionskrankheit den südamerikanischen Kontinent nur vereinzelt getroffen. Und es soll noch ein paar Tage dauern, bis der Corona-Virus von der Weltgesundheitsorganisation zu einer Pandemie erklärt wird und auch in Südamerika mit unfassbarer Gewalt zuschlägt.

Unseren letzten Abend verbringen wir nach dem Abendessen alle gemeinsam mit einem Gläschen Rotwein in der Hand beim zauberhaften Vollmondlicht am Pool. Wir nutzen den verbleibenden Moment, um uns noch viele beeindruckende, herzerwärmende und auch lustige Geschichten zu erzählen. Denn auf der Ranch herrscht Aufbruchsstimmung. Morgen werden sowohl mein Sohn und ich als auch Christian zu neuen Ufern aufbrechen. Christian ist sich noch nicht ganz sicher, wie seine weitere Route konkret aussehen wird.

«Ich werde ab morgen erstmal über den Chaco nach Bolivien fahren – und danach schaue ich, wie es weitergeht».

Und auch die Schwarzwälder werden gemeinsam mit Kiki, die für zwei Wochen in München ihre Töchter besuchen will, schon in vier Tagen in den Flieger Richtung Deutschland steigen.

Obwohl die Gläser schon längst leergetrunken sind, halten wir uns krampfhaft an ihnen fest, während wir beobachten, wie der Vollmond, der heute Nacht eine ganz besondere Anziehungskraft ausübt, ein beachtliches Stück gewandert ist. Doch irgendwann ist der Moment gekommen, in dem wir Abschied nehmen müssen. Ab jetzt wird jeder von uns wieder seinen eigenen Weg gehen. Wir nehmen uns alle gegenseitig in den Arm, drücken uns ganz fest, wünschen uns gegenseitig alles Gute – und gehen ins Bett ohne zu wissen, dass gerade der letzte unbeschwerte Moment für lange, lange Zeit verstrichen ist.

Ab jetzt wird meine Reise einem schlechten Traum ähneln. Und die nächsten acht Tage werden mir wie ein Höllenritt auf einem wilden, unbändigen Pferd in rasendem Galopp vorkommen – ohne die Gewissheit zu haben, den Sprung noch rechtzeitig zu schaffen oder vorher zu Boden geworfen zu werden.

AREGUÁ

32. Kapitel

Freitag, der 13.

Heute ist der 10. März 2020, und ich wache mit hämmernden Kopfschmerzen auf, die definitiv nicht vom ausufernden Alkoholkonsum des gestrigen Abends herrühren, da ich nur ein Glas Wein getrunken habe. Beim Aufstehen merke ich, dass mein ganzer Körper wehtut, aber ich versuche das Unwohlsein zu verdrängen, da wir gleich weiterfahren werden.

Im Taxi denke ich kurz über das Angebot des Fahrers nach, ob ich mich von ihm für 30 Dollar direkt ins 45 Kilometer entfernte Areguá bringen lassen soll. Doch dann bleibe ich meinem kostenbewussten Backpacker-Prinzip treu (– was für eine blöde Entscheidung!), lasse mich an der Bushaltestelle absetzen und fahre mit den öffentlichen Verkehrsmitteln weiter.

Kaum sind wir im ersten Bus eingestiegen, wird mir plötzlich ganz schwarz vor Augen. Mir ist schwindelig, mein Kopf glüht, meine Atemfrequenz beschleunigt sich und ich habe das Gefühl, dass ich jeden Moment ohnmächtig werden könnte. Fieberhaft halte ich mich an meinem Handy fest und beobachte den roten Punkt auf meiner App, um die Kreuzung nicht zu verpassen, an der wir in den nächsten Bus wechseln müssen.

Es fehlen nur noch 400 Meter. Ich mobilisiere all meine Kräfte, schnappe mir unser Gepäck, drücke den Stoppknopf und gehe nach hinten zur Ausgangstür. Mit quietschenden Bremsen kommt der Bus zum Stehen. Mein Sohn steigt die hohen Stufen zuerst hinab, und ich reiche ihm nacheinander meinen kleinen Rucksack und den

Stoffbeutel mit Wasser und Essen an, da ich keine Energie mehr habe, alle Sachen auf einmal zu tragen. Ich versuche mich zu beeilen, damit der Fahrer nicht die Türen schließt, während ich noch im Bus stehe – dennoch kommt es mir so vor, als ob ich im Zeitlupentempo agieren würde.

Auf der Straße flüchten wir sofort in den Schatten. Die Hitze ist mal wieder unerträglich. Ein Thermometer zeigt 44,7 Grad an. ‹Ich kann nicht mehr›, dröhnt es in meinem Kopf. Aber ich kann jetzt auch nicht hier mitten auf der Straße zusammenbrechen, das ist mir klar. Denn ich muss meinen Sohn sicher in die nächste Unterkunft bringen.

Während wir auf den zweiten Bus warten, wünsche ich mir sehnlichst, dass ein Taxi vorbeifährt. Ich würde jetzt jeden Preis bezahlen, um auf der Rückbank alle Viere von mir zu strecken, meine brennende Haut in den kühlenden Ledersitzen zu vergraben, die Augen zu schließen und alles andere dem Taxifahrer zu überlassen. Doch in der Ferne sehe ich den polternden Bus nach Areguá.

Eine halbe Stunde später steigen wir in dem kleinen verschlafenen Dorf am See Ypacaraí aus. Mein Sohn ist ebenfalls geschafft, sehnt sich seinen heißgeliebten Buggy herbei, der allerdings im knapp 2.200 Kilometer entfernten Coroico *aus Versehen* stehengeblieben ist, und meckert, dass er zu Fuß gehen muss. Dass ich noch gar keine Unterkunft gebucht, sondern nur eine Adresse rausgesucht habe, verschweige ich gerade lieber.

Obwohl es laut meiner App nur zehn Minuten zur Pension sind, ziehen sich die Sekunden wie Kaugummi. Als wir das Tor erreichen, fällt mir ein regelrechter Felsbrocken vom Herzen. Ich betätige die Klingel, lausche – und höre rein gar nichts. Erneut klingle ich, erneut bleibt es im Haus mucksmäuschenstill. Wenn ich jetzt ohne meinen Sohn hier stünde, würde ich definitiv in Tränen ausbrechen. Doch ich reiße mich zusammen und mache gute Miene zum bitterbösen Spiel, um wenigstens die Laune meines Kindes aufrechtzuerhalten. Ich warte ein paar Minuten, gebe schlussendlich auf und suche auf meiner App die nächste Unterkunft, die 25 Minuten von hier entfernt ist. Innerlich bin ich am Schreien und Heulen, doch äußerlich versuche ich ruhig zu bleiben.

Gerade als wir uns umdrehen, höre ich vom Hof ein «*Hola*». Ich übertreibe keineswegs, wenn ich behaupte, dass es das allerschönste Hallo ist, das ich je in meinem Leben vernommen habe. In meinen Ohren klingt dieses simple alltägliche Wort nahezu wie Engelsmusik. Okay, ich gebe zu – unter normalen Umständen wäre diese Aussage ziemlich übertrieben, aber wenn man kurz vor einem Fieberdelirium steht, dann können unverhoffte Dinge wie ein Zeichen vom Himmel erscheinen.

Als uns die Besitzerin Gloria das Tor öffnet, würde ich mich am liebsten in ihre Arme fallen lassen. Ich verspüre den Drang, den Kopf auf ihrer Schulter abzulegen und sofort einzuschlafen. Gloria führt uns durch einen idyllischen kleinen Garten, der mir wie eine paradiesische Oase vorkommt, und zeigt uns ein kleines Zimmer mit Ventilator und Klimaanlage. *Was für ein Traum!* Über den zwei Betten hängen Moskitonetze, da es hier in der Gegend sehr viele Mücken gibt.

«Ich war gerade drei Wochen lang sehr krank, weil ich Dengue-Fieber hatte», sagt Gloria zu mir. Das Wort *Dengue-Fieber* verursacht in meinem Körper einen eiskalten Schauer. Erschrocken schaue ich sie an und erkenne, dass ihr Blick glasig wirkt, sie sieht von ihrer Krankheit immer noch ziemlich mitgenommen aus. Gloria erzählt, dass seit Anfang des Jahres sehr viele Menschen vor allem in Asunción und dieser Region im östlichen Department an Dengue-Fieber erkrankt sind – ein Virus, der von einer tagesaktiven Stechmückenart übertragen wird. Ich spüre einen Kloß im Hals und wage es kaum, ihr zu erzählen, dass ich seit heute Morgen ebenfalls krank bin. Doch das tut auch nicht Not, denn Gloria erkennt sofort, dass ich mich miserabel fühle und schickt mich schnurstracks ins Bett.

Schwerfällig befreie ich mich von meinem Rucksack, stelle ihn direkt vor der Eingangstür ab, erteile meinem Sohn einen Freifahrtschein, unbegrenzt Tablet schauen zu dürfen, lege ihm noch ein paar Snacks und Haferflocken raus, danach lasse ich mich wie einen Sack Kartoffeln auf die Matratze plumpsen, ziehe mit allerletzter Kraft den

Reißverschluss meines Moskitonetzes zu und verfalle sofort in einen unruhigen Schlaf.

Am nächsten Morgen geht es mir nicht unbedingt besser. Im Gegenteil. Ich fühle mich total benommen, meine Stirn glüht, ich habe Kopf- und Gliederschmerzen, und sogar meine Muskeln und Gelenke tun weh. Es kostet mich viel Überwindung, aber ich stehe dennoch auf, da mein Sohn unbedingt frühstücken soll. Auf meinem Nachttisch sehe ich einen leeren Becher, der mich daran erinnert, dass Gloria abends noch mal ins Zimmer geschaut und mir einen heißen Zitronentee gebracht hat. Ich befreie mich aus meinem Moskitonetz, torkle ins Badezimmer, verrichte eine kurze Katzenwäsche und öffne die Zimmertür. ‹*Nanu!* Was ist das denn?›, denke ich verwundert. Direkt vor meiner Tür steht ein kleines Schnapsglas mit einer durchsichtigen Flüssigkeit. Daneben liegen drei Zigaretten.

Am Frühstückstisch bekomme ich keinen Bissen herunter und nippe stattdessen an meinem Wasserglas, aber ich freue mich, dass mein Sohn mit großem Appetit reinhaut. Als Gloria zu uns kommt, kann ich es kaum erwarten, ihr eine Frage zu stellen.

«Weißt du, warum vor meiner Zimmertür ein Schnapsglas und Zigaretten liegen?» Gloria schaut mich zwar freundlich, aber auch durchaus resolut an.

«Das sind Gaben für den bösen *Pombero*, damit er dich nachts nicht holt», erwidert sie in einem ernsten Ton.

«Böser Pombero?», stammle ich.

Daraufhin erklärt mir Gloria, dass der Pombero ein hässlicher Zwerg mit stark behaarten Armen und Beinen ist und sich vor allem gegen Mitternacht in die Häuser schleicht, um sein Unheil zu treiben. Wenn man nachts sonderbare Geräusche hört oder plötzlich Gegenstände verschwinden, dann war das der Pombero, der auch *Señor de la noche*, der Herr der Nacht, genannt wird. Allmählich dämmert es mir, dass es sich beim hässlichen Zwerg um eine Art mystische Figur handelt, an deren Existenz die Menschen in Paraguay glauben. Ähnlich wie in Island viele Bewohner davon überzeugt sind, dass in ihrer Nachbarschaft Elfen, Gnome und Trolle leben.

«Der *Pomberito* ist oft verantwortlich für Unglück und Missgeschicke und er hat vor allem für junge Frauen wie dich, die alleine sind, eine besondere Vorliebe. Es ist sogar schon vorgekommen, dass junge Mädchen von der Berührung des Pomberos schwanger geworden sind. Doch mit einem Gläschen *Caña,* Zuckerrohrschnaps, und ein paar Zigaretten kann man den Zwerg vom Objekt seiner Begierde ablenken».

Einerseits fühle ich mich geschmeichelt, dass mich Gloria mit meinen 41 Jahren als junges Mädchen bezeichnet und sich zudem so rührend um mein Wohl kümmert. Andererseits muss ich auch schmunzeln, denn ich frage mich, wie viele junge, nicht liierte Paraguayerinnen tatsächlich den Pombero als Ursache für eine plötzliche Schwangerschaft verwendet haben.

Doch was mir Gloria als nächstes erzählt, lässt mein Schmunzeln schlagartig schwinden.

«Am 07. März, also vor vier Tagen, ist der erste offizielle Corona-Fall in Asunción aufgetreten. Seitdem sind zwei neue in Paraguay hinzugekommen. Gestern sprach unser Staatspräsident Mario Abdo Benítez im Fernsehen und erklärte, dass unserem Land Zeiten der Entbehrung bevorstehen, und dass das Recht am Leben zu bleiben vor dem Recht auf gesellschaftliches Zusammenkommen steht. *Marito* ließ Kindergärten, Schulen und öffentliche Einrichtungen schließen und sagte alle Veranstaltungen für einen Monat ab. Übrigens, wie geht es dir denn heute? Du hast dich sicherlich auch mit dem Dengue-Virus angesteckt. Das sehe ich dir sofort an».

Mir wird heiß und eiskalt zugleich. Mein Verstand tut sich schwer, die Flut an Schreckensnachrichten zu verarbeiten. Corona in Paraguay? Recht am Leben zu bleiben? Schließungen? Und wie kommt Gloria eigentlich darauf, dass ich Dengue-Fieber habe? Ist das tatsächlich möglich?

Fakt ist, dass ich mich noch nie zuvor so gefühlt habe wie jetzt, deswegen schließe ich eine gewöhnliche Grippe aus. Corona kommt mit großer Wahrscheinlichkeit auch nicht in Frage, da ich weder Husten, Halsschmerzen noch Atembeschwerden habe. Ich erinnere mich daran, mal gelesen zu haben, dass der Verlauf einer Dengue-Erkrankung, gegen die man sich nicht impfen lassen kann, nicht zwingend schwerwiegend verlaufen muss – und dass sich Betroffene durchaus nach ein paar Tagen wieder erholen können. Deswegen verordne ich mir selber viel Ruhe und Wassertrinken – und nehme mir fest vor, meinem Prinzip «bloß keine Krankheiten googeln» treu zu bleiben.

Kranksein auf Reisen ist immer extrem doof. Vor allem, wenn man alleine mit seinem Kind unterwegs ist. Doch mein Sohn kommt auch alleine ganz gut zurecht: Er spielt viel im Garten, der direkt vor unserer Zimmertür ist, skypt stundenlang mit Papa und nutzt es selbstredend schamlos aus, dass er auf seinem Tablet einen Film nach dem anderen schauen darf. Einmal am Tag schaffe ich es sogar, in den Supermarkt zu gehen und ihm etwas zu kochen. Anschließend falle ich wieder völlig geschafft und nassgeschwitzt ins Bett unters Moskitonetz und begebe mich in die Hände von Gloria, die sich so fürsorglich wie eine Mutter um mich kümmert. Zweifellos, ich bin so heilfroh, dass mich das Kranksein ausgerechnet in Glorias Haus erwischt hat.

Und dann kommt Freitag, der 13. Der Tag, an dem ich meinem Sohn das erste Mal vom Corona-Virus erzählen werde – und der mir noch sehr lange in Erinnerungen bleiben wird.

Während ich mich unter meinem Moskitonetz in Sicherheit wiege, prasseln die weltweiten Hiobsbotschaften nur so auf mich herunter. Auf meinem Handy verfolge ich in den sozialen Medien Schreckensnachrichten, die bei mir Schnappatmung verursachen: Bereits gestern hat die Weltgesundheitsorganisation den Corona-Virus zur Pandemie erklärt. Die Bundesregierung beschließt heute weitgehende Einschränkungen des öffentlichen Lebens. In meinem Bundesland Schleswig-Holstein werden Kindergärten und Schulen für die kommenden fünf Wochen geschlossen; somit ist die Kita meines Sohnes auch von der Schließung betroffen. Ich fühle mich wie in einem

Endzeitfilm, als ich lese, dass am heutigen Tag Tschechien, Polen und Dänemark ihre Grenzen schließen. Auch das kleine mittelamerikanische Land El Salvador hat bereits vor zwei Tagen die Grenzen dichtgemacht. Sein Nachbarland Guatemala verwehrt ab sofort allen europäischen Staatsbürgern den Zutritt …

In meinem Kopf dreht es sich wie in einer Achterbahn, die immer schneller und schneller und schneller ihre bedrohlichen Loopings dreht. Mir wird ganz schwindelig, als ich lese, wie viele Menschen bereits in Spanien, Frankreich und auch Deutschland gestorben sind, wie exorbitant die Anzahl der Erkrankungen ansteigt. Ich entdecke erschreckende Bilder von überfüllten Intensivstationen in italienischen Krankenhäusern, die keine neuen Patienten mehr aufnehmen können. Ich bin absolut fassungslos und kann das Geschehen da draußen außerhalb meines Moskitonetzes nicht begreifen. Zu allem Übel erreichen mich binnen einer Stunde zahlreiche Mails meiner Kunden aus der Reisebranche, mit der Bitte unsere Zusammenarbeit aufgrund von Corona fristlos zu kündigen. ‹Als ob sie sich alle abgesprochen hätten›, denke ich und realisiere nur nach und nach, dass ich innerhalb eines Tages meine sämtlichen festen finanziellen Einnahmen verloren habe und mir ein berufliches Desaster droht.

Gloria kommt mit einer heißen Zitrone und weiteren schlechten Botschaften ins Zimmer.

«Die Zahl der Corona-Erkrankten in Paraguay ist auf fünf angestiegen. Unser Präsident Marito verhängt ab heute eine Ausgangssperre von 20 bis 4 Uhr, und ab morgen werden die Flugverbindungen von Asunción nach Europa eingestellt».

Ich weiß nicht, was ich denken soll. Kiki und die vier Schwarzwälder werden heute also mit der letzten Maschine nach Europa fliegen. Da unser Flug von Asunción nach São Paulo und von dort aus weiter nach Europa geht, sind wir erstmal nicht betroffen. Aber wie werden sich die Dinge in den nächsten Tagen entwickeln?

«Mach dir keine Sorgen, bei uns in Paraguay ist alles ruhig. In unserem Land seid ihr jetzt sicherlich besser aufgehoben als in Europa», sagt Gloria aufmunternd.

Als ich etwas später mit Lars telefoniere, fällt mir auf, wie ratlos und niedergeschlagen er wirkt. Er erzählt mir, dass in Deutschland gerade eine ganz komische, ungewisse Stimmung herrscht und fragt mich, ob ich bereits darüber nachgedacht habe, früher nach Hause zu kehren.

Das Denken fällt mir verdammt schwer. Ich bin krank und total schwach – und der Gedanke an eine sofortige Heimreise fühlt sich zugegebenermaßen sehr, sehr fremd an.

«Vielleicht hat Gloria recht. Vielleicht seid ihr beide gerade in Paraguay wirklich besser aufgehoben», sagt Lars schlussendlich in einem resignierten Ton.

Zwei Tage später entscheide ich mich, unsere Reise fortzusetzen, da ich die Hoffnung habe, dass sich nach einer anfänglichen Hysterie die Dinge in Südamerika zum Guten wenden. Rückblickend betrachtet war meine Entscheidung SEHR blauäugig, doch zu jenem verworrenen Zeitpunkt war es für mich und auch für abertausende andere Deutsche und Europäer, die in Lateinamerika schlussendlich strandeten, fast unmöglich vorherzusehen, was für eine gewaltige Lawine auf uns zurollte.

Als nächstes soll es nach Encarnación direkt an die argentinische Grenze gehen. Diese Stadt mit ihren populären Stränden am Fluss Paraná gilt als die schönste in Paraguay und wird von ihren Bewohnern liebevoll *La Perla del Sur*, die Perle des Südens genannt – oder wegen der betörenden Karnevalsparty auch das zweite Rio de Janeiro.

Gloria und ihr Mann schreiben mir auf der Rückseite eines Kassenbons haargenau auf, an welcher Kreuzung ich aussteigen und welche Straße ich entlanglaufen muss, um zum Busbahnhof zu gelangen. Anschließend warten sie vor ihrer Haustür gemeinsam mit uns auf den lokalen Bus.

«Hast du Kleingeld für den Bus?», fragt mich Glorias Mann. «Der Fahrer kann sicherlich keine Scheine wechseln».

Ich schaue nach und schüttle den Kopf. Er flitzt noch mal ins Haus und kommt mit ein paar Münzen zurück, die er mir in die Hand drückt. Im selben Moment kommt auch schon der Bus. Das Ehepaar winkt ihn ran. Die Türen öffnen sich. Wir haben kaum Zeit, uns zu verabschieden. Mein Sohn steigt bereits ein, und ich umarme schnell noch mal Gloria. «*Buen viaje. ¡Cuídate!* Gute Reise. Pass auf dich auf» höre ich sie sagen. Und schon schließen sich die Türen.

Erst als der Bus bereits abgefahren ist, fällt mir ein, dass ich kein Erinnerungsfoto von meiner geliebten Gloria gemacht habe. Ich sehe vor meinem inneren Auge das Bild ihres gutmütigen Gesichts, ihrer leuchtenden Augen und der ausladenden Hüfte – und nehme mir vor, es tief in meiner Erinnerung zu bewahren.

ENCARNACIÓN

33. Kapitel

Drahtseilakt

Am späten Sonntagnachmittag erreichen wir Encarnación. Während wir sechs Stunden lang im Bus unterwegs waren, hat nun auch die argentinische Regierung ihre Landesgrenzen geschlossen. Als erstes gehe ich zum Geldautomaten und hebe eine beachtliche Summe sowohl in Guaraní als auch US-Dollar ab, da ich nicht riskieren möchte, dass im Falle eines Ausnahmezustandes die Automaten keine Scheine mehr ausspucken und ich plötzlich völlig mittellos im Herzen Südamerikas stehe. Ich verstaue die Geldnoten in meiner Hüfttasche und stelle erleichtert fest, dass sich unser Hotel nur 300 Meter vom Busbahnhof befindet. Da ich uns nach all den Strapazen etwas Gutes gönnen möchte, habe ich ein gehobenes Hotel mit Pool auf dem Dach und einem tollen Frühstücksbüffet für eine Nacht gebucht. Ab morgen wohnen wir dann für eine Woche in einer Wohnung mit direktem Blick auf den Fluss. Unsere erste eigene Wohnung in Südamerika! Sogar mit Waschmaschine!!!

Das Bett in unserem Hotelzimmer ist super gemütlich, und ich lasse mich sofort in die flauschigen Bettdecken plumpsen. Zwar geht es mir gesundheitlich schon wesentlich besser, dennoch hat mich die Anreise extrem angestrengt. Und da uns die folgenden Tage noch genügend Zeit bleibt, die Stadt zu erkunden, schlage ich meinem Sohn vor, dass wir uns vom Hotelrestaurant Essen aufs Zimmer kommen lassen. Mein Kleiner ist sofort Feuer und Flamme für meinen Vorschlag. Wir machen uns also einen gemütlichen Fernsehabend im Bett, gehen früh schlafen, und ich verpasse die Ansprache des peruanischen Staatspräsidenten, der seinem Volk verkündet, dass ab morgen, Montag, den 16. März, die peruanischen Grenzübergänge schließen, alle Flüge nach Europa und Asien erstmal für einen Monat ausgesetzt werden und ab 23.59 Uhr der Ausnahmezustand in Kraft tritt. Auch die Präsidenten Panamas und Honduras verkünden Grenzschließung und Ausnahmezustand für ihr jeweiliges Land. Und ein paar Stunden später hält der französische Staatspräsident eine Rede, an die sich sein Volk noch sehr lange zurückerinnern wird. Insgesamt sechs Mals betont Macron «*Nous sommes en guerre.* Wir sind im Krieg».

Am nächsten Morgen herrscht im Frühstücksraum trotz turbulenter Geschehnisse eine entspannte Stimmung. Von unserem Tisch aus blicke ich direkt auf die Brücke, die über den Fluss Paraná nach Argentinien führt. Auf der anderen Uferseite kann ich das Geburtsland von Che Guevara, Diego Maradona, Papst Franziskus, Eva Perón und Lionel Messi sehen. Der reizende Ort Posadas, der unter normalen Umständen ebenfalls auf meiner Reiseliste gestanden hätte, ist nur 20 Kilometer von unserem Frühstückstisch entfernt. ‹Kaum zu glauben: Argentinien ist zum Greifen nah und doch so fern›, denke ich.

Nach dem Frühstück setze ich mich an den Pool und schaue zu, wie sich meine kleine Wasserratte ordentlich auspowert, was nach all den Tagen vorm Tablet auch dringend nötig ist. Ich bleibe auf dem Liegestuhl sitzen, da mir fürs Schwimmen immer noch die Kräfte fehlen, und informiere mich währenddessen über die erschreckende aktuelle Corona-Lage. Zumindest gibt es keine negativen Meldungen aus Brasilien, und wie es scheint, hat der umstrittene Präsident Jair Bolsonaro nicht vor, die brasilianischen Grenzen in absehbarer Zeit zu schließen oder einen Ausnahmezustand zu verhängen. Diese Information beruhigt mich ein wenig, denn so steht der Weg nach Europa *noch* frei.

Ich lasse mir an der Rezeption ein Taxi rufen, treffe mich zur Schlüsselübergabe mit meiner Vermieterin Lidia vorm Apartment und gehe zusammen mit ihr in die Wohnung. Als Lidia die Tür öffnet, fühlt es sich für mich sofort heimelig an. Nach fast vier Monaten auf Reisen haben wir endlich ein eigenes Zuhause, das ich vorerst für eine Woche bezahlt habe, mir aber durchaus vorstellen kann, auch länger hier zu bleiben. Wir haben alles, was das Herz begehrt: ein großes Wohnzimmer, ein separates Schlafzimmer, eine gut ausgestattete Küche mit Waschmaschine, schnelles Internet und sogar einen Balkon mit herrlichem Ausblick. Zu meinem Erstaunen kündigt mein Sohn an, dass der Wohnbereich sein Zimmer ist, er auf der Couch schlafen möchte und ich alleine im Schlafzimmer nächtigen soll. Ich bin etwas verblüfft, aber die Aussicht, mich nach so langer Zeit im Bett nach Belieben ausstrecken zu können und nicht von meinem Sohn an den äußersten Rand gedrängt zu werden, wie es nachts seine Manier ist, ist schon sehr verlockend.

Lidia schreibt mir ihre Telefonnummer auf und verabschiedet sich mit den Worten «du kannst mich immer anrufen, egal, wie spät es ist». Über Corona verlieren wir beide kein Wort.

Als ich die Tür hinter ihr schließe, könnte ich jubeln vor Glückseligkeit. Ich sehne mich so sehr danach, zur Ruhe zu kommen, meine Kräfte zu regenerieren, mir Gedanken über meine berufliche Situation zu machen und wieder nach vorne zu blicken.

Mein Sohn und ich gehen erstmal in den Supermarkt. Ich haue den Einkaufswagen voll mit guten Sachen, gönne mir eine teure Weinflasche, Käse, herrlich duftende Maracujas (mein Lieblingsobst in Südamerika) und Waschpulver – und staune nicht schlecht, als ich an der Kasse umgerechnet 50 Euro bezahlen soll, eine stolze Summe für hiesige Verhältnisse. Aber das ist mir gerade egal, denn ich freue mich so sehr auf die gemütlichen Tage in unserem neuen Zuhause, von wo aus es nicht weit zum beliebten Strand in Encarnación ist.

Abends essen wir Nudeln und Salat, das Weintrinken verschiebe ich auf einen anderen Abend, und obwohl ich ziemlich geschafft vom Tag bin, entscheide ich mich, noch unsere Wäsche zu waschen, denn ich kann es kaum erwarten, mit einer Maschine statt mit der Hand, wie ich es die letzten Monate überwiegend getan habe, zu waschen und mich an herrlich duftender Kleidung zu erfreuen. Zu meinem Leidwesen entdecke ich das Loch am Wasserschlauch erst später, sodass ich geschlagene zwei Stunden bewaffnet mit einem Eimer akribisch den Waschvorgang beobachte, um das austretende Wasser abzufangen und nicht die Wohnung zu fluten. Aber die Mühe lohnt sich, denn die frischgewaschene Wäsche sieht besonders sauber aus.

Nachdem ich sie auf dem Balkon aufgehängt habe, möchte mein Sohn einen Kinderfilm im Fernsehen schauen. Ich schalte das Gerät also an, zappe durch die Programme und bleibe plötzlich wie erstarrt vorm Flachbildschirm stehen. Paraguay hat seine Landesgrenzen soeben geschlossen. *Bäng!* Diese Nachricht trifft mich mit voller Wucht. Okay, jetzt ist die Message auch bei mir angekommen: Ich muss so schnell wie möglich handeln! Denn wenn ich jetzt zögere, dann riskiere ich, dass mein Kind und ich schon bald in Südamerika festsitzen und den Sprung über den Atlantik nicht mehr schaffen.

Ich schnappe mir sofort mein Handy, gehe auf die Homepage der Fluggesellschaft KLM und schaue nach dem frühestmöglichen Abflugtermin. Am Freitag, den 20. März, sind noch Plätze frei – ironischerweise an dem Datum, an dem unser ursprünglicher Rückflug gewesen wäre. ‹Okay, das sind noch knapp dreieinhalb Tage›, denke ich. Das müsste machbar sein, vorausgesetzt, dass bis dahin Brasilien nicht auch noch seine Grenzen schließt und die Flüge nach Europa einstellt. Mit ein paar Klicks buche ich unsere Flüge um, und obwohl ich emotional eigentlich noch nicht so weit bin heimzukehren, fühlt sich die Entscheidung verdammt richtig an.

Da es in Deutschland bereits mitten in der Nacht ist, schreibe ich Lars eine WhatsApp, zögere kurz, ob ich Lidia jetzt noch zur späten Stunde anrufen kann und greife dann doch zum Handy, um ihr mitzuteilen, dass wir morgen nach Asunción fahren werden, da ich denke, dass es unter diesen Umständen besser ist, wenn wir uns in der unmittelbaren Nähe des Flughafens aufhalten. Falls doch noch etwas Unvorhersehbares geschieht …

«Ja, es sind merkwürdige Zeiten, die auf uns zu rollen. Da ist es besser, im Kreise seiner Liebsten zu sein. Ruf mich morgen an, wenn du abreisebereit bist. Ich komme dann vorbei und bringe euch zum Busbahnhof», sagt Lidia verständnisvoll.

In meinem Kopf dreht sich alles. Ich komme mit der Geschwindigkeit, mit der das Weltbild immer mehr in eine nie dagewesene, unbekannte Dimension verrückt, nicht zurecht. Wir müssen jetzt *nur* noch bis Freitag durchstehen und dann fliegen wir zurück in unsere Heimat, die sich in unserer Abwesenheit komplett verändert hat.

ASUNCIÓN

34. Kapitel

Ende mit Schrecken

Am nächsten Morgen greife ich sofort zu meinem Handy. Als erstes lese ich eine Nachricht von Lars. Anschließend checke ich meine Mails und sehe in meinem Postfach eine Nachricht von KLM: «Der Flug von São Paulo nach Amsterdam wurde annulliert. Die Flüge von Asunción nach São Paulo und von Amsterdam nach Hamburg finden *vorerst* planmäßig statt. Bitte beachten Sie, dass es aufgrund des Ausbruchs des Corona-Virus zu kurzfristigen Änderungen kommen kann. Ein Umbuchen ist zurzeit nicht möglich».

‹Jetzt sitzen wir richtig in der Scheiße›, schießt es mir durch den Kopf, und ich ärgere mich so dermaßen, dass ich nicht früher reagiert habe. Ich spüre, wie mich ein Gefühl von Panik überkommt. Deswegen atme ich mehrmals tief ein und aus und versuche, objektiv die Fakten und Optionen zu betrachten: Bis jetzt haben wir in knapp 80 Stunden einen Flug nach Brasilien – ob dieser tatsächlich stattfinden wird, ist in der aktuellen Lage fragwürdig. Einen komplett neuen Flug online zu buchen ist nicht möglich. Mal angenommen, wir würden es am Freitag tatsächlich nach São Paulo schaffen, was sollten wir dann tun? Hoffen, dass es irgendwie weitergeht? Wie lange müssten wir ausharren? Und wie groß ist die Gefahr, dass wir dann in Brasilien stranden? Und falls ein Stranden in Südamerika unabwendbar ist, ist dann Paraguay im Vergleich zu Brasilien nicht die bessere Wahl, da die Lage hier noch relativ entspannt ist? *Puh!* Egal, wie ich es drehe und wende, alles hört sich nach einer Katastrophe an.

Ich wecke meinen Sohn, der die Nacht tatsächlich alleine auf der Couch verbracht hat, und erzähle ihm, dass wir sofort zurück in die Hauptstadt müssen. Er ist extrem enttäuscht, da er heute unbedingt an den Strand wollte. Um seine Laune anzuheben, verspreche ich ihm, dass wir dafür morgen in sein geliebtes Eisenbahnmuseum in Asunción gehen werden. Seine Augen fangen an zu leuchten, und er willigt sofort ein.

Während ich in Windeseile die noch nassen Klamotten vom Balkon nehme und alle Sachen in meinen Rucksack stopfe, schreibe ich an KLM per Mail, WhatsApp und zusätzlich auf Facebook Nachrichten, mit der Bitte mich zu informieren, wie ich weiter vorgehen soll. Anschließend suche ich die Nummer der Deutschen Botschaft in Asunción raus, rufe an, erreiche aber keinen und schreibe schlussendlich eine Mail, ob sie uns raten können, was wir tun sollen.

Ein paar Minuten später stehen wir unten an der Straße und warten auf Lidia. Sie fährt vor, wir steigen schnell ein, ich gebe ihr den Wohnungsschlüssel zurück und sage ihr, dass der Kühlschrank noch voll ist, da ich nur ein paar Lebensmittel mitgenommen habe. Über die Weinflasche freut sie sich besonders.

Am Busbahnhof herrscht eine beängstigende Atmosphäre. Als ob bald ein angekündigtes Unwetter übers Land zieht, und die restlichen Verbliebenen sich noch schnell in Sicherheit bringen. Ich blicke mich um und sehe weit und breit keine weiteren Ausländer. Das verstärkt in mir das Gefühl, dass unser Zuhause gerade so unerreichbar erscheint und keiner uns helfen kann, den Ozean zu überqueren. Mein Sohn und ich sind komplett alleine auf uns gestellt.

Wir verlassen Encarnación, ohne die betörende Stadt des Karnevals gesehen zu haben, ohne über die mondäne Uferpromenade geschlendert zu sein, ohne am Strand den warmen Sand unter unseren Füßen zu spüren. Während der Busfahrt steigen zahlreiche Soldaten ein, höchstwahrscheinlich wurden sie in die Hauptstadt abkommandiert, um für Recht und Ordnung zu sorgen. Ihre Mienen sehen sehr ernst aus. Sie tragen eine Einheitsuniform in Tarnfarben und auf dem Kopf rote Baretts. An ihren Hüften baumeln in Holstern Waffen. Auf ihrer linken Schulter tragen sie die rot-weiß-blau gestreifte Nationalflagge Paraguays. Ich entsinne mich, vor vielen Jahren gelesen zu haben, dass die paraguayische Staatsflagge – neben den Flaggen Saudi-Arabiens und Moldawiens – als einzige eine unterschiedliche Vorder- und Rückseite hat. Auf der Vorderseite befindet sich das Staatswappen, auf der Rückseite ein Emblem mit einem sitzenden Löwen vor einer braunen Stange, auf deren Spitze sich eine rote Jakobinermütze – ein Freiheitssymbol – befindet. Über dem Löwen steht *Paz y Justizia,* Frieden und Gerechtigkeit. ‹Komisch, an welche kleinen Details man sich plötzlich erinnert, während man in einem vollbesetzten Bus mit Soldaten in eine ungewisse Zukunft fährt›, denke ich. Wie Löwen ziehen die Männer hinaus, um ihr Rudel zu verteidigen – nur dass der fremde Eindringling für sie nicht sichtbar, sondern ein Virus ist.

Obwohl das Hostel genauso aussieht wie bei unserer Abreise vor knapp zwei Wochen, hat sich auch hier die Welt völlig gewandelt. Die gelassene und unbeschwerte Stimmung hat sich verflüchtigt. Das Gefühl von Ratlosigkeit liegt in der Luft. Beim Einchecken teilt mir der Besitzer Mathis mit, dass wir zwar eine Nacht bleiben können, er aber nicht wisse, ob er das Hostel morgen noch auflässt. Fakt ist, dass er aufgrund der aktuellen Entwicklung die Unterkunft spätestens am Freitag, also in drei Tagen, schließen wird. Während mir der junge Franzose diese Worte sachlich und in einem ruhigen Ton vermittelt, erkenne ich in seinem Gesichtsausdruck überrumpelte Resignation. Seine ganze Existenz, die er sich als Ausländer mühselig über 10.000 Kilometer entfernt von seiner Heimat aufgebaut hat, geht gerade den Bach runter.

Ich nicke stumm, denn ich bin gerade nicht in der Lage, einen vernünftigen Satz zu artikulieren. Beim Bezahlen kämpfe ich mit meinen Tränen. Mir tut der junge Franzose sehr leid. Und ich habe zudem keine Ahnung, wo mein Sohn und ich schlafen sollen, wenn Mathis bereits morgen die Pforten des *El Nómada Hostels* schließen sollte. Ich versuche nach außen hin stark zu wirken, obwohl gerade innerlich in mir alles zerbricht.

Ich schrecke aus dem Schlaf auf. Die Klimaanlage ist voll aufgedreht, dennoch spüre ich Schweißtropfen auf meiner Stirn. Um mich herum ist alles stockduster. Einen kurzen Moment muss ich mich sammeln. *Wo bin ich? Was ist passiert?* Doch wenige Sekunden später fällt es mir ein – und ich spüre erneut den dicken Kloß in meinem Hals.

Ich schnappe mir mein Handy. Seit zwei Stunden schreiben wir das Datum 18. März 2020. Die Fluggesellschaft KLM hat immer noch nicht geantwortet, dafür finde ich eine Mail der Deutschen Botschaft in meinem Posteingang. Der Inhalt ist ernüchternd: «Sehr geehrte Frau Urban, leider können wir Ihnen nicht weiterhelfen. Bitte schauen Sie, dass Sie so schnell wie möglich sowohl Paraguay als auch den südamerikanischen Kontinent verlassen, da wir davon ausgehen, dass auch die brasilianische Regierung in den kommenden Tagen ihre Landesgrenzen schließen und den Flugbetrieb nach Europa einstellen wird. Zurzeit ist ein Rückholflug aus Asunción im Auftrag der Bundesregierung nicht geplant. Wir wünschen Ihnen und Ihrem Kind alles Gute, und dass Sie schon bald wieder zurück in Ihrer Heimat sind».

Ich kann meine Tränen nicht mehr unterdrücken, unaufhaltsam rinnen sie über mein Gesicht. Während ich gestern vorm Zubettgehen einen winzigen Hoffnungsschimmer hatte, dass sich doch noch eine Lösung finden wird, fühle ich mich jetzt hoffnungslos verloren.

Vor ein paar Stunden haben auch die Länder Bolivien, Uruguay, Ecuador und Guatemala ihre Grenzen gesperrt, und Chile hat ebenfalls angekündigt, sich ab heute abzuschotten. Aktuell sind Brasilien und Mexiko die einzigen lateinamerikanischen Länder, von denen aus noch Flüge nach Europa gehen. Aber wie viele Tage noch?

Ich versuche zum wiederholten Mal, meinen Sohn und mich in die Krisenvorsorgeliste des Auswärtigen Amtes einzutragen. Gestern war die Seite immer wieder zusammengebrochen, doch nun habe ich Glück. Zumindest stehen jetzt unsere Namen auf der Notfallliste – was der Außenminister Heiko Maas jedoch damit anstellen wird, steht in den Sternen.

In Deutschland ist es kurz nach sechs. Da mein Mann normalerweise um diese Uhrzeit aufsteht, rufe ich ihn an. Er hat noch geschlafen, aber mein Schluchzen reißt ihn sofort aus seinen Träumen. So aufgelöst hat er mich sicherlich noch nie erlebt, da ich normalerweise in brenzligen Situationen ziemlich gefasst bin. Erneut gehen wir die unterschiedlichen Optionen durch, die jetzt noch verbleiben:

Einen neuen Flug online buchen?

Geht nicht!

Den Flug am Freitag nach São Paulo abwarten?

Ziemlich riskant!

In Paraguay auf ein Wunder hoffen? Im Glauben, dass sich die Lage bald wieder entspannt?

Extrem waghalsig, vor allem, da keine Rückholaktion geplant ist. Das könnte bedeuten, dass wir monatelang in Südamerika festsitzen werden.

Dann vielleicht doch lieber nach Brasilien, in der Hoffnung, dass die Bundesregierung von dort aus einen Rückholflug organisiert? …

«Ich ziehe mich jetzt an und fahre zum Hamburger Flughafen, um einen Mitarbeiter von KLM zu sprechen. Er muss uns doch sagen können, was wir tun sollen. Ob sie euch auf eine andere Maschine umbuchen können. Es muss doch noch eine Lösung geben!», verkündet Lars in einer zuversichtlichen Stimmlage.

Zwei Stunden später klingelt mein Handy. Noch bevor der erste Klingelton verstrichen ist, gehe ich ran.

«Ich habe schlechte Nachrichten. KLM hat in Hamburg gar kein Büro. Dafür habe ich durch Zufall einen Schalter gefunden, an dem man nur für die kommenden 24 Stunden Flüge buchen kann. Ich habe bereits nachgefragt. Der Mitarbeiter könnte für euch Flüge aus Paraguay organisieren. Möchtest du das?»

In diesem Moment fällt die ganze Anspannung der vergangenen Tage von mir ab. Die beiden Flüge kosten zwar ein halbes Vermögen, aber das ist mir egal. Hauptsache weg aus Südamerika! Hauptsache zurück nach Deutschland! Ganz ehrlich, ich hätte niemals zuvor gedacht, dass ausgerechnet ICH so etwas mal sagen würde …

Es gibt zwei mögliche Flugverbindungen. Entweder wir fliegen bereits heute um 18.30 Uhr und müssen dafür 20 Stunden Wartezeit in São Paulo in Kauf nehmen, oder wir fliegen erst am nächsten Tag um 3.30 Uhr morgens und müssen dann in der brasilianischen Megacity nur vier Stunden warten.

«Heute um 18.30 Uhr!!! Die Wartezeit ist mir egal. Wer weiß, ob nicht Brasilien schon morgen seine Grenzen schließt». Nachdem ich aufgelegt habe, schalte ich die Klimaanlage aus und decke meinen Sohn bis zur Nasenspitze zu. Es wird zwar sofort stickig und heiß im Zimmer, dennoch möchte ich nicht riskieren, dass sich mein Kind auf den letzten Metern noch erkältet und Fieber bekommt. Ich schließe die Augen und versuche noch ein wenig zu schlafen. Denn uns erwartet eine 50-stündige Rückreise, deren Ausgang immer noch unsicher ist. Ich bete, dass alle geplanten Flüge auch tatsächlich gen Himmel abheben werden.

***

Ich werde von einem fürchterlichen Donnerschlag geweckt. Mein Handy zeigt 8.30 Uhr an. Die Sonne ist mittlerweile längst aufgegangen, dennoch ist es draußen rabenschwarz. Passend zur Stimmung der weltweiten Turbulenzen, braut sich draußen ein schreckliches Gewitter zusammen.

Zweifelsohne! Und ja ich gestehe, wenn ich selber dieses Buch lesen würde, wäre jetzt der Moment, in dem ich denken würde: ‹Oh, da hat die Autorin aber etwas zu tief in ihre Metapher-Trickkiste gegriffen. Muss sie so dermaßen übertreiben und noch ein Gewitter in die Ereignisse einbauen?› Doch ich kann auf die Geschehnisse keinen Einfluss nehmen, denn ich befinde mich gerade mittendrin. Und vor meinem Fenster sehe ich, wie ein sintflutartiger Regen beginnt, der zu allem Übel binnen weniger Minuten die Straßen überflutet. Ich hoffe inbrünstig, dass die Laune des Himmels kein schlechtes Omen für unseren anstehenden Trip ist ...

Ein letztes Mal auf dieser Reise packe ich den Rucksack. Die Klamotten, die ich in Encarnación gewaschen habe, sind immer noch nicht trocken. Ich rieche an ihnen. Die frischgewaschene Kleidung hat ihren wundervollen Duft verloren. Ich stopfe sie in einen separaten Beutel und hoffe, dass sie unterwegs nicht zu schimmeln beginnt. Wenn alles gutgeht, kann ich sie in rund 60 Stunden in meine eigene Waschmaschine schmeißen.

Zuerst ist mein Sohn sehr enttäuscht, dass wir heute doch nicht ins Eisenbahnmuseum gehen werden, wie ich es ihm leichtsinnigerweise versprochen habe. «Aber Mama, du hast mir dein Mama-Indianer-Ehrenwort gegeben». Die Tatsache, dass ich mein Versprechen nicht einhalten kann, versetzt mir einen gewaltigen Stich im Herzen. In einem sachlichen Ton erkläre ich ihm die Lage, dass wir schnell abreisen müssen, und unser Südamerika-Abenteuer jetzt vorbei ist. In seinem Gesichtsausdruck sehe ich, wie es in seinem kleinen Köpfchen rattert. Doch dann nickt er und fragt mich, ob ich ihm als Entschädigung einen neuen Kinderfilm mit Zügen aufs Tablet runterladen kann.

Draußen vor der Tür herrscht Weltuntergangsstimmung, und deswegen entscheide ich mich, gleich nach dem Frühstück zum Flughafen aufzubrechen, auch wenn wir sechs Stunden auf unseren Flieger warten müssen. Ich möchte auf Nummer Sicher gehen, obwohl ich weiß, dass gerade absolut nichts mehr sicher ist.

In der Küche begegne ich einem französischen Pärchen. Ich frage die junge Europäerin, wie es für sie weitergehen wird. Sie erzählt mir, dass sie eigentlich noch ein halbes Jahr durch Südamerika gereist wären, sich aber vor zwei Tagen entschieden hätten, zurück nach Frankreich zu fliegen.

«Die französische Botschaft hat uns einen Kontakt zu einem Air France Mitarbeiter vermittelt, zu dem wir hier in Asunción nach Hause fahren sollten, damit er für uns einen Flug buchen kann. Eigentlich wären wir heute zurückgeflogen, doch das Problem war, dass wir das Ticket bar bezahlen mussten. Obwohl wir mehrere Kreditkarten haben und an unterschiedlichen Automaten Geld abgehoben haben, haben wir es nicht geschafft, die Gesamtsumme rechtzeitig aufzubringen. Jetzt haben wir *erst* für Freitag, den 20. März, einen Flug».

Obwohl die Welt sich weiterhin dreht, fühlt es sich so an, als ob die Zeit gerade stehengeblieben ist. Wie erstarrt bleiben wir beide stehen, fangen an zu weinen und nehmen uns gegenseitig in die Arme. Wir sagen nichts, aber wir denken beide dasselbe: Zwei Tage sind noch verdammt lange hin. Wer weiß, ob es am Freitag nicht zu spät sein wird. Ob dann bereits alle Brücken über den Atlantischen Ozean gekappt sind. In diesem Moment würde ich der jungen Französin so gerne etwas Trostspendendes sagen wollen. Ihr das Versprechen geben, dass auch sie und ihr Partner heimkehren werden. Doch ich kann nicht. Stattdessen gehe ich wortlos an den Kühlschrank und schenke ihr meine restlichen Maracujas, die mit ihrem herrlichen tropischen Aroma die Küche mit Erinnerungen an Strand, Sonne und Unbeschwertheit füllen. Sie bedankt sich so überschwänglich, als ob ich ihr gerade einen Goldbarren geschenkt hätte. Diese kleine, nichtige Geste scheint ihr sehr viel zu bedeuten. Ihre Wimpern glänzen schwarz vor Tränen, und ich sehe rote Äderchen in ihren Augen. Sie schluckt. Wir blicken uns an und müssen gleichzeitig weinen und lachen.

Wir umarmen uns noch einmal – für mich wird es die letzte Umarmung von einer unbekannten Person für sehr viele Monate sein.

Zumindest kann das Pärchen bis Freitag bleiben, da Mathis sich entschieden hat, sein Hostel erst am Wochenende zu schließen – mit großer Wahrscheinlichkeit für immer.

Auf der Taxifahrt zum Flughafen fühle ich mich wie ein Verräter. Das zauberhafte Südamerika hat mich mit offenen Armen empfangen, mich tief in seine Seele blicken lassen, mir unvergessliche Begegnungen geschenkt, mich zum Staunen, Lachen und Weinen gebracht, mich trunken vor Glückseligkeit gemacht – und jetzt, wo es ungemütlich wird, drehe ich dem Kontinent den Rücken zu und flüchte zurück in meine sichere Heimat. Ich muss an all die Personen denken, die ich auf meiner Reise kennenlernen durfte. An den Taxifahrer Gabriel und Marisol in Quito, Orlando im Amazonas, Falicia in Vilcabamba, den Venezolaner Luís in Tarapoto, Raúl von den Regenbogenbergen, Santos im Altiplano, meine Lebensretterin Gloria und auch an die anderen. Sie alle haben nicht das große Glück, fliehen zu können und von einem gut organisierten Sozialstaat aufgefangen zu werden. Sie werden ums Überleben kämpfen müssen. Wie wird ihre Zukunft aussehen? Werden sie und ihre Familien es schaffen? Wie werden sie ihr Geld verdienen, wenn für lange, lange Zeit keine Touristen mehr nach Südamerika kommen werden?

Ich blicke aus dem Fenster. Es ist immer noch stockfinster, obwohl die Mittagsstunde naht. Das Taxi passiert gerade den Plaza Uruguay, auf dem sich noch vor zwei Wochen so viel Leben tummelte – und der jetzt menschenleer ist. Auf der anderen Seite sehe ich die Pforten des Eisenbahnmuseums, sie sind verriegelt. An der Tür hängt ein Schild, auf dem steht, dass das Museum bis auf Weiteres geschlossen bleibt.

Das Taxi biegt ab, wir kommen in eine Militärkontrolle. Ich muss unsere Pässe und Flugtickets vorzeigen, die akribisch beäugt werden, erst dann dürfen wir die Fahrt fortsetzen. Wir fahren am Río Paraguay entlang, dem Fluss, nach dem dieses kaum bekannte Land mitten im Herzen Südamerikas benannt wurde, und auf Guaraní, in der Sprache der Ureinwohner, ‹Wasser, das zum Wasser geht› bedeutet. Beim Anblick des Río Paraguays werde ich von einer unbändigen Traurigkeit überrollt. Denn der Fluss erinnert mich daran, dass ich auf meiner Reise noch so viele Orte erleben wollte – und jetzt nicht mehr die Gelegenheit dazu haben werde. Ich verlasse das Land, ohne in das Sumpfgebiet des Patanals gefahren zu sein, welches der Río Paraguay durchquert. Ohne den gigantischen Itaipú-Staudamm zu besuchen. Ohne die mächtigen Wasserfälle Iguazú im Länderdreieck meinem Sohn zeigen zu können. Ohne … Ich blicke nach vorne zum Taxifahrer. Auf seiner rechten Seite steht eine überdimensionale Thermoskanne, die mir in Erinnerung ruft, dass ich es während meiner 15 Tage in Paraguay nicht einmal geschafft habe, einen Tereré zu trinken.

Ich spüre, wie mir dicke Tränen über die Wangen kullern. Der Taxifahrer betrachtet mich in seinem Rückspiegel. Er schweigt, doch sein gutmütiger Blick stiftet mir Trost. Als ob er mir sagen möchte: ‹Weine nicht, weil es vorbei ist. Sondern lache, weil du das alles erleben durftest›.

SÃO PAULO

35. Kapitel

Der letzte Tanz

Mein Sohn und ich steigen am Flughafen aus. Ich drücke dem Taxifahrer ein dickes Trinkgeld in die Hand. Dann zögere ich kurz und entscheide mich, ihm auch noch meine restlichen Guaranís zu geben, statt sie gleich gegen eine hohe Gebühr in Euros umzutauschen. Bei ihm ist das Geld jetzt um einiges besser aufgehoben als bei mir. Wer weiß, vielleicht sind wir sogar seine letzten Fahrgäste für sehr lange Zeit …

Der Taxifahrer schüttelt vehement den Kopf.

«So viel Geld kann ich nicht annehmen», sagt er verdutzt. Ich antworte ihm, dass er das für seine kleine Tochter und Frau ausgeben soll. Denn für mich ist es die letzte Möglichkeit, diesem wunderbaren Kontinent und seinen Menschen eine Kleinigkeit zurückzugeben.

Am Eingang werden wir von fünf Soldaten kontrolliert. Unsere Reisepässe wandern von einer Hand zur nächsten. Ich zeige ihnen mein Handy, auf dem ich die Tickets gespeichert habe, da ich keine Gelegenheit mehr hatte, sie auszudrucken. Die Männer in Einheitsuniformen und roten Baretts messen zuerst bei meinem Sohn Fieber und anschließend bei mir. Ich bete, dass wir uns bei der voll aufgedrehten Klimaanlage nicht erkältet haben. Denn erhöhte Temperatur würde jetzt das Aus bedeuten. Schlussendlich kommt eine Soldatin hinzu. ‹Die junge Frau in Tarnkleidung erinnert mich an jemanden›, denke ich. Die Mimik der Soldatin ist wie versteinert. Ihre kastanienbraunen Augen mustern mich, gleichen meine Person mit dem Passfoto in ihren Händen ab. Dabei kneift sie den Mund zu einem schmalen Spalt zusammen. Ihr Blick wandert zu meinem Handy, sie überprüft die Namen in den Pässen mit den Tickets. Erst dann gibt sie uns die Erlaubnis, das Flughafengebäude zu betreten.

«*Buen viaje. ¡Cuidense!* Gute Reise. Passt auf euch auf!», sagt sie. Ich bemerke ihre vollen Lippen, die nicht mehr so verbissen aussehen. Jetzt weiß ich es! Sie erinnert mich an die Grenzbeamtin in Ecuador, die uns vor knapp vier Monaten den ersten südamerikanischen Stempel in unsere Reisepässe gedrückt hat.

Die nächsten Stunden gleichen einer Zitterpartie. Immer wieder blicke ich auf die Anzeigetafel: Von insgesamt elf Flügen sind neun *gecancelt* – unser Flug nach São Paulo ist bis jetzt glücklicherweise nicht dabei. Doch erst als wir sechs Stunden später die Maschine betreten, habe ich auch die Gewissheit, dass wir es zumindest bis nach Brasilien schaffen werden.

Wir landen um 20.35 Uhr in São Paulo. Die nächsten 20 Stunden werden wir am Flughafen verbringen, da ich unter keinen Umständen den Transitbereich verlassen möchte. Ich suche uns eine Bank, auf der wir unser Nachtlager aufschlagen, und falle sofort in einen unruhigen Schlaf.

Als ich am nächsten Morgen die Augen öffne, schaut sich mein Sohn bereits seinen neuen Eisenbahnfilm auf dem Tablet an. Sein unbedarftes Lachen erheitert mein Herz, da es in dieser schwierigen Zeit ein Stück Normalität transportiert. Auf einem Monitor über unseren Köpfen lese ich die Nachricht, dass Brasilien um Mitternacht die Landesgrenzen zu seinen Nachbarländern geschlossen hat. Ab Sonntag werden alle internationalen Flüge eingestellt – und somit die allerletzten Brücken aus Südamerika gekappt. Ich hoffe so sehr, dass das französische Pärchen es noch rechtzeitig über den Atlantik schafft.

Ein paar Stunden später rollt über die Startbahn eins der letzten kommerziellen Flugzeuge nach Europa. *Mein Herz pocht.* Das Flugzeug beschleunigt. *Immer heftiger. Immer schneller.* Die Maschine geht in die Luft. Ich spüre, wie mich die Gravitationskraft in den Sitz drückt. Der

Pilot holt das Fahrwerk ein. Die gigantische Skyline São Paulos zieht an unserem mickrigen Fenster vorbei. Die letzte Impression aus Südamerika …

Voller Demut und Dankbarkeit schließe ich meine Lider und sehe vor meinem inneren Auge Falicia aus Vilcabamba in ihrem bunten, bodenlangen Gewand und ihren auffälligen Ohrringen. Die Frau mit der blühenden Phantasie aus dem Tal der Hundertjährigen hält einen roten Luftballon in ihrer Hand, an dessen Ende eine Schnur mit einem Brief baumelt, auf dem in verschnörkelten Buchstaben «so schnell wie möglich nach Lateinamerika zurückkehren» steht. Lachend lässt sie ihn los, und ich sehe, wie der rote Luftballon mit meinem Wunsch gen Himmel aufsteigt. In tänzelnden, bedachten Schritten kommt sie zu mir rüber und nimmt mich sanft in den Arm. Ich spüre, wie unsere beiden Herzen im gleichen Rhythmus schlagen. Ganz leise flüstert sie mir ins Ohr: ‹Ich habe vorletzte Nacht mit den Engeln gesprochen, damit sie euch auf der Weiterreise beschützen›. Dann entfernt sich Falicia von mir, schwingt dynamisch ihren Rock und fängt an zu tanzen.

Ein kleines Abschlusswort

Jede Geschichte, die wir über uns erzählen, kann nur in der Vergangenheit wiedergegeben werden. Von dort, wo wir heute stehen, spult sich unsere Geschichte rückwärts ab – und wir sind nicht mehr ihre Protagonisten, sondern lediglich ihre Zuschauer, die sich entschieden haben zu sprechen und auf die Vergangenheit zu blicken.

Dieser Gedanke ist für mich der ausschlaggebende Grund gewesen, dieses Buch, welches du gerade in den Händen hältst, zu schreiben. Ich wollte all den Menschen, die sich auf meiner Reise die Zeit genommen haben, mir ihre Geschichte zu erzählen, eine Stimme verleihen, die nicht nur mich, sondern auch dich zum Zuschauer macht – und uns gemeinsam tief in die Seele dieses faszinierenden, vielschichtigen Kontinentes blicken lässt. Ich verspürte den unbändigen Drang, all ihre Erzählungen, Legenden, Glaubensbilder und Abenteuergeschichten festzuhalten, damit sie im Laufe der Zeit nicht immer mehr verblassen, um irgendwann aus meiner Erinnerung zu verschwinden. Und nicht zuletzt bin ich meinem Herzenswunsch gefolgt, Südamerika – der wahre Protagonist dieses Buches – eine Liebeserklärung auszusprechen. Dem Kontinent, mit dem ich mich ein Leben lang verbunden fühlen werde.

Mögen schon bald bessere Zeiten beginnen, in denen wir viele glückliche Momente sammeln können – egal, ob in Lateinamerika oder an einem anderen Ort.

Mit fernwehgeplagten Grüßen

Deine Gabriela

Instagram: mami.bloggt
www.mami-bloggt.de
www.gabriela-urban.de

Eine Kündigung, 22 Länder und ein besonderer Reisebegleiter

An ihrem ersten Tag nach der Elternzeit bekommt Gabriela die Kündigung auf den Tisch. Auf einmal ist sie fast 40, Mutter, ohne Job – und sämtliche Bewerbungen laufen ins Leere. Erst als sie mit ihrem kleinen Sohn aus dem Alltag ausbricht und auf Reisen geht, spürt Gabriela wieder so etwas wie Ruhe und Leichtigkeit.

Immer wieder verschlägt es die beiden an die ungewöhnlichsten Orte, ob in Asien, Südamerika oder im Osten Europas. Unterwegs erkennt Gabriela, dass man manchmal im Leben mit beiden Händen loslassen muss, um wieder neu greifen zu können.

Gabriela Urban
Wie Buddha im Gegenwind
Eine Kündigung, 22 Länder und ein besonderer Reisebegleiter

ISBN 978-3-95889-199-9
ISBN 978-3-95889-206-4

CON BOOK.

Der neue Ratgeber fürs Reisen mit Kindern

Was braucht man, wenn man mit kleinen Kindern groß verreisen will? Sonnencreme, Schwimmflügel und eine Handvoll Valium? Oder einfach nur ein bisschen Mut und die Entscheidung, endlich loszuziehen? Reisen mit Kindern ist nicht nur möglich, sondern ein ganz besonderes Abenteuer.

Davon ist Gabriela Urban überzeugt. Zusammen mit ihrem Sohn hat sie 35 Länder bereist – darunter Sri Lanka, Guatemala und Albanien. In ihrem neuen Ratgeber lässt sie die Leserinnen und Leser an ihren eigenen Erfahrungen teilhaben und zeigt, wie mit ein bisschen Planung und einer großen Portion Gelassenheit das Reisen mit Kindern zu einem wundervollen Erlebnis wird.

Gabriela Urban
Wenn ich groß bin, werd' ich auch ein Machu Picchu
Ein Mut machender Ratgeber fürs Reisen mit Kindern

ISBN 978-3-95889-187-6
ISBN 978-3-95889-358-0

CON BOOK.

WILLST DU WIE GABRIELA
authentische Abenteuer mit Kind
IN LATEINAMERIKA ERLEBEN?
WIR SIND DEIN ANSPRECHPARTNER, WENN DU NICHT AUF EIGENE FAUST LOSZIEHEN MÖCHTEST.
Das Besondere an der Reiseplanung mit uns:
• familienfreundliche Routen
• kleine Unterkünfte statt Massenhotels
• Erlebnisse auf Augenhöhe mit Einheimischen
• Unterstützung von indigenen Tourismusprojekten
• inhabergeführt von einer reiselustigen 2-fach Mama
NATURAMERICA
REISEN
DEIN FAMILIENFREUNDLICHER REISEVERANSTALTER FÜR LATEINAMERIKA
INFO@NATURAMERICA-REISEN.DE
WWW.NATURAMERICA-REISEN.DE

Printed in Poland
by Amazon Fulfillment
Poland Sp. z o.o., Wrocław

23825402R10157